# 中世英仏関係史
## 1066-1500

†

ノルマン征服から百年戦争終結まで

朝治啓三、渡辺節夫、加藤玄
［編著］



創元社

# はしがき

本書で探求することを目指しているのは、イングランド王国とフランス王国との関係の歴史ではない。プランタジネット家が領有した諸地域と、カペー家およびヴァロワ家が領有した諸地域が、一一世紀から一五世紀のあいだにどのように領有されたり統治されたりしたのかを、歴史的に解明することが目的である。

フランスという言葉で意味されるのは、現在ではフランス共和国であろうが、歴史的にはさまざまなフランスがあった。ナポレオン一世時代には、ヨーロッパのほぼ全体を覆うフランス帝国が存在した。カール大帝時代のカロリング朝フランク王国は、現在の西ドイツや北イタリアをも支配下におき、カールはローマ教皇から皇帝の冠を授けられたから、事実上の帝国であった。他方、ユーグ・カペーが九八七年にフランス王国の成立を宣言した時、その王国の領域はイル・ド・フランスにほぼ限られており、その周辺地域の支配者たちがこぞってフランス王国構成員であったわけではない。一二世紀半ばにいわゆるアンジュー帝国が成立した時、カペー家フランス王国の支配領域は現在のフランスの東北の一部に限られており、王家は南フランスの諸侯とは封建的主従関係による結びつきはなかったから、その地はフランス王国の領域ではなかった。いわゆる百年戦争の時代には、フランス王家に属す家系のうち、ブルゴーニュ家は神聖ローマ帝国の支配領域内にも領土を持ち、ヴァロワ王家には敵対して、プランタジネット家イングランド国王と同盟した。その家の領土はフランス王国に含まれていたといえるのだろうか。

「イギリス王国」や「フランス王国」という用語を、歴史を超越した普遍的な実体を表すものと見なすと、歴史的実態を見誤ることになろう。イングランド王国がスコットランド王国を併合するのは一七〇七年のことであり、その後も二つの個別の王国が連合した状態は保たれており、ブリテン王国と称したものの、一つのイギリス王国になったわけではない。時代をさかのぼって、アングロ・サクソン人のウェセックス王家の王国も、イングランド内においてさえ固定した支配地を持っていたわけではなく、ヴァイキングの進攻によってブリテン島の北東部を奪われていた。このようにイングランド王国の領域も歴史的に変化した。

一一五四年に相続によってイングランド王となったアンジュー伯家（プランタジネット家）は、イングランドのみを支配していたのではなく、出身地アンジューのほか、ノルマンディ、メーヌ、トゥーレーヌ、アキテーヌなどをも領有し、一二〇四年までにカペー家によってノルマンディなどを奪われたのちも、その地の支配権を主張し続けていた。しかし、このことは必ずしも、イングランド王国が大陸に領土を保持していたことを意味しない。領有者は一つの家系であって、権力体としてのイングランド王国が大陸に領土を保持したわけではない。ノルマン征服によってイングランドに支配地を獲得したフランス出身貴族家系は、海峡をまたいで領有権を保持したが、彼らは個人として権利を有したのであって、王国代表としてではない。王家と王国とは区別されるべきである。

用語について。「英仏関係」のように表す場合は、地名や国名、その地の住民など様々な意味が複合的に意味されている。「イギリス」という用語は日本でのみ用いられている通称であるが、スコットランドやウェールズ、場合によってはアイルランドをも含めて、本書ではあいまいな意味で用いられている。「フランス」という語も本書では、地域名、王国名、地域住民総称を区別せずに表現する際に用いられている。同じことは「スコットランド」、「ウェールズ」、「アイルランド」、「フランドル」、「ガスコーニュ」などについてもいえる。これに対して、「イングランド王国」や「フランス王国」という表記は、特定の歴史的存在としての王国という権力構造を意味している。「アンジュー伯家」は本書では「プランタジネット家」と同義で用いる。「帝国」は西洋中世史研究者のあいだでは通例「神聖ローマ帝国」を表し、本書でもその用例はあるが、中世史とは限らず、国制史概念としての帝国という意味でも本書では用いられる。王国と王家と王権は区別する。

本書の執筆者はいずれも中世英仏関係史研究会に所属し、平成一九年度より研究会合を重ね、討議を経て成果を生みだした。出版を引き受けていただいた創元社に御礼を申し上げる。また編者に協力して、内容の充実に努力を惜しまれなかった同社編集部の堂本誠二さんに感謝の言葉を贈りたい。

本書は文部科学省科学研究費補助金基盤研究C（平成二〇～二二年度）による研究成果の一部である。

二〇一二年三月

朝治啓三

中世英仏関係史　一〇六六～一五〇〇　目次

# 第Ⅱ部　分野史

装丁　濱崎実幸

# 中世英仏関係史　一〇六六～一五〇〇——ノルマン征服から百年戦争終結まで

# 12世紀後半のイギリスとフランス

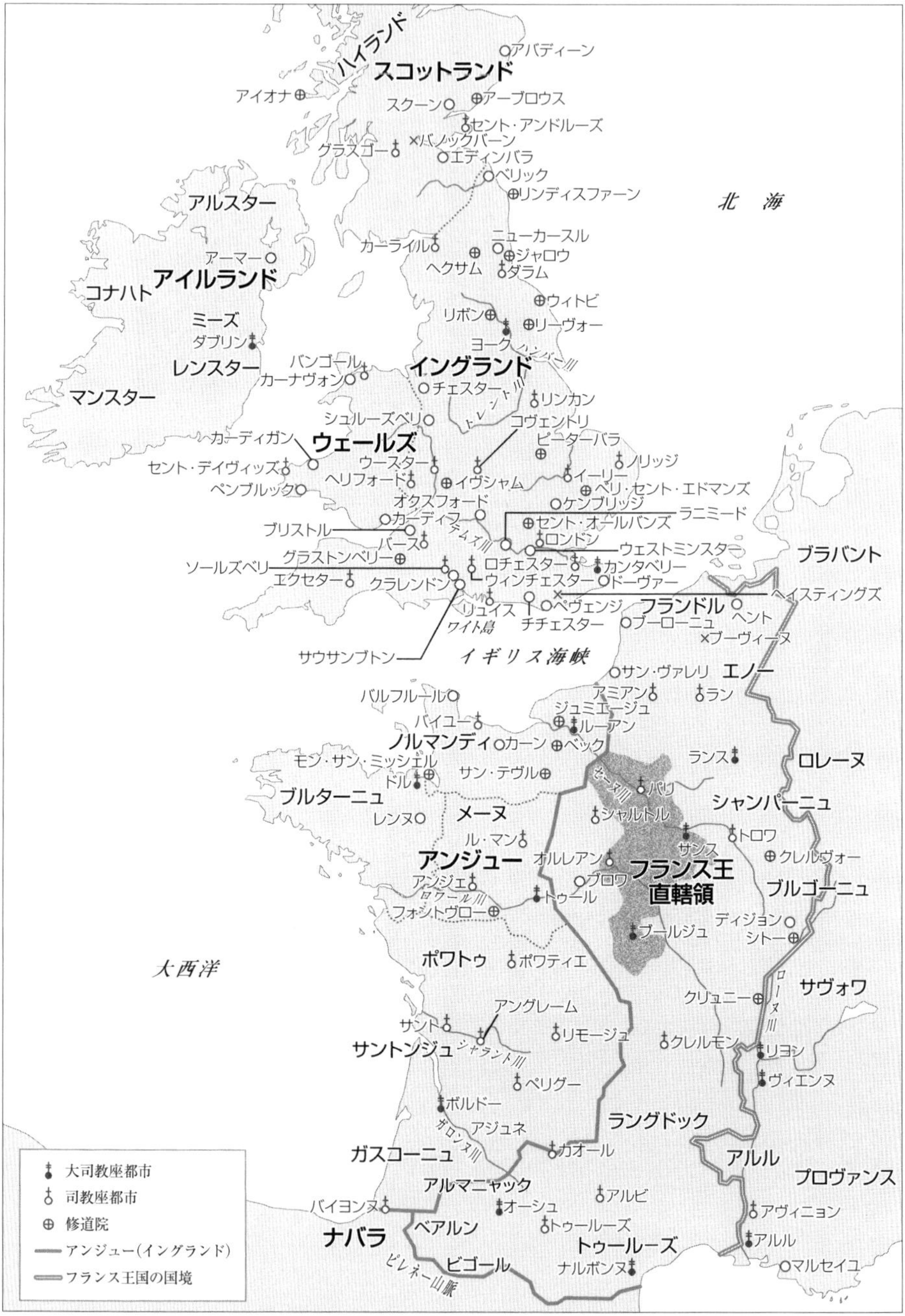

# 総説　王国史から関係史へ

　本書は、プランタジネット家が領有するアンジュー帝国と、カペー家およびその跡を継いだヴァロワ家が領有するフランス王国とが、一一世紀から一五世紀に至る西欧世界において、勢力あるいは覇権をめぐる競争を続けていた状況、およびその変化を、歴史的に跡づけ、意義を明らかにするという意図をもつ。

　誤解を避けるために、関係史という視角を設定する理由を述べておく。従来の教科書的理解に固執して本書のタイトルを解釈すると、イングランド王国という国と、フランス王国という国が所与の前提として存在し、それぞれが「国益」を維持するために外交交渉し、戦争したのであり、その過程を辿ることが、「英仏関係史」であると見なされるかもしれない。本書ではそのような一国史的観点からの歴史把握や叙述を排除し、西欧世界（ブリテン島やガリア以外にアイルランドやフランドル、ピレネー南麓を含む）というより広い視野で把握した、歴史上の諸事件の意義を見定めようとしている。諸「王国」の関係を述べようとしているのではなく、二つの帝国的権力構造（これについては終章参照）が、西欧世界各地の現地小権力体を帰属させて、勢力争いをしながら、全体として平和を維持していた状況を歴史的に説明することをめざしている。

　なぜそのような把握の仕方を採る必要があるのか。一つはこの時代には、国民国家はなかったという認識による。国民国家は西欧では一九世紀に、参政権が広く住民に共有される状況が憲法などで保証されて、国民が生み出されたときに成立する。中世西欧にはそのような状況はなかった。存在していたのは、王家を核とし、それを推戴する武装能力者＝領主や、都市共同体＝富裕者団体が構成する王国であった。相互に自立し、争い合うこれらの王国は、自己保存のためには、互いに同盟するか、さもなくば、さらなる上級権力（たとえば皇帝権や教皇権）を構想して、それによる紛争解決を制度化する必要があった。実際には西欧各地で頻発する紛争を調停するだけの実力は、皇帝にも教皇にもなかったから、中世には戦争が絶え間なく起こり、実力解決が合法手段であった。個々の人間だけでは自衛しきれないので、人びとは団体に所属するか、上下の従属関係を結んで保護を期待したのである。

第二の理由は、一つの王国の統治はその内部で完結しえていたわけではなく、さらには王国だけで自立することが難しかったという事情、それだけではなく、諸王国相互の紛争解決も困難であるという事情による。カペー家はフランス国王であると一〇世紀末以来主張しているが、アキテーヌ公領（ガスコーニュ）への国王役人の派遣は限定的である。その他の諸侯領への介入もさまざまであって、国王が決定した原理や制度が現地諸侯に受け入れられていたわけではない。フランス王国は王領と諸侯領とが混在し、地域ごとに国王への帰属度は異なっていた。一方、イングランド王国の統治を担っていた人材は、プランタジネット家が領有するノルマンディ、メーヌ、トゥーレーヌ、ポワトゥ、ガスコーニュなどの出身者からなり、同時にイングランドで徴収された軍役代納金は、ヘンリ二世が大陸で行う戦争のために用いられた。プランタジネット家のヘンリ二世はイングランド王国を領有していたが、定住してイングランドの住民を直接統治していたのではない。出身地のアンジューにも代官をおいて代理統治させていた。ヘンリ二世はスコットランド王に対して封主権を主張したが、スコットランド国王はこの要求を退け、フランス王との同盟を求めた。ヘンリはアイルランドを征服したが、自ら統治したのではなく、現地小権力者たちの宗主であったに過ぎず、ノルマン人諸侯はアイルランド現地諸侯との結婚を通じて在地化した。攻められたスコットランドやアイルランドの現地領主たちは、プランタジネット家の支配する大陸各地へ傭兵として軍事参加した。アンジュー帝国に含まれる王国や公国の統治が一国内で完結していたわけではない。

第三には、中世にも「境界線」を越えての人びとや物資、さらには情報の交流は、通常理解されているよりははるかに盛んであったという認識による。カペー家の領有するイル・ド・フランスの物資は、パリからセーヌ川を下って英仏海峡に出ること無しには、他地域へ運ばれることは困難であるが、そのルートの下流はノルマンディであり、この地を領有していたのはプランタジネット家であった。流路に存在するルーアンで課税すれば、誰の利益になるかは明らかであろう。商人だけではなく、聖界人や文化人も一国内に留まってはいなかった。エドワード一世は十字軍の帰途、シチリアで父王の死の報に接するが、すぐには帰英せず、ガスコーニュに半年近くも留まり、検地などの統治業務を実行していた。その間、イングランドの国王役人とのあいだには頻繁に連絡を取っており、情報伝達は密であった。

以上のような理由により、対外関係史という視角を本書では採らない。その視角では、一国完結を前提にしてしまいがちだからである。まず国内がまとまり、必要なときだけ対外交渉をすればよいという、内向きの、その意味では非現実的な歴史事象の把握しかできなくなる恐れがある。従来は国内問題として説明されてきたことが、じつは「他国」の事件と関わっていたり、あるいは「国際的な」状況のなかで生じるものであるという例は枚挙にいとまがない。一〇六六年のノルマン征服は、フランス王国のノルマンディ公がイングランド王国を征服したと見なすだけで説明できるのだろうか。一一五四年にアンジュー伯のアンリ（ヘンリ二世）が、イングランド王国を相続したことは、イングランド王国とフランス王国とのあいだに生じた事件なのだろうか。一二一四年にイングランド王ジョンがカペー家のフィリップ二世とフランドルのブーヴィーヌで戦った時、ローマ教皇や神聖ローマ皇帝がジョンに荷担したにもかかわらず、ジョンの敗北に終わったのはなぜだろうか。一四、一五世紀に百年戦争という事件において、イングランド国王のエドワード三世がフランス王位継承権を主張したのは、単なる口実であったのか、それとも実際に継承することで、二つの帝国的構造を一体化させ、域内平和の維持をめざしていたのか。これらの研究課題は、イングランドやフランスに単一の王国が実在したと見なす一国完結史観では解明は困難であろう。

関係史は比較史という視角とも異なっている。比較する個々の地域が自立して存在することを前提にしてしまいがちであるからである。従来の日本の教科書では、執筆者はいずれかの国の歴史が専門分野であり、その国の歴史を、他国の歴史と比較して、共通点や相違点を説明していた。それでは、なぜそのような共通点や相違点が生じるのかを説明することは難しいであろう。視野を広げると、西欧世界全体のなかで個々の地域の実情に応じた制度が成立し、地域間対立が生じ、上級の権力や周辺の権力体からの働きかけを受けるなどして、それぞれの地域住民は平和を維持しようとしていたことが判明するであろう。

英仏を区別する理由は、一一～一五世紀にはこれら二つの権力の核（プランタジネット家とカペー・ヴァロワ家）が相容れずに戦い続けたため、アンジュー帝国とフランス王国とが統合されて、一つの帝国になることがなかったという事実認識による。誤解を避けるために、本書で用いる「帝国」概念について説明する必要があろう。それは二一世紀の帝国とも一九世紀のそれとも異なる。アンジュー帝国はプランタジネット家を核として、それに帰属する諸地域の小権力体（王国、公国、伯領、領邦や都市）が構成する権力構造である。帰属の主たる理由は域内外平和の確保と経済利益の享受である。核権力の必要条件は軍事力、財力、カリスマ性あるいは神秘性などである。帝国というより帝国的権力構造と表記する方がふさわしいかもしれない。より詳しくは巻末の「終章」で説明される。中世の帝国概念を用いることによって、従来の一国完結史観では説明困難であった事象を、説明しうるようになる。

本書は二部構成になっている。第I部では時代ごとに政治過程が説明される。二つの王国の政治史が並列して述べられるのではなく、一つの事件が西欧世界のなかでそれぞれの地域住民のなかでいかにして発生し、それぞれに対してどのように影響したのか、という視点から説明される。この視点を採ることによって、従来の説明では軽視あるいは無視されてきた事実が、じつは重要な意義をもつという例も判明するであろう。

第II部では政治史では取り上げにくい論点が、より詳細に検討される。都市、教会、文化、「周辺」地域との関係、家系と権力の関係などである。とくに周辺世界との関係を詳しく検討することによって、二つの帝国的権力構造が、フランス王国とイングランド王国だけではなく、周辺の住民の帰属心を取り付けていたことが判明するであろう。スコットランドへはプランタジネット家もカペー・ヴァロワ家も働きかけを行っていた。プランタジネット家はカスティーリャ王家と結ぼうとしていたが、フランス王ルイ八世は妃をカスティーリャ王家から迎えた。南仏ガスコーニュの現地領主たちは、域内での領主共同体を作らず、相互に対立し、カペー家やプランタジネット家、さらにはカスティーリャ王に介入するように働きかけて紛争解決を期待していた。

理解を助けるために詳しい歴史年表を巻末に付した。また、できるだけ原典にあたって月日まで確定することにつとめた。さらに学習しやすくするために、索引を付けて、歴史事項から本文を参照できるようにした。同様の理由で本文中に歴史地図を適宜掲載した。

関係史の視点は、中世史だけではなく、今後の世界の歴史をより広い視野で理解する際にも必要な視点となり、ものの見方となるであろう。

# 第Ⅰ部　政治史

# 第一章　ノルマン征服とアングロ・ノルマン王国［一〇六六〜一一五四年］

八世紀にはじまるヴァイキング時代、その襲来を受けたブリテン島、そして大陸フランスは、北欧世界と密接な関係をもつことになった。イングランドでは北欧の王朝が生まれ、フランスでは、ヴァイキングの定住地となったノルマンディ地方が、北欧とのつながりを保ちつつも、フランス文化圏の一部として、強力な領邦へと成長する。

一〇六六年アングロ・ノルマン王国の成立により、一一世紀半ば以降のイングランドはノルマンディと結びつき、北欧世界から少しずつ離れ、フランスを中心とした大陸西ヨーロッパ世界の一員となっていく。同時に、アングロ・ノルマン王国は相続問題を契機とした分裂と再統合を経験しつつ、フランス王、アンジュー伯やフランドル伯らと対立あるいは連帯しながら、アンジュー帝国の一部に組み込まれることになった。本章では、その概略をたどってみよう。

## 第一節　一〇六六年から一一五四年のイングランドとフランス

本章で扱うのは、一〇六六年から一一五四年までのイングランドとノルマンディ、それを囲む北欧世界、大陸フランスである。

ノルマン征服の年、すなわちノルマンディ公ギョーム二世がイングランドを征服した一〇六六年以降、イングランドはノルマンディ公を王に戴くことになった。ここに、イングランドとノルマンディの双方からなるアングロ・ノルマン王国が成立する。ノルマンディは、強力な領邦権力が割拠していた当時のフランスにおいて、最強ランクに位置する領邦である。当時のフランスでは、大小多数の領邦君主たちが各領邦において強力な権力を振るい、しばしばフランス王の支配が及ばないような自立性を享受していた。だが、フランス王が主君であることにかわりはなく、この点は、フランス王権が成長するとともに、領邦君主と王権との関係に大きな影響を及ぼすことになる。

一方、イングランド王国は、ノルマン征服当時すでに中世ヨーロッパの水準において、高度に発達した地方行政機構と豊かな財源をもつ国家に近づいていた。征服の結果、フランス王権は、ノルマンディ公がイングランド王国の王でもあるという新たな状況に対応せねばならず、イングランド王も、ノルマンディ公としてはフランス王の封臣であるという、多元的な関係を構築する必要に迫られるのである。また、ノルマン征服により、ノルマンディ公とともにやってきた大陸出身の貴族たちは、イングランドの支配層にとって代わる。そこには、ノルマンディのみならず、ブルターニュ、フランドルなど、ノルマンディ周辺の大陸出身の貴族たちが数多く含まれていた。君主だけでなく、アングロ・ノルマン貴族層全体が大陸とつながりをもっていたのである。

このアングロ・ノルマン王国は最終的に、カペー家・ヴァロワ家に対抗するプランタジネット家、すなわちアンジュー伯家のアンリ（イングランド王ヘンリ二世）の所領全体を意味する、いわゆる「アンジュー帝国」の一部となった。

本章で扱う時代の最後、一一五四年は、そのアンジュー伯家のアンリがイングランド王（在位一一五四〜八九）として即位した年である。一一五〇年頃、彼は父アンジュー伯ジョフロワからノルマンディの支配を任され、さらに一一五一年ジョフロワの死によりアンジュー伯となり、メーヌ、トゥーレーヌも支配した。一一五二年には、フランス王ルイ七世と離婚したばかりのアキテーヌの女子相続人アリエノールと結婚、アキテーヌ公領を手に入れる。その彼が一一五四年イングランド王となることにより、それでなくとも広大な所領に加え、アングロ・ノルマン王国全体を手にいれ、J・ル＝パトゥーレルの言葉を借りれば、プランタジネット・ドミニオンズ、すなわち、後世の歴史家が呼ぶところの「アンジュー帝国」が成立する。[1] フランス南部からブリテン島はスコットランドとの境界まで含むこの広大な帝国を支配したプランタジネット家は、フランス王権をになうカペー家と競合し、それぞれイングランド王権、フランス王権という核を成長させていく（地図1－1）。

本章は、この一〇六六年と一一五四年を画期として扱うが、その前の歴史的文脈をいささか述べておきたい。以下では一〇六六年に至る状況からはじめることにしよう。また、第一部では、政治史の流れを把握することが目的なので、本章も権力の動きを時系列的にたどる。その際、王国の継承を中心に、関係史の視点から、それに関わるさまざまな問題、すなわち、周辺権力の介入、各地の貴族たちの動きを盛り込みながら考えてみたい。

## 第二節　北欧世界と大陸世界のなかで

ノルマン征服の前提は、北欧世界の拡大である。八世紀頃から、ヴァイキングたちは北欧世界を飛び出し世界各地に遠征にでかけた。彼らの襲来は、ブリテン島から地中海に至るまで、ヨーロッパ全体を恐怖に陥れるだけでなく、社会構造に影響を与えた。ヴァイキングたちは、当初は遠征先で略奪・交易を行うと故郷へ帰っていったが、次第に遠征先に定住する集団が現れはじめる。ヨーロッパ世界における重要な定住地は、北西フランスと北東イングランドである。[2]

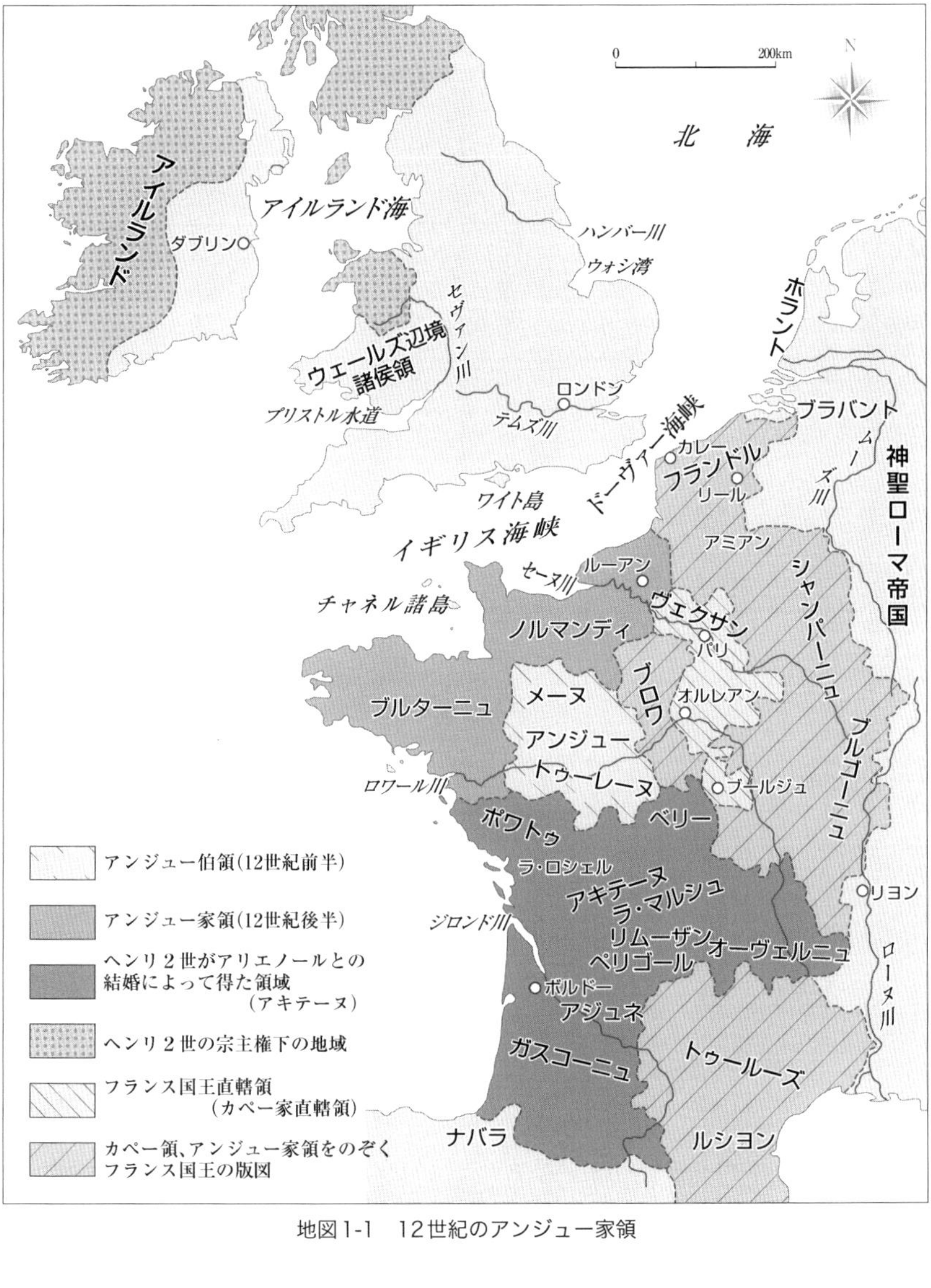


地図1-1　12世紀のアンジュー家領

## †イングランドとヴァイキング

イングランドでは、五世紀頃大きな波となって大陸から渡ってきたアングル人、サクソン人などによる部族国家が分立、マーシア、ノーサンブリア、ウェセックスなど有力部族国家に加え、中小勢力が相互に勢力を競い合う状況が続いていた。一〇世紀頃になって、イングランド南部を本拠地とするウェセックス王権により統一をみる。統一への道のりにおいては、ヴァイキングの襲撃が影響した。ヴァイキングたちは、機動性に富み、複数の王国にまたがる地域を短期間のうちに攻撃したため、迎え撃つアングロ・サクソン側に団結を促す契機となったのである。大陸フランスへのヴァイキングの襲来が、フランク王国を分裂と崩壊に導いたのとは対照的だろう。

九世紀、アングロ・サクソン勢力同士の争いにヴァイキングが加わる混乱のなか、ウェセックス王エクバートは、マーシアに勝利し、ヴァイキングと結んだイングランド南西部を支配、ウェセックス王権の影響圏を拡大した。エクバートの孫アルフレッド大王は、八七八年エディントンの戦いでヴァイキングを破り、その首長グスルムに洗礼を受けさせ、条約を結ぶ。ロンドンと、ウェールズの境界に位置するチェスターを結ぶ線の北東側にヴァイキングたちの定住地を設けることで、それ以外の地域への侵略をおさえこもうとしたのである。これは、攻撃を封じ込めようとしたアングロ・サクソン側にとっても、定住地を確保できたヴァイキング勢力にとっても有益であり、両者の関係を安定させた。その後アルフレッド大王の孫アゼルスタン王は、北方の有力都市ヨークをヴァイキングから奪い返し、ノーサンブリアを支配、九三七年、北欧勢力の連合軍を破り、イングランド王を自称した。さらにエドガー王は、九七三年に王として聖別[3]され、イングランド全体を支配するイングランド王としての権限を帯びることになった。ここに、ウェセックス王権によるイングランドの統一が完成する。

## †ノルマンディとヴァイキング

フランスも同様に、九世紀半ば頃から恒常的にヴァイキングの激しい攻撃にさらされた。襲撃を一時くいとめるのに大いに功績をあげたパリ伯ウードは、のちのカペー朝の祖となる人物である。ヴァイキングの攻撃に頭を悩ませた西フランク王国のシャルル単純王は、ヴァイキングの首長ロロに忠誠を誓わせ、キリスト教に改宗させることで、セーヌ河口の領域を与えた。アルフレッドと同様、ヴァイキングたちに定住地を与えて、襲撃を抑えようとしたのである。九一一年のことで、この取り決めはサン・クレール・シュル・エプト条約と呼ばれる。

当時のフランスは、カロリング王国の解体後、王は存在しつつも、多数の自立的領邦が覇を競い合い、王の実権が及ぶのは、イル・ド・フランスとその周辺の限られた領域のみだった。領邦君主は、領邦内で強力な権限を行使し、フランス王の権力は各領邦内部には及ばず、王は領邦君主とのみ関係を結んでいた。フランス王権の影響力が限られるなか、ロロとその後継者たちは領土を拡大、その支配領域はノルマンディと呼ばれるようになった。ノルマンディの君主たちは、北欧世界の伝統を保ちつつ、現地に残るフランク時代の行政制度を活用する。とくに、一〇世紀後半のリシャール一世とその子リシャール二世の時代、ノルマンディ公の勢力は安定し、拡大期を迎えた。

## †イングランド、ノルマンディとヴァイキング

こうしてイングランド、ノルマンディと北欧は、ヴァイキングを介してつながったが、それは安定をもたらしたわけではない。九九一年、イングランド王エゼルレッド二世とノルマンディ公リシャール二世は条約を結び、互いの敵に協力しないことを取り決めた。これは、ノルマンディが、ヴァイキングのイングランド攻撃の拠点となっていたことを示唆する。さらに関係を強化すべく、一〇〇二年には、リシャール二世の姉妹エマがエゼルレッド二世と結婚、この結婚が将来のノルマン征服につながる。一〇一三年、デンマーク王スヴェンがイングランドを侵攻した際、エゼルレッドと、エマの息子エドワードとアルフレッドは、リシャール二世のもとに避難した。将来のイングランド王位を意識したリシャール二世、そしてその子ロベール一世は、彼らを厚遇したようである。

イングランド王となったデンマーク王スヴェンは、一〇一四年世を去る。その後短期間エゼルレッドとその息子エドマンド剛勇王がデーン勢力に反撃したが、両者ともに没し、スヴェンの息子カヌートが一〇一六年、イン

グランド王位を継いだ。エマは、夫エゼルレッドの死後一〇一七年にカヌートと結婚、ノルマンディとカヌート支配下のイングランドとの関係安定に貢献する。

だが、デーン朝は短期間に終わった。一〇三五年のカヌートの死後、カヌートとその先妻の息子ハーラルが跡を継いだが、数年で死去、カヌートとエマの子ハーディカヌートが王国を継承した。妻子のないハーディカヌートは、共同統治を望み、一〇四一年ノルマンディから自分の異父兄弟にあたるエドワードを招く。翌一〇四二年、ハーディカヌートが没するとエドワードがイングランド王となり（エドワード証聖王）、ウェセックス王家が復活したのである。

ノルマンディでは、ノルマン征服の主人公、のちにウィリアム一世征服王となるギョーム二世が、ノルマンディ公ロベール一世の庶子として、一〇二七年頃生まれた。父ロベールは、エルサレム巡礼にでかけてそのまま一〇三五年に世を去り、ギョームはわずか八歳で公位を継承しなければならなかった。庶子で幼少というハンディを背負い、公としての地位を固めるまでには、父の世代の有力貴族たちの反乱を抑え、フランス王、アンジュー伯といった強力な周辺権力に立ち向かう必要があった。幸運も手伝い、一〇四七年ヴァル・エス・デュヌの戦いで反乱する有力貴族を制圧、さらに一〇五四年モートマ、一〇五七年ヴァラヴィルの戦いでフランス王アンリ一世とアンジュー伯ジョフロワの連合軍に対して勝利、公領内の支配を固め、ノルマン征服の頃には、ノルマンディ公としての地位を確立していたのである。

## 第三節　ノルマン征服とアングロ・ノルマン王国の成立

### †ノルマン征服の過程

一〇四二年にエドワードが王位についた時、イングランドでは、カヌート時代から台頭したウェセックス伯のゴドウィン一族が勢力をふるっていた。ゴドウィン家は反乱により一時的に追放されたが復活、一〇五三年ゴドウィンが死ぬと、息子ハロルドがウェセックス伯を継承し、その弟たちもそれぞれ有力伯になり、ハロルドを中心に、王権を脅かす強大な権力をもつにいたったのである。

エドワードは、このゴドウィン家のイーディスを妻としていたが、二人には子がなく、老境に入ったエドワードの後継者問題が浮上しつつあった。後継者となる可能性をもった人物としては、エゼルレッドの先妻の子エドマンド剛勇王の子エドワードがいる。彼は一〇一六年以降ハンガリーにいたが、王の後継者が問題となってきた一〇五七年帰国した。だがまもなく没し、その子エドガーはまだ幼すぎた。

一〇六六年一月五日、病に伏していたエドワード証聖王が世を去る。するとゴドウィン家のハロルドが、王妃の兄弟であり、イングランド最有力の貴族として、王の埋葬の翌日、賢人会議の承認を得てすばやく王位につく。対して王位継承を主張したのは、ノルウェー王ハーラル・ハルドラーダ、そしてノルマンディ公ギョーム二世である。

ノルウェー王ハーラルは、自分の義理の兄弟マグヌス王がハーディカヌートとかわした約束をもとに、イングランド王位の継承を主張した。一〇四七年にマグヌスは死んでおり、その後継者として、ハロルドと対立したハロルドの弟トスティイと結び、イングランド支配をめざしたのである。また、デンマーク王スヴェン・エストリスソンも、イングランド王だったスヴェンの孫であることを理由に、王位をねらった。

ノルマンディ公ギョームは、エドワード証聖王の母エマの兄弟のノルマンディ公リシャール二世の孫である。ノルマンディで長く過ごしたエドワードが自分を後継者に指名したと主張、王位を要求した。ギョームにとっては、当時征服に都合のよい状況が整っていた。前述のように、ギョームはノルマンディ公としての地位をすでに固めており、隣のフランスでは、一〇六〇年アンリ一世が没し、フィリップ一世が跡を継いだが、彼はまだ幼く、しかもギョームの妻マティルダの父フランドル伯ボードワン五世の後見のもとにあった。アンジュー伯領でも、ギョームを苦しめたジョフロワは一〇六〇年に没し、後継争いの混乱が続いていた。フランス王とアンジュー伯の勢力が弱体化した間に、ギヨームはノルマンディ周辺に影響力を拡大する。アンジューと支配を争っていたメーヌは一〇六三年に征服、ノルマンディに隣接するブルターニュも影響下に入れ、イングランドに面する海はノルマン勢力が支配していることになり、イングランド征服に有利な条件がそろっていた。

当時のイングランドの状況も、征服の行方に影響した。ハロルドは有力な敵を抱えていたのである。ノーサンブリア伯である弟トスティイは、一〇六五年自分に対して反乱が起こった際、エドワードとハロルドに助けを求めたが、支持が得られず、フランドルに逃げていた。ハロルドが王位につくと、トスティイはイングランド南部に上陸、各地を略奪しながら北上した。だが、マーシア伯エドウィン、ノーサンブリア伯モーカに撃退され、スコットランド王マルコムのもとへ逃げ、そこでノルウェー王ハーラルと協力、ハロルドに対抗する。

したがって、ハロルドは即位直後、北方のノルウェー・デンマーク勢力と、南方のノルマン勢力という、二方面の敵に対し緊急に戦争の準備をしなければならなかったのである。

ノルマンディ公ギヨームはハロルド戴冠を聞くと、すぐに征服の準備に入る。まず、征服について教皇の支持を得た。教皇、そして司教たちといった王国内の高位聖職者たちと良好な関係を保っておくことは、ギヨームの支配をその後も助けることになった。さらにギヨームはノルマンディ外部からも征服への参加者を集め、船を建造し、入念に準備をすすめた。その間ハロルドはノルマン軍に対抗すべく、イングランド南岸に軍や船を集め、防衛の準備をしたが、敵はなかなか到着せず、九月八日にいったん軍を解散せざるをえなかった。だがこの頃、準備を整えたノルマン軍は、都合のよい時期を待っていたのである。

一方、ハロルドは、北方からハーラル王とトスティイの軍が、北方の重要都市ヨークに迫っているのを知る。ハロルドは、いったん解散した軍を再度召集、いそいで北上、九月二五日、スタムフォード・ブリッジでハーラル王、トスティイの軍を撃破した。この激戦でハーラル、トスティイはともに敗死した。だがハロルドは、勝利を祝う間もなく、新たな敵の到着を知る。ノルマン軍が九月二八日にイングランド南岸ペヴェンジに上陸したのである。

ノルマン軍は、上陸後すぐにヘイスティングズに築城、戦闘の準備を整えた。一方、ハロルドは疲れ切った軍を叱咤激励しつつ、猛スピードで南下する。一〇月一三日、ハロルドの軍は、ヘイスティングズそばの現在のバトルの地に到着した。翌一〇月一四日、イングランド軍とノルマン軍は全面対決する。ヘイスティングズの戦いと呼ばれるこの歴史的戦闘は朝からスタートし、丸一日の激戦となった。大陸式の騎馬軍と弓兵で戦うノルマン軍に対し、ハロルドの軍は、戦斧で武装した歩兵が密集して戦った（図1－1）。激戦のなか、ハロルドは矢を目に受けて戦死する。指導者を失ったイングランド軍は敗走、ノルマンディ公ギョームの勝利が確定したのである。

## †ウィリアム征服王の支配

ここで、ウィリアム征服王治世を中心に、アングロ・ノルマン王国の特徴を概観しておこう。

ノルマンディ公ギョーム二世は、一〇六六年のクリスマスにウェストミンスターで戴冠した。イングランド王としては、ウィリアム一世征服王である。治世初期は、イングランド支配の安定のために費やされた。まず、自分がエドワード証聖王の正統な後継者であることをアピールする。大陸式を一部とりいれながら戴冠式をイングランド式に実施し、王の命令をイングランド式の令状に古英語で書かせた。貨幣もイングランド式に鋳造させた。また、ヘイスティングズの戦い後も生き残ったエドウィン、モーカらの有力伯たちの服従を確保し、都市ロンドンには特権を承認してその支持を得た。

だが、征服者ノルマン人は温かく受け入れてもらえるわけではない。イングランドでしばしば反乱がおこり、また、北欧勢力、スコットランドやウェールズの侵入といった、そ

図1-1　ノルマン征服の様子を描写したバイユーのタペストリー

れまで経験したことのなかった出来事にも対応しなければならなかった。一〇七〇年代までに各地で起こった大規模なアングロ・サクソンの有力貴族たちの反乱は鎮圧され、彼らは殺害されたり、土地を奪われたりし、その地位を追われ、大陸出身の貴族たちがその跡を継いだ。高位聖職者たちも大陸出身者に入れ替えられる。こうして、ノルマン人を中心とする勢力が、征服王治世後半には言語も文化も異なるイングランドの支配層にとって替わったのである。

くり返すが、ウィリアム征服王はノルマンディ公でもあり続けた。彼にとってはノルマンディは故郷であり、維持拡大すべき本拠地であり、イングランドはウィリアムに王の地位と豊かな富をもたらしてくれる征服地であった。これは、新しくアングロ・ノルマン王国の貴族層となった人びとにとっても同様である。本拠地ノルマンディの所領と、豊かで広大なイングランドの所領は、どちらも重要だった。とくに貴族層上部（直属封臣《バロンズ》）は、君主と同様、王国内に広がる所領を移動しながら支配し、また君主の宮廷に頻繁に顔を出した。イングランドとノルマンディの双方に所領をもつ彼らにとっては、双方の地が一人の君主により支配されることは望ましいことだった。

また、貴族層上部には、イングランド、ノルマンディ、さらにその外部にまで領土をもつ者が存在した。モンゴメリー・ベレーム家といったこれら有力貴族家系は、領土の保全を目的に、アングロ・ノルマン君主たちに協力もしたが、一方では反乱し、あるいはフランス王やアンジュー伯らと結託してアングロ・ノルマン君主たちの政策に影響を与えた。アングロ・ノルマン王国の動向は、君主側の視点のみでは理解できないのである。

一方、中下層（陪臣）になると、新たに入手したイングランドの所領に根付き、ノルマンディとのつながりが薄れる者、イングランドあるいはノルマンディで行政に関わる職につくことにより、その地に定着する傾向がみられる。このような貴族層の多様性は、アングロ・ノルマン王国の構造に影響を及ぼした。

また、イングランドでは、少数の征服者が、多数のイングランド人を支配することになったため、効率的な方策をとらなければならなかった。ノルマン人殺害に対し厳罰を科すといった圧力と同時に、イングランド王の正

地図1-2 イングランドとノルマンディ

統な後継者であることをさまざまなかたちで主張したのである。発達していたイングランドの行政機構を利用することは、その一つであり、効率的な方法でもあった。王が派遣した調査団に対し、在地住民が陪審員として現地の情報を申告する方法で実施されたドゥームズデー調査は、その見事な成果であろう。イングランド全土のこれほど詳細な土地調査が可能であったことは、州や郡（ハンドレッド）の機能、審問手続きが征服前のイングランド王国ですでに確立していたことを教えてくれる。

そして、アングロ・ノルマン王国は、つねに周辺権力や反乱に脅かされていた。北欧勢力は、イングランド支配の夢を捨ててはいない。一〇六八年北部イングランドで大反乱がおこり、翌年、デンマーク軍が北部イングランドに上陸、イングランドの反乱軍と結んでウィリアムに圧力を加える。ウィリアムは軍を率いて北上し、北部を荒らすことで北欧勢力や北部イングランドの反乱を抑えた。ノルマンディの防衛にもこれまで同様の努力を払わなければならない。フランドル伯とは基本的に安定した関係を築いていたものの、アンジュー伯とは恒常的に競合し、また、フランス王権ともノルマンディとの境界領域であるヴェクサンをめぐって対立が続いていた。

こうしてアングロ・ノルマン君主たちは、つねにノルマンディの情勢を気にかけ、長期にわたってノルマンディに滞在した。その間、イングランドは国王代理により統治される。ノルマンディ不在の際も、王妃マティルダらが留守を任されたが、征服王が治世後半、ノルマンディに長期滞在していたことを考えると、イングランドが代理に支配される期間が長かったといえる。そこでは、征服地イングランドの統治を在地の有力者に任せ、その上級領主権を保持するという体制をとるのではなく、征服王とその家臣たちは、ノルマンディ公国とイングランド王国とを、自身やその代理人によって統治した。アングロ・サクソン王国時代に発達していたイングランドの徴税・財務機構は、征服者によって利用され、イングランドの富は大陸での戦役にフル活用された。アングロ・ノルマン王国は、二つの別体制の国が、一つの家系により統治されるという状況だったのである。

## 第四節　王国の継承

中世ヨーロッパでは、全欧を統轄する公権力が存在せず、地域国家の領有権は、私的な権利とみなされ、相続や結婚を通じて継承された。そのような状況では、王国をだれが継承するかは、最も重要な政治問題だったといってよい。行政機構の未発達なこの時代、国の安定は、人間としての王の力量に直結していたからである。当時、王国の相続慣習は確立しておらず、継承はしばしば激しい争いを引き起こした。実際、ウィリアム征服王の死以降、アングロ・ノルマン王国の継承はつねに戦争をともなっている。本節では、ウィリアム征服王死後のアングロ・ノルマン王国の継承を、周辺勢力との争いを含めてたどることにしよう。

### †ウィリアム征服王とその息子たち

フランス王との戦いの最中の一〇八七年九月九日、ウィリアム征服王は戦傷がもとで没した。その際、長子ロベールにノルマンディとメーヌ、次の息子ウィリアムにイングランド、末子ヘンリには多額の金銭を遺す。三兄弟は、その後互いに激しく争うのである。注意すべきは、ノルマンディを長子ロベールが継承することに異論はおそらくなかったものの、イングランドについては決まっていなかった点である。

ロベールは、征服以前からノルマンディが約束されており、フランス王フィリップ一世にノルマンディについて臣従礼《オマージュ》[4]を行っていた。また、征服王の留守のあいだ、ノルマンディ支配を母マティルダとともに任されていた。メーヌについても、アンジュー伯に臣従礼を行っている。

だが、実権がないことを不満に思い、一〇七七年以降、ロベールを信用しない父ウィリアム征服王と対立、自分の主君であるフランス王フィリップ一世のもとに逃亡した。一時父と和解するが、一〇八四年を最後にロベールは父のもとを離れ、父の死の際も、フランスにいた。

ノルマン貴族たちのあいだでは、祖先からの継承地は長子に継承させ、新たに獲得した土地は、ほかの子たちで分割することが一般的になってきていたが、これは確定しておらず、さらに今回は事情が違う。イングランドは豊かで広大であり、ノルマン貴族たちに、相続の新たな選択肢をもたらした。君主家系においても、豊かな土地だけでなく、フランス王への臣従から自由な王位をも与えてくれるイングランドの継承は、波乱を起こさずにはいられなかった。

死にゆく父からイングランドを託されたウィリアムは急いで渡英し、一〇八七年九月二六日ウェストミンスターで戴冠、ウィリアム二世（ルーファス）となった。イングランドとノルマンディが、協調的とはいえない二人の君主に支配されることは、双方の地に所領をもつ貴族たちに不安を抱かせた。一二世紀前半の年代記作者、オルデリク・ヴィターリスは、兄ロベールに仕えれば、弟ウィリアムが豊かなイングランドの自分たちの所領をとりあげるだろうし、ウィリアムに仕えれば、やはりロベールがノルマンディの父祖伝来の所領を奪うであろう、と貴族たちが悩む様子を伝えている[5]。

ウィリアム二世の即位の翌年、イングランドで、征服王の異父兄弟バイユー司教オドの率いる反乱が勃発した。オドは、ロベールが年長であること、扱いやすいこと、征服王の生前に自分たちがロベールに臣従礼を行っていることを挙げ、ロベールがイングランドとノルマンディの双方を支配すべきだと主張したとされる。この反乱は、有力貴族が多く参加した大規模なものだったが、ウィリアム二世はこれを鎮圧し、反乱者たちのイングランド所領を没収、ノルマンディに追放した。

一方、ロベールはノルマンディで貴族たちをコントロールすることができず、各地で紛争が起こる。一〇八九年にはウィリアム二世が、ノルマンディの混乱を利用し、北部ノルマンディ貴族の支持を得て、ノルマンディへの勢力拡大を企てた。ロベールはフランス王フィリップ一世に支援を乞い、ウィリアムに対抗するが、結局ロベールとウィリアムは、一〇九一年二月に平和条約を結ぶ。ロベールはウィリアムにノルマンディの一部を与え、ウィリアムはロベール側の貴族から没収したイングランドの所領を返した。そして、相手が嫡子なく死んだ場合に、互いに後継者となることを約束したのである。

だが平和は長くは続かない。不穏な空気の漂うなか、一〇九六年ロベールは第一回十字軍への参加を決め、ウィリアムから、ロベールの不在時のノルマンディ支配と引き換えに銀で一万マークを得て、十字軍参加費用を捻出した。同年秋、ロベールは聖地に出発、イングランドとノルマンディは再び一人の君主を得ることになった。

ウィリアムは、ノルマンディを支配するあいだ、フランス王と争うヴェクサンや、アンジュー伯と争うメーヌへの影響力拡大に努めた。イングランドにおいても、スコットランド境界に軍を派遣し、圧力をかける。だが、その間ロベールは十字軍で軍功をあげ、結婚し妻をともない帰国の途につく。これは、ウィリアムにとっても、弟ヘンリにとっても、ノルマンディの支配を失うのみならず、将来ノルマンディを得る可能性が消えることを示していた。

しかし、状況は一変する。ロベールが十字軍から帰国途中の一一〇〇年八月二日、ウィリアム二世は、狩猟の最中、矢にあたって死亡したのである。ちょうどイングランドにいたヘンリが、兄の死のわずか三日後の八月五日、イングランド王として戴冠、ヘンリ一世となった。これについては陰謀説などがかつてささやかれたが、現在は偶然の事故として、歴史家の認識はほぼ一致している。

ヘンリの急な戴冠は、有力アングロ・ノルマン貴族のボーモン家らの支持を得て行われた。ヘンリはすぐに、ウィリアム二世の治世を正すとして戴冠憲章を発布、貴族たちの支援を集める努力を払い、貴族たちも所領確保のためヘンリに臣従礼を行った。ヘンリはイングランドに所領をもつ貴族たちの同意を得て、王国の統治権を行使したのである。この点は、ロベールとは対照的である。さらに、一一〇〇年一一月、ヘンリはスコットランド王の娘イーディス・マティルダと結婚する。彼女はアングロ・サクソン王家の血をもひく高貴な女性だった。この結婚により、イングランドの北部境界の安全を確保するだけでなく、ヘンリのイングランド支配そのものと、ヘンリの子による王位継承の安定性を高めたといえる。加えて、ヘンリは、翌年三月フランドル伯ロベールと条約を結んだ。フランドル伯はヘンリに騎士を提供し、ヘンリの敵には味方せず、フランス王のイングランド、ノルマンディ攻撃を阻止する、という内容である。これらは、ロベールや彼を支援するフランス王の介入を予想してのことであった。ヘンリが王国の内政と対外防衛双方に配慮していたことを窺わせる。

だが、ヘンリの支配確立を妨害する重大要素は、ノルマンディに強い基盤をもつ自立的な貴族たちが、イングランドにも大所領をもち、影響力を行使していることだった。その一つ、モンゴメリー・ベレーム家は、一〇八八年の反乱の際ロベールを支持、また帰国したロベールをイングランド王として迎え入れようとしていたのである。一一〇一年七月、ノルマンディ公ロベールの軍はイングランドに上陸する。ヘンリへの支持は少なく、彼はさまざまな見返りを準備し、貴族たちの支援をかきあつめなければならなかった。一一〇一年、年代記作者オルデリクによれば、「久しぶりに会った二人のあいだに兄弟の愛情がわきあがり」[6]ロベールとヘンリのあいだに和平が設定される。ロベールは、ヘンリの王位を認め、ノルマンディの一部所領のためにかつてヘンリが行っていた臣従礼から解放した。ヘンリは一部を除き自分のノルマンディ所領をロベールに返還、年三〇〇〇ポンドを兄に払う。さらに、ヘンリは、ロベールを支持して反乱した貴族たちのイングランド所領を返還、ロベールも同様にヘンリを支持した貴族のノルマンディ所領を返還すると決め、『アングロ・サクソン年代記』によれば、嫡子がない場合は互いに相続することを約束したのである。[7]

こうして、兄ロベールがノルマンディ公国を、弟ヘンリがイングランド王国の支配権を、事実上別々に有することで妥協が成立していたが、一一〇一年の段階では、イングランドとノルマンディが、将来平和的に再統合される可能性が残っていた。双方に所領をもつ有力な貴族たちも存在し続け、その存在が君主たちの考慮すべき重要な要素となっていたのである。

一一〇二年には、イングランドでロベール・ド・ベレームとその兄弟の反乱が起こる。イングランドにもノルマンディにも、しかもそれぞれの辺境領域に大所領をもち、自立的な権力をもつこの家系は、ノルマンディ公ロベールを支持、ロベールがヘンリに捕らわれたのちは、その息子ギョーム・クリトを支援してヘンリに対抗し続けるのである。

結局、ヘンリとロベールは、一一〇六年、タンシュブレーの戦いで雌雄を決することになった。ロベールは敗れ、息子ギョーム・クリトとともに捕らえられた。ロベールはその後、一一三四年に世を去るまで終生ヘンリ一世の監視のもとに過ごすのである。

こうして、ヘンリ一世がイングランド王国の統治権を得たうえで、ノルマンディ公国の領有権を確立した。その結果、父征服王のアングロ・ノルマン王国が復元されるのだが、そのためヘンリは王国の維持と継承に大変な努力を強いられる。イングランドにおいては、ロベール・ド・ベレームの反乱とヘンリ自身によるウェールズ遠征以外に大規模な戦闘のなかったヘンリ一世治世だが、ノルマンディでは、貴族たちの反乱、フランス王、アンジュー伯との対立など、支配はつねに緊張をともなった。その重大な要素が、ノルマンディ公ロベールの息子、ギョーム・クリトの存在であった。次に、ギョーム・クリトを契機とするヘンリとフランス王、アンジュー伯との対立関係をたどっておこう。

## †ヘンリ一世とギョーム・クリト

タンシュブレーの戦いで、ヘンリがアングロ・ノルマン王国を再統合したこの頃、ノルマンディ周辺では世代交代が進む。一一〇八年フィリップ一世が死去、ルイ六世がフランス王国を継承する。ルイ六世期は、フランス王権が権力拡大に向けて動き出した時期である。ルイは、ヘンリとノルマンディとフランスにまたがる要衝ヴェクサンをめぐりしばしば戦うが、紛争の種は領土だけではない。ノルマンディ公ロベールの息子ギョーム・クリトの存在が、フランス王に介入の口実を与えたのである。一一〇九年にはアンジューでフルクが伯位を継承、ノルマンディに圧力をかける。そして同年、ヘンリがフランス王にノルマンディについての臣従礼を行わないこと、ヴェクサンの領土問題を理由に、ルイ六世とのあいだで紛争がはじまった。

この頃、ロベールの娘婿エリアス・ド・サン＝サーンスに預けられていたギョーム・クリトが逃亡する。ギヨーム・クリトはロベール・ド・ベレームその他のノルマン貴族、そしてルイ六世らの支持を得て、征服王の長男ロベールの息子としてノルマンディの正統な後継者であることを主張、ヘンリ一世に対抗する勢力の支持を集めることになった。一一一三年にかけて、ヘンリは、ギョーム・クリトを支持するロベール・ド・ベレームを中心に、反抗するノルマン貴族たちと、彼らと結ぶフランス王、アンジュー伯と戦闘を重ねなければならなくなった。

ヘンリは対抗して一一一〇年、自分への忠誠が疑わしいノルマン貴族たちを罰し、さらにフランドル伯との条約を更新、フランドル伯とフランス王、ギョーム・クリトが結ぶのを阻止しようとした。だがフランドル伯ロベールはルイ六世に従い、ヘンリに反旗を翻す。この年、ヘンリと親しかったメーヌ伯エリアスが没する。相続人である娘はアンジュー伯フルクと結婚しており、これは、メーヌがノルマンディ公の敵方に渡ることを意味した。実際、フルクはヘンリにメーヌについての臣従礼を行わず、対決姿勢を示すのである。運の悪いことに、ロベール・ド・ベレームのみならず、フランス王とアンジュー伯双方の親戚にあたる有力貴族アモーリ・ド・モンフォールが加わり、ノルマンディ各地でヘンリに対抗する貴族たちが紛争を起こした。

だが一一一二年、ヘンリはノルマンディ最大の対抗勢力で、ギョーム・クリト支持派のロベール・ド・ベレーム逮捕に成功する。その後軍事的優勢を利用し、アンジュー伯フルクと有利な条件で和平を結んだ。一一一三年二月末、フルクがメーヌについてヘンリに臣従礼を行い、フルクの娘とヘンリの息子ウィリアムとの婚約が行われたのである。ルイ六世自身も、このとき自領の反乱に悩まされており、ヘンリとの講和を選ぶ。ルイは、アンジュー伯がメーヌについて、ブルターニュ伯がブルターニュについてヘンリに臣従礼を行うことを認めた。おそらく、ヘンリの息子ウィリアムが、ノルマンディ、そしてメーヌ、ブルターニュについてフランス王に臣従礼を行うのを予想してのことと思われる。

ノルマンディ公は、フランス王に対し領土の境界で臣従礼を行う、とされていた。ヘンリ一世は、ギョーム・クリトが先にノルマンディについて臣従礼を行う可能性を無視することはできなかった。臣従礼を行うことが、単にパーソナルな紐帯を示すのではなく、領域の従属関係をしめすものとなってきたこの時代において、ルイ六世がヘンリの息子ウィリアムの臣従礼を確保することは、双方にとって大きな意味をもった。

一方、庇護者を失ったギョーム・クリトは、戦死したフランドル伯ロベールの息子、ボードワン七世のもとに身を寄せ、ノルマンディの騒乱は一時終息したように見えた。一一一五年、ノルマン貴族たちは、ヘンリの息子ウィリアムに臣従礼を行う。また、翌年にはイングランドで貴族たちがやはりウィリアムに臣従礼を行ったのである。ヘンリのアングロ・ノルマン王国が息子ウィリアムに継承されることは確実に思われた。

だがノルマンディの騒乱はすぐに再発した。所領をめぐる紛争が頻発する。なかでも、ノルマンディの境界を越えて各地に所領をもつアモーリ・ド・モンフォールが再度ヘンリに対抗し、手ごわい相手となった。これらギョーム・クリトの相続を支持するノルマン貴族に加え、フランドル伯ボードワン、フランス王ルイ六世、アンジュー伯フルクが介入、ヘンリは苦戦を強いられた。一一一八年、ルイ六世はノルマン側のヴェクサンに侵入、貴族たちの支持をうけ、また、ヘンリはアランソンでフルクに大敗する。この年は、王妃マティルダ、そしてつねにヘンリを支持してきたムーラン伯ロベールが没しており、ヘンリは有力な支えを失った。

一一一八年秋ヘンリにとっては幸運にも、フランドル伯が戦傷で身を引く。一一一九年五月にはヘンリはフルクの娘と自分の息子ウィリアムの結婚を取り決め、フルクを戦列からはずすことに成功した。一一一九年の八月二〇日、ブレミュールの戦いでルイとギョーム・クリトはヘンリに大敗し、ヘンリは自らのノルマンディ支配と、息子ウィリアムの臣従礼をルイ六世に認めさせることができた。そしてヘンリはノルマンディ公のタイトルを使用しはじめるのである。実際、ヘンリ自身は、アングロ・ノルマン王国を統一したまま維持し、貴族たちが双方に利害をもつ状況を継続しようとしていたらしい。

だが、ようやくフランス王、アンジュー伯との関係が安定したかにみえた一一二〇年一一月二五日、悲劇がヘンリを襲う。この日、白船号の難破で、数多くの有力貴族の子弟とともに、嫡男ウィリアムを失うのである。ヘンリの対抗勢力は再度ギョーム・クリト支援に勢いづくことになった。

一一二三年、ギョーム・クリトはアンジュー伯の娘と婚約する。さらにアモーリ・ド・モンフォールを含め、有力ノルマン貴族たちがヘンリに反乱を起こしたが、一一二四年春、ブールトルルドで反乱側は敗北した。この時、ヘンリの娘マティルダの婿であるドイツのハインリヒ五世は、ヘンリ側にたってルイ六世に対抗し、一方ヘンリは教皇に働きかけてフルクの娘とギョーム・クリトの結婚を禁止させている。

その後ヘンリは一一二七年一月、貴族たちに、未亡人として戻ってきていた娘マティルダに忠誠を誓わせる。ギョーム・クリトの存在を無視したこの行動に、ルイ六世は再度ギョームを支持し、王妃の姉妹と結婚させ、フランス側ヴェクサンを与えたのである。

しかし、事態は急変した。一一二七年三月二日、フランドル伯シャルルが暗殺され、フランドル伯が空位になる。ルイ六世は、征服王の妃でギョーム・クリトの祖母マティルダがフランドル伯の娘だったことを理由に、ギョーム・クリトを後継者に推して介入するが、混乱のなか、一一二八年七月、戦時の傷がもとでギョーム・クリトは命を落とした。ヘンリのノルマンディ支配をおびやかす重要な要因が一つ取り除かれたのである。だが、期待の後継者を失ったアングロ・ノルマン王国の継承は不安定なまま、ヘンリの死を迎えた。

## †スティーヴンとマティルダ

ヘンリの死後、イングランド史上内乱期と呼ばれる長い混乱の時代がはじまる。ヘンリ一世の甥スティーヴンと、ヘンリの娘マティルダのあいだで、アングロ・ノルマン王国の支配をめぐる対立が続いたのである。次に、少しさかのぼってこの内乱期の動きをたどっておこう。

ヘンリは、息子ウィリアムの死後、翌一一二一年急いで再婚したが、子供は生まれなかった。五〇歳を超えていたヘンリ一世に、後継者問題が重くのしかかる。フランス王の庇護を受けるギョーム・クリトに対抗できる後継者を確定しなければならない。ヘンリの嫡子は故ウィリアムとマティルダのみだった。娘のマティルダは一一〇九年ドイツのハインリヒ五世と婚約が成立、一一一〇年二月ドイツに旅立ち、長期にわたり大陸で過ごしている。一一二五年、神聖ローマ皇帝ハインリヒ五世が没すると、ヘンリはマティルダを呼び戻し、一一二七年一月、貴族たちに彼女に忠誠を誓わせた。貴族たちに、マティルダをイングランドとノルマンディ双方の後継者として認めさせ、彼女が再婚し、将来の王国の後継者を生む可能性に賭けたのである。そして翌一一二八年六月一七日、マティルダをアンジュー伯フルクの息子ジョフロワと結婚させた。ヘンリを苦しませたギョーム・クリトの死の数週前のことである。この時、フルクは息子にアンジュー伯位を継がせ、自らはエルサレム王国の女王メリサンドと結婚するために旅立っている。

マティルダとアンジュー伯の結婚は、ノルマンディが積年のライバル、アンジュー伯と手を結ぶことであり、しかも、将来的にアンジュー伯が、マティルダの夫という資格で、アングロ・ノルマン王国を支配する可能性を意味した。だが、ジョフロワの権限は明確にされることなく、ジョフロワとマティルダ夫婦が、ノルマンディとアンジュー境界領域の城の支配権を要求するとヘンリは拒否、親子間に隙間風が吹く。

一一三三年三月五日、マティルダとジョフロワのあいだに待望の男子アンリが生まれた。将来のイングランド王ヘンリ二世、アンジュー帝国の君主である。だが、幼いアンリの成人を見ることなく、ヘンリ一世は一一三五年一二月一日没した。すると、ヘンリ一世の姉妹アデラの息子で、モルタン・ブーローニュ伯スティーヴン（エティエンヌ）が、一二月二二日すばやくイングランド王として戴冠するのである。その頃ノルマンディで、ヘンリの後継者として、スティーヴンの兄であるブロワ・シャンパーニュ伯ティボーを支持しようとしていた貴族たちは、スティーヴンが王位についたことを知ると、「二人の君主に仕えることはできない」として、ノルマンディについてもスティーヴン支持に回った。オルデリク・ヴィターリスが伝えるこのエピソード[8]は当時の貴族たちが、アングロ・ノルマン王国全体が一人の君主により継承されることを願っていたことを示すものとして理解されている。

さて、ヘンリ一世の死後、フランスでも王家の代替わりを迎える。ヘンリと対立したルイ六世は一一三七年死去、息子ルイ七世が王位を継承した。スティーヴンはすばやく息子ユスタスにフランス王に対して臣従礼させ、教皇インノケンティウス二世に自身の戴冠の正統性を承認してもらう。そして一一三八年、ルイ七世の姉妹コンスタンスと、スティーヴンの息子ユスタスが婚約した。このことは、スティーヴンがアングロ・ノルマン王国の継承者としてルイ七世に認められたことを示していると考えられるだろう。

一方、マティルダとジョフロワは、父ヘンリの死後ノルマンディに侵入、アンジューとの境界領域のいくつかの城を支配下に入れ、ノルマンディへの進入路を確保した。スティーヴンは、一一三七年ノルマンディを訪れるが、現地の領主たちの支持をとりつけることに失敗し、短期間の和平を確保したのみで、成果なくイングランドに戻っている。その後、マティルダ側が実際にスティーヴンに対抗する勢力となったのは、一一三八年、ヘンリ一世の庶子で有力貴族のグロスター伯ロバートがスティーヴン支持からマティルダ側に寝返ってからである。また、マティルダのおじ（母マティルダの兄弟）スコットランド王デイヴィッド一世もマティルダ支持に回った。勢いづいたマティルダは教皇に訴えたが回答が得られず、スティーヴンの戴冠が取り消されることもなかった。一一三九年九月三〇日、マティルダとグロスター伯ロバートはイングランドに上陸、ブライアン・フィッツカウントや、マイルズ・オブ・グロスターなどの有力貴族の支持を得て、グロスター伯ロバートの勢力圏を中心に基盤をつくる。

散発的な小競り合いがくり返されたのち、転機となったのは、一一四一年二月二日、リンカンの戦いだった。これでマティルダ側が勝利し、スティーヴン王がとらわれの身となると、スティーヴンを支持していた貴族たちが数多くマティルダ側に支持を変えた。そしてマティルダの夫ジョフロワがノルマンディ支配を拡大すると、双方の地に所領をもつ貴族たちは、なんとかマティルダ側と和解しようと試みる。そしてマティルダは、イングランドとノルマンディの女性君主（Lady of England and Normandy）として認められたのである。

だが、リンカンの戦いののち、マティルダのウェストミンスターでの戴冠を前に、スティーヴン王妃マティルダや、王を支持する側が激しい抵抗を示した。そして戦いの最中九月一四日、今度はグロスター伯ロバートが捕らわれてしまう。結局、双方はスティーヴン王とグロスター伯ロバートをともに解放することで合意し、争いはスタートに戻るのである。だが一一四二年頃から、マティルダにとっての争いの目的は、自身の王位よりも息子ヘンリへの継承に移ってきたようである。

そのあいだジョフロワは、ノルマンディへの勢力拡大を着々とすすめ、一一四四年、支配を実質的に確立、ノルマンディ公として認められた。ジョフロワの関心はノルマンディにあり、彼自身がイングランドへ行った形跡はなく、イングランド王位にそれほど興味はなかったらしい。また、ノルマンディの司教たちは、ジョフロワの公位とその子アンリ(のちのヘンリ二世)を後継者として受け入れている。

膠着状態が続くうち、一一四七年、マティルダ側の有力者グロスター伯ロバートが没した。マティルダは強力な支持者を失い、翌一一四八年、イングランドを去り、二度と戻ることはなかった。続く一一四九年、マティルダの息子アンリがはじめてイングランドで内乱に参加する。この時、アンリはカーライルでスコットランド王デイヴィッドにより騎士叙任された。秋にはノルマンディに戻り、一一五一年、フランス王ルイ七世にノルマンディ公としては史上はじめて臣従礼を行った。そして東部ノルマンディの一部を王に返還し、和解したのである。

その後一一五一年九月アンジュー伯ジョフロワが死去、アンリがアンジュー伯領を継承する。一一五二年には、スティーヴンを支えてきた王妃マティルダが没した。同じ年、アンリはフランス王ルイ七世と離婚したばかりのアキテーヌ公領の女子相続人アリエノールと結婚、アキテーヌ公領を手に入れた。

一一五三年八月、スティーヴンの息子ユスタスが世を去った。信頼する王妃、後継ぎの息子を次々と失ったスティーヴンは、同年一一月、アンリ側との講和を進め、王国の将来を決めるウィンチェスター条約が結ばれることになる。これは、スティーヴンの後継者として、イングランド王位をアンリが継承するというものであった。

一一五四年一〇月、ついにスティーヴンが没した。同年一二月一九日、アンリがイングランド王として戴冠、すでに支配していた大陸領土にくわえ、アングロ・ノルマン王国を手に入れ、ここに広大なアンジュー帝国が成立するのである。

最後に、関係史という視点からみたアングロ・ノルマン王国の特徴を三点だけ挙げておこう。

一点目は、ノルマンディ公がイングランド王でもあったことである。ノルマンディ公の主君であるフランス王は、上級領主としての権限を主張して、ノルマンディにしばしば介入した。ウィリアム征服王の息子ロベールや、その息子ギョームを封臣とみなし、封主としての権利を主張して介入したのは、その例である。一方、在地領有者にとっては、ノルマンディ公としての臣従礼をフランス王が受け入れることは、ノルマンディ支配の確立にもなる。ヘンリは、自分の息子ウィリアムに臣従礼をさせることで、その将来の地位を確立することをめざした。

そして、二点目は、支配層上部も大陸とイングランドの双方に所領をもっていたことである。人的紐帯で成り立つ中世国家において、貴族たちの動向は君主の政策を大きく左右した。イングランドとノルマンディの双方に、さらにその地のほかにも所領をもつ貴族たちは、所領の維持拡大をめざし内外の上級権力と結び、王国の行方に影響力を行使したのである。

三点目は、イングランドとノルマンディはこのように支配層により密接につながっていたが、それぞれの伝統と状況の違いはこの時代を通じて消失しなかったことである。移動する一人の君主と、それをとりかこむ移動する貴族層に支配されたことは、イングランドとノルマンディの双方の制度や文化の交流をうながしたが、両者の相違は相互に影響をうけつつも存続したのである。

ほかにも教会、行政、文化といった重要な論点が多々あるが、本章ではふれることができなかった。これらは本書第二部、そして参考文献等で補っていただきたい。

［註］

(1) J. Le Patourel, *Feudal Empires*, chap. VI, p.208.

(2) 北西フランスに定住した人びとは北の人、すなわちノルマン人と呼ばれた。また、ブリテン島にやってきた人びとは、当時のイングランド側史料ではしばしばデーン人と書かれているが、デンマーク出身とは限らない。

(3) 王にキリスト教的聖性を付与し、王としての適格性を象徴する儀式。聖書に由来する塗油の儀式がその中心になっていた。

(4) 臣従礼の儀式。これにより、封主は領土と保護を、封臣は奉仕を互いに与えることになる。

(5) M. Chibnall, *The Ecclesiastical History of Orderic Vitalis*, VI, pp.122-123.

(6) *The Ecclesiastical History of Orderic Vitalis*, V, pp.318-319.

(7) *The Anglo-Saxon Chronicle*, AD. 1101.

(8) *The Ecclesiastical History of Orderic Vitalis*, VI, pp.454-455.

# 第二章　カペー家フランス王国とアンジュー帝国［一一五四〜一二〇四年］

本章は一一五四年から一二〇四年までの五〇年間、つまり、フランスの一諸侯アンリ・プランタジュネ（ヘンリ・プランタジネット、のちのヘンリ二世）がイングランド王位を獲得して、北はスコットランドとの境界から、南はピレネー山脈に至るまでの広大な領土の主君となった年から、その息子ジョン欠地王がフィリップ尊厳王に、ノルマンディ、メーヌ、アンジュー、ポワトゥの大部分を奪取されるまで、すなわち、いわゆる「アンジュー帝国」の成立から瓦解までの時期を扱う。なお、この結果、プランタジネット王家の大陸の領土は、ほぼフランス南西部のガスコーニュ（ギュイエンヌ）地方を除いてすべて失われてしまうが、本書では、その後もプランタジネットの領土は西南フランスに「帝国」的構造を保持し続けるという見方をとることを付言しておきたい。

一般に、研究史上は、この半世紀間、フランス王家は王国全体の西半分を領有するプランタジネット家の強大な脅威に晒され、政治的にきわめて厳しい劣勢状態に立たされたとされている。この見方はそれ自体としては肯定しうるものではあるが、もうひとつ別の仮説とははっきりと区別されなくてはならない。それは、プランタジネット家がその全領土、すなわちイングランド、および大陸の諸領邦を、さらに一一七〇年代半ば以降はアイルランドをも含めて全領土を、統一的・専制的に統治していたとの仮説である。実際のところは、旧アングロ・ノルマンの領域こそ、国王（公）役人の全土にわたる配置や巡回裁判制度の施行、司教座の掌握などにより中央からの統制がある程度は利いていたものの、その他の地方では、地元の領主貴族層とのあいだの不安定な主従関係に依存した支配体制が引き継がれていたにすぎない。ヘンリ・プランタジネットは、父であるアンジュー伯兼ノルマンディ公ジョフロワ・プランタジュネの遺言に従い、新たに獲得した領土に別の領域の統治慣習を持ち込むことを慎んだが、これは中世においては、ごく一般的な支配原則にすぎなかった。そもそも、ヘンリ二世は全領土を統一の称号によって支配したのではなく、イングランド王、ノルマンディ公、アンジュー伯、アキテーヌ公といった、各種のタイトルを保持したのであり、そしてそれは、各領域における支配秩序をほぼそのまま継承したということを意味した。

このように、地図上で単純に色分けされたプランタジネット家とカペー王家のあいだの支配領域が不つり合いであるという事実に幻惑されて、この時代の君主による領域支配のありかたについて不適当なイメージをもつことは避けなくてはならない。さらにいえば、もう二点、踏まえておくべきことがある。ひとつは、プランタジネット家が西フランスにもつ広大な領土はあくまで、フランス王を封主として保有された領国だということである。プランタジネット家の人びとがルイ七世およびフィリップ尊厳王に、大陸領土の領有について臣従礼《オマージュ》を捧げたという事実は、政治史の脈絡でも小さからぬ意味をもっている。第二に、ヘンリ二世は自身が諸地域を個別に統治しただけでなく、息子たちにそれを分割して与えた点も強調しなくてはならない。早い段階から、イングランドとノルマンディは若ヘンリに、アキテーヌはリチャード（のちのリチャード一世）に、ブルターニュはジョフロワにそれぞれ相続されることになっていた。

以下、まずは、両王家の関係を軸とする政治史の五〇年を、主だった事件の流れに沿って概観しておこう。なお、この間の英仏関係は、もっぱらプランタジネット家の大陸での活動によって生じる部分が大きいことから、以下では、基本的に同家の視点に立って叙述を進めることを断っておく。

## 第一節　政治的事件の概観

以下では、その五〇年を便宜的に、一一七三〜七四年、および一一八八〜八九年に起こった、ヘンリ二世に対する息子たちを中心とした二度の反乱を区切りとして、三つの時期に分けて整理することにする。

### †ヘンリ二世と息子たち、ルイ七世（一一五四年〜一一七四年）

すでに述べたように、ヘンリ二世とアリエノール・ダキテーヌがウェストミンスターで戴冠した一一五四年、プランタジネット家のただでさえ広大な大陸領にひとつの王国が付け加わり、いわゆるアンジュー帝国が生まれたわけである。ヘンリ二世初期のフランス王との関係は比較的平穏であった。一一五六年には、ヘンリ二世は大陸の所領についてルイ七世に臣従礼を呈している（すでに一一五一年にはノルマンディ公として臣従礼を捧げている）。これはノルマンディ公領の境界でなされた臣従礼で、厳格な主従関係の締結というよりも、実質はむしろ、同等者間の平和の確認・強化といった色合いが強い。この際には、ヘンリ二世の次男若ヘンリ（ちなみに長男はすでに死去）とルイ七世の娘マルグリットとの婚姻が取り決められ、あわせて、嫁資として、年来の英仏王家間の係争地であるヴェクサン（ノルマンディ側）がプランタジネット家に譲与されることとなった。

ヘンリ二世の臣従礼は、彼の弟ジョフロワとの関係において理解されなくてはならないだろう。二人の父ジョフロワ・プランタジュネは遺言に際し、ヘンリにイングランドとノルマンディを、そしてジョフロワには家門の発祥地アンジューを相続させる旨指示していたが、ヘンリには父の死後これを遵守する気はなく、武力によってアンジューを奪取してしまうからである。ただ、継承争いに敗れたジョフロワには、その代償として、ちょうど主が追放されたばかりのナント伯領（ブルターニュ）がヘンリ二世によって与えられた。しかし、ジョフロワはわずか数年後に跡継ぎを残さずこの世を去り、同伯領はヘンリ二世の同名の息子ジョフロワの手に渡ることになる。

一一七三〜七四年までのヘンリ二世の大陸での政策は、今ふれたブルターニュに対するものも含めて、拡張主義的な性格が色濃いということができる。そのブルターニュでは、ジョフロワとブルターニュ公コナン四世の娘との結婚が成ったあとの一一六六年、コナン四世が退位して、公位はプランタジネット家の手に渡ることになる。また、ヘンリ二世はアキテーヌ公として、トゥールーズ伯領に対する宗主権を主張した。これは歴代のアキテーヌ公にも見られた主張であったが、彼は一一五九年それを実行に移し、大軍を率いて伯領の中核都市トゥールーズに向けて出征したのである。しかし、トゥールーズ伯レモン五世の援軍に駆けつけたルイ七世を前に、ヘンリ二世は包囲を解き、あっさりと撤退を選択した。とはいえ、この戦役によって、トゥールーズ伯領北辺のケルシー地方をアキテーヌ公領に併合したのである。

拡張政策は大陸側だけではなく、海の向こうでも展開された。とくに一一六〇年代後半には、アイルランド征服活動が本格化した。この地は、一一六六年に誕生した末子ジョンの相続財産として予定されることになるだろう。

一一六〇年代、フランス・イングランドの両王は、ヴェクサン、アンジューとメーヌの境界地帯、ベリー、オーヴェルニュなど、両勢力が競合する地域で戦闘を重ねたが、勢力バランスが大きく崩れるような事態は起こらなかった。一一六九年には、ヴァンドーム北の要塞モンミライユでの会談で和約が成立する。息子たちがそれぞれの相続分（若ヘンリはノルマンディ、アンジュー、メーヌ、リチャードはアキテーヌ、ジョフロワはブルターニュ）についてルイ七世に臣従礼を呈し、忠誠を誓うとともに、リチャードとルイの次女アリックスとの結婚が取り決められた。臣従礼、そして縁組によって同盟関係が締結されたのは、一一五四年の場合と同様である。

一一五〇年代半ばから一一六〇年代にかけての覇権主義的なヘンリ二世の政策を大きく揺さぶったのが、一一七三年からはじまった王子たちと王妃による反乱である。すでにモンミライユにおいて、三人の兄弟たちはフランス王への臣従礼を行い、それぞれの所領の相続を確実なものとしていた。さらに若ヘンリは、一一七二年にはウェストミンスターで戴冠し、イングランドの共同王となっていた。父王の存命中に王太子を共同統治者として即位させるというやりかたは、明らかにカペー朝の慣行に倣ったものということができる。ヘンリ二世はこのようにして若ヘンリへの王位継承を早いうちに確実なものとしておこうとしたのである。ところが、権力の移譲は名目にすぎず、ヘンリ二世は実質的な政権運営を相変わらず手放さずにいた。とくに若ヘンリは、共同王とはいうものの、父の傘下に留めおかれた権限のない見習い同然であったようである。

その若ヘンリの不満を爆発させる出来事が一一七三年春に生じた。ヘンリ二世が一一六六年に生まれた末子ジョンのために、若ヘンリにアンジュー地方の三城、シノン、ルーダン、ミルボーの割譲を命じたのである。家領の相続の青写真がおよそ出来上がったあとに生まれたジョンには、征服したばかりではあるが支配の不安定なアイルランドと、ノルマンディの南西の一角モルタン伯領などを約束されていたにすぎず、父親から「土地なし」と憐みを持って呼ばれた（のちの「欠地王」の綽名《あだな》の由来）。若ヘンリは命令の撤回を迫ったが、それが受け入れられないと見るや、父とともに逗留していたシノン城から突如脱け出して、ルイ七世の宮廷へ走り、公然と反旗を翻したのである。

若ヘンリの反抗は、ほかの兄弟たち、そして王妃アリエノールの不満にも火をつけて、大反乱へと発展する。ルイ七世が若ヘンリとともにノルマンディ南部に侵攻したほか、ブロワ伯、ブーローニュ伯、フランドル伯、そしてスコットランドのウィリアム獅子王が反乱側についた。また王子たちの反乱は各々の支配領邦の在地貴族の同調と加勢に依拠したものだった。地元の中小貴族たちも、こうした機会を自分たちの領主権維持の格好のチャンスと捉えて行動したのである。

しかし、ヘンリ二世の反攻は強力であった。名立たる傭兵団を動員しつつ敵勢を押し返し、翌年秋には、王子たち全員を屈服させるにいたるのである。王子たちは父王に帰順し、またアリエノールはイングランドで幽閉され、反乱は幕を閉じた。

## †プランタジネット家の内紛とカペー家の対応（一一七四年～一一八九年）

フランス王とのあいだには、一一七七年にノナンクールで休戦が結ばれ、しばらくは両王家の対立関係に小康状態が訪れる。実際、ルイ七世は衰えが目立つようになり、死の一年前、一一七九年には息子フィリップを共同王として戴冠させるであろう。

ヘンリ二世と新王フィリップ二世尊厳王との関係は、即位後数年は比較的良好であった。当時、フィリップの宮廷では、母后の出身であるシャンパーニュ伯家と王妃の出身のフランドル伯家とのあいだで、若い国王の後見をめぐる争いが生じていたが、中立的にこの紛争を仲裁したのがヘンリ二世であった。しかしこの後、両姻戚筋の影響を排除したフィリップは、ヘンリ二世に対して攻勢を開始することになる。

他方、プランタジネット家内では再度内紛がもちあがっていた。（共同）王たる自分への忠誠誓約を求めた若ヘンリと弟たちとのあいだで戦闘が生じたのである。戦場となったアキテーヌでは、ヘンリ二世がリチャード側に立って参戦し、フィリップ尊厳王が若ヘンリに傭兵隊を送った。ところが、この戦闘の最中、若ヘンリが病を得て急死してしまったため、この悶着は予想外の結末をみることとなった（一一八三年）。

家門の情勢を変える突発事はこれだけにとどまらなかった。ジョフロワは、父王への反抗のため、フランス王の宮廷に接近しフィリップ尊厳王との同盟関係を築きつつあったが、騎馬槍試合での事故により、同じくあっさりとこの世を去ってしまうである（一一八六年）。

二人の王子の死によって、プランタジネット家の男子相続人はリチャードとジョンだけが残ることとなった。ここでまた、相続問題が再燃する。若ヘンリの死によってリチャードが次王の地位を約束されたのだが、末子「土地なし」ジョンのために、ヘンリ二世はリチャードにアキテーヌ公領を譲るよう求めてきたのである。これはリチャードには承服できる要求ではなかった。彼には一一七〇年代半ば以来、公領の統合のために戦役を重ねて精力を注いできたという自負があり、この所領は父ではなく、母アリエノールから相続したものだという名分を掲げることもできた。しかし、両者の対立が本格化するには、外部からの働きかけという要素が結果的には必要であった。それがフランス王の干渉である。

ルイ七世とフィリップ尊厳王にとって、強大なプランタジネット家当主に立ち向かうための重要な方策のひとつは、つねに王子たちの不満を利用することであったが、ここでも同じカードが切られた。一一八八年末、ノルマンディ南部ボンムーランで開かれた両王の和睦交渉の席に現れたリチャードが、フィリップ尊厳王に対してアキテーヌを含めたすべての大陸所領について臣従礼を捧げ、封建的忠誠を誓ったのである。これは父王への反逆の誓いにも等しいものであった。ほどなくリチャード・フィリップ連合とヘンリ二世のあいだで戦闘が開始されたが、今回は一一七三～七四年の時のようには事は運ばなかった。ヘンリ二世の健康状態はこの間著しく悪化しつつあり、敗退を重ねるなか、一一八九年夏、シノン城で息を引き取るのである。こうしてほぼ四五年に及んだ彼の治世は終わりを告げた。

## †フィリップ尊厳王の西フランス征服にいたるまで（一一八九年～一二〇四年）

こうしてリチャードの王座獲得を早めるのに手を貸したフィリップ尊厳王であったが、彼が得た漁夫の利は、ベリー地方のイスーダンとグラセイにすぎなかった。そして、続く一〇年間彼は、ヘンリ二世に劣らず強力なプランタジネット家の新当主と対峙しなくてはならないことになる。

ところで、王座に就いたリチャード（リチャード一世、リチャード獅子心王）が掲げた第一の政治目標は、父王とは大きく異なっていた。それは十字軍への出征である。家領の拡大よりも、聖地の再奪還（エルサレムは一一八七年にイスラム教徒の手に落ちていた）こそが、キリスト教的騎士道の主導者を自認する彼にとっては優先課題だったのである。イングランド王の表明は、フランス王、ドイツ王の参加をも促すことになるが、このことが英仏間の政治状況にもたらした影響は非常に大きなものがあった。

一一九〇年夏、リチャードとフィリップはともに南東フランスの巡礼地ヴェズレイから聖地をめざして出発したが、それに先立って、不在期間における相互不可侵の誓約を交わしていた。これは、ローマ教皇から十字軍士に約束された財産保護を二者間でさらに明確化したものだった。ところが、フィリップが大きな戦功も収めることとなく、聖地滞在三カ月未満で早々と離脱してフランスに帰還したのに対し、リチャードは一年以上も長く戦線に留まり、しかも帰国途上の一一九二年末、ドイツでオーストリア大公に個人的怨嗟から捕縛され、次いでドイツ王に引き渡されて二年以上にわたって幽閉されたことにより、英仏関係にはまたも変動がもたらされた。フィリップはリチャードが聖地にいるあいだこそ、相互不可侵の誓約を遵守していたが、捕囚の知らせとともにプランタジネット領への攻撃を再開したのである。一一九三年夏には、ルーアンを除くノルマンディのかなりの部分とヴェクサン、トゥーレーヌの一部を占領すると、ジョンから臣従礼を受けて、これら占領地域を譲渡させる密約を結んだのである。フィリップの戦争再開はリチャードの捕囚を十字軍とは無関係の事象と見なしたうえでの行動であり、ジョンを抱き込んだのも従前どおりの常套手段であった。

しかし、一一九四年初春、リチャードが破格の身代金を代償として解放されると、戦況は一変する。ジョンを早々に帰順させると、リチャードはフランス王軍をフレトヴァルやイスーダンで破り、一一九六年初頭までには失った領土をそっくり奪還するのである。その後、リチャード獅子心王の在位中、フィリップ尊厳王は軍事的にもまた外交的にも劣勢を余儀なくされた。

しかし、一一九九年春、不慮の事態が起こる。アキテーヌ中部リムーザン地方での反乱の制圧に向かったリチャードは、ある城の包囲戦の最中、敵の弩兵の放った矢により深手を負い、そのせいで落命してしまうのである。こうしてイングランド王座は、末弟に回ることとなった。

新王ジョンの治世の当初、フィリップ尊厳王との関係はいわば小康状態にあった。これは、それぞれの陣営に妥協を強いる政治的要因が存在したためである。フィリップは教皇とのあいだに厄介な問題を抱えていた（再婚相手のインゲボルクとの離縁問題で聖務停止令を科されていた）し、ジョンは兄ジョフロワの遺児アルテュールから、家督の相続権に対して請求を受けていたためである（兄弟間の年長者を優先する相続原則に即して）。こうして一二〇〇年春に結ばれたル・グーレの和約では、ジョンがリチャードの大陸所領全体を相続することが確認され、フィリップの側はヴェクサンの一部、エヴルー、イスーダンを得た。

ところがジョンの婚姻問題をきっかけとして、この小康状態は打ち破られることになる。一二〇〇年夏、ジョンはアングレーム伯の娘イザベルと結婚するのだが、彼女はすでに近隣の有力貴族ユーグ・ド・リュジニャンと婚約中であった。イザベルはアングレーム伯領の推定相続人であり、アキテーヌの南北を結ぶこの重要な中継地帯に地盤を獲得しようという、両者の思惑が交錯した結果であった。ジョンに花嫁を奪われた賠償を求めたユーグであったが、それが聞き入れられないとみるや、フランス王の裁判にこの件を提訴するに及んで、この事件はカペー家とプランタジネット家の闘争へと発展した。フィリップは、アキテーヌ公としてのジョンを国王法廷に召喚したが、ジョンは出頭を拒否した。そして、一二〇二年春、ジョン欠席のまま、プランタジネット家領の没収が宣告されたのである。

中世においてこうした判決は実力で履行されるほかない。フィリップは、没収家領を与えるという約束のもと、ジョンの甥アルテュールから臣従礼を受けて、戦闘の準備に入った。ところがアルテュールはポワトゥでの戦闘のあと、ジョンに捕らえられ、その後幽閉中に暗殺されてしまう。フィリップは同盟者を失うことになったわけだが、大陸においては、次々とジョンに対する離反者が現れ、彼らがカペー家になびいたために、一二〇三年からの戦役では、雪崩を打ったように、ノルマンディ、アンジュー、トゥーレーヌの広大な地域がフランス王によって征服された。またポワトゥでも、アリエノールの死（一二〇四年春）をきっかけとして、地元貴族や都市がジョンを見限る選択をした。こうして、この地域の大部分、すなわちアキテーヌの北半分もプランタジネット家から失われるのである（もっともこの後、なおしばらくのあいだこの地域の政治情勢はかなり流動的になるが）。

## 第二節　プランタジネット家門と在地貴族、および軍事

およそ五〇年にわたる英仏王家間の政治的事件を以上のように辿るとき、気づくのは、第一に、プランタジネット家門における父子間および兄弟間の関係、とくに相続にかかわる問題、第二に、在地貴族の動向、とくに彼らの忠誠と影響力の問題、第三に軍事、たとえば、城、傭兵の問題など、いくつかのファクターが政治的事件の趨勢のダイナミクスをかたち作っているということである。

## †プランタジネット家門の問題

すでに見たように、カペー家が父−長子間での王国の相続をほとんど問題なく果たしていったのに対して、プランタジネット家の相続は、家門内の紛争の絶えざる火種であった。その理由は、たとえばカロリング家のように、占領領域が兄弟間で分割相続されるべき単なる家産と見なされたから、とは単純にはいえないであろう。J・ギリンガムが指摘するように、家門の本源であるアンジュー伯領と新たなる獲得地、ノルマンディ公領とイングランド王国からなる旧アングロ−ノルマン領、アキテーヌ公領、ナント伯領およびブルターニュ公領、アイルランドとのあいだには、相続に関して適用された原則にある程度はっきりとした違いを見出すことができる。

第一に、アンジュー伯領はジョフロワ・プランタジュネから息子たちへの相続をのぞけば、すなわち次男ジョフロワの相続を遺言した彼の決断をのぞけば、基本的に年長の相続人へと譲られている。逆に、父王の時代に獲得された領邦は次男以下にあてがわれている。たとえば、アリエノールとの結婚により獲得されたアキテーヌ公領はリチャードに、ヘンリ二世が弟の死後得たナント伯領はジョフロワに、そして征服地アイルランドはジョンに与えられた。例外はノルマンディ公領とイングランドで、はじめから長子に与えられている（ジョフロワ・プランタジュネ→ヘンリ・プランタジネット／ヘンリ二世→若ヘンリ）。イングランドは王位をともなうため、長子あるいは兄弟の年長者への相続が優先されたと考えられる。また獲得されたばかりの領邦は、相続されて一人分の統治期間を経過すると、家門本来の財産として扱われうるものとなった。たとえば、ジョフロワ・プランタジュネの獲得したノルマンディ公領は、一貫して長子あるいは兄弟のなかの年長者へと問題なく継承された。

しかし、家門内の紛争という点からみると、こうした原則はかなり流動的なものだった、あるいは、家門成員間の意見の対立をあらかじめ排除する決定的なものではまったくなかったといわざるをえない。たとえば、ヘンリ二世は末子ジョンの誕生にともない、アンジューのいくつかの城の割譲を若ヘンリに求めたが、彼はそれを拒んだ。また、若ヘンリの死後、ヘンリ二世はアキテーヌ公領をジョンに譲るようにリチャードに迫ったが、これも拒否されている。二人は父の決定に対してそれぞれ、長子相続財産の不分割、母親からの継承という点を訴えることができたろう。また、リチャードの死後の家領の継承も、ジョンとその兄ジョフロワの息子アルテュールとのあいだでの係争事項となった。

重要なのは、そうした機会がことごとくカペー王によって利用されたことである。若ヘンリ、リチャード、ジョフロワ、ジョン、アルテュールはみな、父王あるいは兄弟、叔父との紛争に際して、ルイ七世あるいはフィリップ尊厳王と同盟関係を結ぶのを常とした。プランタジネット家の成員がフランス王に対して数々の臣従礼を呈したという事実もまさにこの点と関連づけて理解しなくてはならない。そもそもヘンリ二世のルイ七世に対する臣従礼にしてからが、弟ジョフロワとの対決を前提としたものだった。そして、一一八八年のリチャードの、そしてのちのジョンやアルテュールのフィリップ尊厳王に対するそれも、家門の当主への反抗の一環だった。臣従礼は主君への臣従のしるしであり、別の政治情勢下であれば、カペー家への帰服を促すものとしてプランタジネット家成員には拒否されるべきものであったが、アンジュー帝国のもとでは、それは自分の相続に対する主君（すなわちカペー家）からの同意の証拠として、あるいは紛争の際に家門のほかの成員に対抗するための切り札としてしばしば利用されたのである。われわれは、政治的事件の展開と交わるこうした準制度的（つまり慣習法的、封建的）要素にも目を向けなくてはならないだろう。

### †在地領主

とはいえ、この時代の政治史の分析は王家の内部にとどまるものではありえない。すでに本書の「はしがき」

で述べられているように、中世国家の「帝国」的政治構造のなかでは、国王・諸侯の統治行為、あるいは逆に彼らのあいだの紛争は、在地領主や都市、あるいは近隣の諸侯との主従・同盟・連帯関係に依存するかたちでしか展開しえなかった。しかも、大陸の諸領域、とくにカペー家とプランタジネット家の勢力がせめぎあう地域では、政治情勢の不安定度に応じて領主たちの動向はかなり流動的で、状況次第で主君を選択する余地が大きく存在した。とはいえ、場所ごとに流動性の程度にはいくらかの差異が認められる。

在地領主の動向という点で、もっとも不安定性が高かったのはアキテーヌ公領であろう。マルタン・オレルの試算によれば、ヘンリ二世の支配期間中、三年半に一度の割合で貴族反乱が生じている。[1] そもそもアキテーヌには、域内に独立所領を形成しているに等しい伯・副伯クラスの貴族家門がいくつも存在した（リュジニャン家、トゥアール家、パルトゥネイ家、モレオン家など）。これら中心とした有力貴族が起こした反乱は、しばしばプランタジネット家内の紛争と連動して展開した点に注目すべきだろう。

たとえば、一一八三年のプランタジネット家の内紛は、リチャードに対するリモージュ副伯家とリュジニャン家による蜂起に起因したものだった。この両家は、ヘンリ二世の意向に沿い領主権の侵奪を進めるリチャードを公位から引きずり下ろし、代わりにより御しやすいとみられた若ヘンリを据えることを狙っていた。父ヘンリ二世と激しく対立していたジョフロワはこの機会を捉えて兄を誘い、共同戦線のもとチャードを攻撃したのである。さかのぼって、一一七三年に三兄弟がそろって父王ヘンリ二世に反旗を翻した時も、アキテーヌ貴族たちは雪崩をうったようにその反乱に同調した。リュジニャン家、ランコン家、パルトゥネイ家などはこの機に乗じて、ヘンリ二世派遣の公役人たちを放逐した。

さらにいえば、アキテーヌの在地領主たちがおよそ五〇年間にわたって、安んじてプランタジネット家を主君に戴いていたのは、それが外国の、それゆえ遠方の王家であったからにほかならない。それは、もしも彼らの独立性が侵害されるおそれが生じたり、あるいは逆に彼らの領主権をさらに拡大する好機がめぐってきたりしたときには、忠誠の方向が容易に変更されえたということを意味する。一二〇二年以降に起こったことがまさにそれだった。

先述のように、婚姻問題に端を発したジョンとユーグ・ド・リュジニャンとの紛争は、一二〇二年にフランス王による奪封の判決と征服戦争へと発展した。このときフィリップ尊厳王はパルトゥネイ家から、リチャードに没収されていたスゴンディニー城の返還を約束するなどして援助を取りつけたほか、リュジニャン家とブルターニュ公アルテュールはもとより、モレオン家やシャテルロー家も味方に引き入れて、アンジューとアキテーヌの征服に乗り出した。当初は、エムリー・ド・トゥアールとアンジューの代官であるギョーム・デ・ロッシュがジョン陣営に回ったことも手伝い、ジョンはミルボー城戦で勝利を収め、アルテュールとフランス方のアキテーヌ貴族たちをことごとく捕虜とするのに成功した。しかし同年末には、トゥアール家とギョーム・デ・ロッシュがともにジョン陣営から離脱したことにより、運命の天秤は逆に傾きはじめることとなる。フィリップはエムリー・ド・トゥアールから、ポワトゥのセネシャル職と引き換えに臣従礼を受けたほか、ギョーム・ド・モレオンやジョフロワ・ド・リュジニャンからも臣従礼を受け、以降のアキテーヌ征服への布石としたのである。

アンジューの貴族たちの忠誠はアキテーヌ貴族ほど危ういものではなかったが、それでも、一一七三〜七四年のヘンリ二世に対する反乱の際には、ラウール・ド・フェイ（アリエノール・ダキテーヌのおじ）やユーグ・ド・サント＝モールをはじめとする多くの在地貴族たちが加わった。この反乱の鎮圧後、目立った蜂起は影をひそめたが、それでも右に述べたように、一二〇二年には、ギョーム・デ・ロッシに率いられたアンジュー、メーヌ、トゥーレーヌの多数の在地領主が、彼と同じく右から左へと忠誠を大きく移し替えた。

独自の民族的伝統をもつブルターニュ貴族の反応は、ほかの地域とはいささか異なっていた。ブルターニュ公領は伯クラスの領主たちの独立性が強く、とくに西部地域の伯たちはプランタジネット時代も公に対して反乱をくり返した。しかし、彼らは公領の一体性については強い執着をもち、ケルト伝説の英雄アーサー王と同じ名をもつジョフロワの息子（「アルテュール」は英語読みでは「アーサー」）による公領の継承を歓迎したといわれる。ミルボー城戦後、アルテュールがジョンに暗殺されたとの噂が流れると、彼らはプランタジネット家ではなく、カペー家の支持に回った。

他方、プランタジネット家が最も安定した忠誠と支援を期待しえたのが、イングランドとノルマンディの貴族であった。ノルマン王朝以来の伝統からすれば、それは驚くに当たらないかもしれないが、それでも、一二〇三〜四年の征服の際、公領南部のアランソン伯ロベールがフィリップ尊厳王に進んでアランソンを譲り渡し、征服への道をならすのに一役買ったことは記憶にとどめておいてよいであろう。ノルマンディといえど、境界地帯の貴族の忠誠はそれだけ流動的なものだったのである。

## †軍事

図2-1　シャトー＝ガイヤール

ここまでアンジュー帝国時代の英仏間関係を政治史の側面から整理してきたが、補足として軍事に関係した若干の点にごく簡単にふれておくのが適当であろう。ひとつは、プランタジネット家による傭兵の利用の問題である。

当時、封臣による軍事奉仕はおおむね四〇日を期限とする慣習があり、長期の軍事遠征には封建軍の利用が無視できない支障を招いていたということはよく知られている。そしてこの点が、プランタジネット家にとって、より痛切な問題だったであろうことは想像に難くない。なぜならあれだけの広大な領土を封建軍を引き連れて移動することは、限られた日数のなかではいかにも不都合であったろうし、それに遠方、とくにフランス南部地域での戦闘の際など、忠誠のあやしい貴族の軍事奉仕はどれだけ保証されえたろうか。また、家門内の紛争の際にどれだけの封臣を自陣に確保できるかも問題であった。ヘンリ二世はここに傭兵の大々的な利用を選択した。

彼がもっぱら用いたのはブラバント（現在のベルギー中部）の傭兵団であった。一一七三年の息子たちによる反乱の際には、二万人もの傭兵を急遽呼びよせ、鎮圧に差し向けている。またリチャードもドイツでの虜囚生活からの帰国後、ノルマンディをフィリップ尊厳王から奪回する過程で、多くのガスコーニュ（フランス南西部）傭兵たちを雇うのに出費を惜しまなかった。他方、カペー王もそれに対抗して傭兵の確保に本腰を入れはじめることになる。

このような軍事的転換は、城塞建築にも現れた。その象徴は、英仏両勢力の緩衝地帯ヴェクサン地方に一一九六年から翌年にかけて、リチャードによって建造された城塞シャトー＝ガイヤールである。この城は、四・五メートルの厚さの側壁を誇る三階建ての天守閣を擁し、複数の塔を備える二重の城壁に囲繞《いにょう》された石造りの威容をセーヌ川沿いに現した。難攻不落と思われたこの城も一二〇四年には陥落するのであるが、ここで注目したいのはその費用である。リチャードが投入したのは一万一二五〇リーブルであったが、これは同時期におけるノルマンディからの年間収入の実に九割に当たる巨費であった。[2] 一一世紀以来のモット型（盛り土の上に築かれた）の木造城塞から石造りの堅牢な城への転換をもっともよく物語る事例であろう。

傭兵といい、石造りの堅城といい、五〇年間の英仏王家の政治関係は、軍事上の歴史の流れをも加速させたのである。

❦　❦　❦

ひとつの興味深い調査のデータがある。それは、歴代のプランタジネット家当主がどこにどれだけの期間滞在したかを示したものである。それによれば、ヘンリ二世はノルマンディで一七六ヵ月、イングランド、ウェールズ、アイルランドで一五四ヵ月、フランスのノルマンディ以外の地域で八四ヵ月を過ごした。リチャードは、捕囚後帰国してからの概算で、ノルマンディが三年少々、アンジューが一年、アキテーヌが八ヵ月、イングランドは二ヵ月未満の滞在となる。ジョンについては、一一九九年の登位から一二〇二年までの短期間しか比較することができないが、半分弱をノルマンディ、三割弱をそれ以外のフランス、四分の一をイングランドで過ごしたことが判明している。[3] ここからわかるのはまず、ヘンリ二世からリチャード、ジョンにかけて、フランスでの滞在期間が大幅に増大したことだろう。他方、イングランドでの滞在期間の減少は、この地域が大陸で活動する国王にとって金銭・物資・人材の供給地帯として位置づけられる過程と対応している。またあわせて、ノルマンディが家領の中核としての性格を強めていったことも窺われる。

さらに、右のデータからはしばしば、アンジュー帝国は一人の君主のもとに統治されるにはあまりに広大すぎたということも示唆されてきた。なるほどそれは、ヘンリ二世のようなカリスマ的君主によっても、かりそめにも政治的に統合されうる（本人にその意思があったかどうかは別にして）領域ではありえなかったろう。しかし、一二世紀後半という時代からすれば、じつはそのうちのひとつの個別領域とて、依然すべての貴族層を完全に帰順させるのに十分コンパクトな空間とはいえなかった。それゆえ、われわれはむしろ見方を一八〇度変えて、アンジュー帝国は、中世国家の「帝国」的政治構造がどこよりも顕著に現れるほど十分に広大だったと言うべきではないだろうか。複数の諸侯領とひとつの王国から成るその広大な領土は息子たちに分割相続されたが、それをめぐる紛争は、一方で、フランス王との紛争あるいは逆に同盟を次々と生み、他方では、それぞれの地域の貴族や都市の忠誠を勝ち取る政治的必要性を否が応にも高めた。中世国家の「統合」とは、多かれ少なかれ、こうした外的・内的プロセスの積み重ねによってしか具現化されえぬものであろう。その意味で、本書の立場からすれば、アンジュー帝国は例外的な中世国家というよりも、最も典型的な権力構造を備えた中世国家といえるかもしれないのである。

［註］
(1) M. Aurell, *L'Empire des Plantagenêt 1154-1224*, p. 209.
(2) M. Aurell, *L'Empire des Plantagenêt 1154-1224*, pp. 42-43.
(3) J. Gillingham, *The Angevin Empire*, pp. 72-74.

# 第三章　ルイ九世とヘンリ三世期の英仏関係［一二〇四～一二五九年］

一二〇四年、一二二四年の大陸側の相続所領喪失の根本原因は、イングランド王のフランス王に対する封臣としての従属関係、後者の封建的な最高封主権に求められる。封主に対して武器を取ることは忠義に反し、いかなる些細な手続き上の問題も契約の破棄、封の没収の口実となった。カペー家は、ガスコーニュを例外として、プランタジネット家の大陸側の全所領に関して封主であった。一二世紀後半以降、フランス王は王国内のすべての諸侯（公・伯）に対し優先的臣従（liege homage）を求めるようになるが、一三世紀の過程でその含意するものが明確化され、彼ら封臣の土地に対する監視ははるかに厳しくなる。

制度・理論よりも人的要素が重視される時代にあっては、フランスの一諸侯とイングランド王が同一人物であり、彼が臣従関係にある以上、イングランド王としての活動、その外交政策も制限されるということになる。フランス王の側からすれば、この臣従関係を通して、イングランド王を家臣として抱えておくことにより、潜在的にことを起こしかねない隣人に対する支配権を確保することができた。イングランド王は大陸側の所領とその収益、権威を保持しようとすればフランス王に対して忠誠を尽くさねばならないのである。本章では両者の連関をノルマンディの喪失（一二〇四年）からパリ条約の調印（一二五九年）にいたる具体的な歴史の展開過程を通してみていきたい。

## 第一節　ノルマンディ喪失の原因と結果

### †喪失の原因

一二〇二年のポワトゥのリュジニャン家からの、封主ジョン王を相手取ったフランス国王への提訴は、その地理的関係からして元来アキテーヌ公領の問題である。しかもジョンはアキテーヌ公領に関してフランス王に臣従しているわけではない。二重の意味で、ジョン王の出廷拒否が封臣としての義務違反となり、フランス王からの受封地であるノルマンディ公領が没収されるということは理に適わないことである。これは、のちの時代に〝国家理性〟と呼ばれる事柄に関しては、厳密な封建法が適用されなかったことを示すものである。[1]

そもそもノルマンディ公領の統治は均一ではなく、東部地帯の貴族たちは絶えずカペーの脅威にさらされ、南部ではカペーの影響力は強くはないが、有力貴族たちは伝統的に自立性が強く、つねに公たちと抗争状態にあった。公の権威が最も効果的に保たれ、イングランドと最も強い貴族的、経済的連関を有したのは、ルーアンからコタンタンに至る公領の中央部と北西部であった。[2]

ジョン王はノルマンディの貴族たちを信用せず、外国人の傭兵を信用し、彼らに大きく依拠した。ジョンは彼らを軍事司令官としてのみならず、ノルマンディの統治に関わる役職も委ねた。ジョンにとって、自分たちの姻縁的利害に左右されやすい貴族的戦士とは反対に、無心に戦闘に没頭する傭兵は有用であった。しかし、彼らの乱暴狼藉はジョン王の臣民たちをフランス王の統治を受け容れる方向に追いやった。境界地帯での軍事的敗北、中央部での不満に遭遇し、ジョンは一二〇三年一二月に公領全域を放棄することになる。

同時代の年代記作者たちはノルマンディの喪失の要因をジョンが王リチャードのような勇気を持ち合わせていなかったこと、あるいは彼の怠惰に求める傾向がある。今日ではノルマンディの喪失の原因をフランス王権の急激な財政的拡大に求め、一二〇〇年前後にはプランタジネット家の収益を凌駕していたと見なす見解が有力である。ある試算によればその収入はカペー家の八六または八二パーセント程度と見積もられている。[3] フィリップがそれ以前から財政の改革を図っており、他方で一二〇二年以降の相次ぐ敗北と領地の喪失が、ジョンの大陸側における収入の極度の減少とフランスの収入の一層の増加をもたらしたことは否定できない。

### †分離の決定的な契機か

他方で、一二〇四年の〃ノルマンディの喪失〃を英仏両王国の分離の決定的な契機と見ることに対する批判も強まっている。王ジョンは治世末まで大陸側の領地の回復の意図は放棄することはなく、早くも一二〇五年にはポワトゥ遠征の準備をはじめている。彼はアキテーヌを堅持しつつ、ロワール以北アンジュー、トゥーレーヌ、ブルターニュへの影響力の回復を意図した。その後もイングランド王はパリ条約（一二五九年）まで一貫して、ノルマンディ、アンジュー、メーヌ、ポワトゥを正式には放棄せず、アキテーヌ公としてとどまったのである。

ヘンリ三世が即位以来、一貫して大陸側に政治的な統一体を維持しようとしたことは父王以来の〃神の恩寵を得たイングランドの王、アイルランドの領主、ノルマンディとアキテーヌの公、アンジューの伯〃という称号の使用から知られる。たしかにノルマンディとアンジューの統治は彼の治世当初より虚構であり、アキテーヌ公の称号は一二二四年以降の実態からすれば明らかに誇張であった。しかし、上記の称号の継続的な使用は、ヘンリが大陸側の相続所領に固執し、絶えずその統治を拡大・強化する機会を窺っていたことを示すものである。

### †貴族所領の帰属

一二〇四年頃は一時的な分離の契機に過ぎず、それは永続的なものではなかった。海峡の両側に利益を保持しようとする人びともいた。その典型はウィリアム・マーシャルであり、彼は一二一六年にイングランド王の摂政となっている。両側に領地を有する修道院も俗人の領主もなお存在した。ルーアンの商人たちはロンドンへ、イギリスの学者たちはパリに赴いた。

ノルマンディの征服後、王フィリップにはイングランドを居とする人びとに対してもノルマンディの封に関して優先的臣従を受け容れる用意があった。障壁を設定したのはジョンのほうであり、彼はその封臣たちがノルマンディの土地に関してフィリップに臣従礼《オマージュ》を呈することを禁じたのである。ジョン王はノルマンディの土地を失った有力貴族たちに対して、フィリップに忠誠を誓ったノルマンディの貴族から没収したイングランドの土地を宛がった。この種の土地は一三世紀を通じてパトロン関係を設定するうえでの原資となった。[4]

しかし、フランス王に忠誠を誓ったノルマンディの貴族たちにとってイングランドの土地を回復することは絶えず懸案であり、逆にイングランドの貴族たちにとってもノルマンディに所領をもつことは夢であった。この点は王太子ルイの王位取得の成否の決定的なポイントであった。また、一二二六年、若年のルイ九世の摂政となった母后ブランシュは夫の遺志を継いでイングランドの征服を構想したが、彼女は海峡の両側の貴族たちのこのような潜在的な欲求を満たすことが、その構想の実現の鍵であることを認識していた。

## 第二節　王太子ルイのイングランド進攻

### †進攻の背景

フランスの王太子ルイ（のちのルイ八世）のイングランド進攻は一二一六年五月のケント上陸にはじまり、一二一七年九月のキングストン・オン・テムズ協定の成立をもって終了した。この事件はイングランドの貴族反乱と密接に連関しており、教皇庁の介入もあり、複雑な展開を示した。ルイの進攻は〝もう一つのノルマン・コンクエスト〟と見ることができる。これには一二〇四年にイングランドの領地を失ったノルマンディの貴族家系出身の人びとが加わっており、相続権を奪われた彼らが敵を討つという要素も含まれていた。[5]

またこの時期に北方からのスコットランド王アレグザンダー二世のイングランド進攻も起こった。彼は父王ウィリアム（一一六五〜一二一四年）以来の長年の野望を実現すべく、一二一六年の夏、イングランドを南下し、ドーヴァーに至り、同年九月にそこで王太子ルイに臣従礼を呈している。

イングランド王の封主の立場からこのルイの進攻を由々しき事態と捉えた教皇庁は、一二一六年四月のムランの王国集会に教皇特使を派遣し、王フィリップに対してジョン王への攻撃を禁ずるよう求めている。多くのイングランドの聖職者たちは教皇庁の方針に従ったが、若年の聖職者のなかには、バロン（直属封臣）の反乱と王太子ルイの加担を支持する小グループも存在した。その代表的な人物はシモン・ラングトンである。彼はカンタベリ大司教の兄弟であり、ルイの秘書役となっている。ルイはウェストミンスター修道院を支配することはできたが、敢えて彼に授冠する聖職者はなく、このことが彼の失敗の決定的な要因となった。[6]

## †バロンの反乱との関係

イングランドにおけるバロンの反乱と王太子ルイの進攻との関係は、ジョン王の一二一四年のポワトゥ遠征の失敗と同年七月のフランドルのブーヴィーヌの戦いでの決定的な敗北に遡る。一二〇四年のフィリップ二世による強引なノルマンディ征服は、ブーローニュ伯ルノーとフランドル伯フェランをジョンの側に接近させる契機となり、彼らを通じて低地地域の貴族たちを結集させることとなった。さらにジョンは帝冠を狙う姉妹マティルダとハインリヒ獅子公の息オットー四世（フォン・ブラウンシュバイク）との連携を強め、彼を通じて多数のドイツの有力貴族たちもジョンの側に結集した。

これら一二一四年の相次ぐ軍事的敗北は単に一二〇四年の敗北を確認するだけでなく、軍事的、政治的、財政的観点からして大きな国難であった。戦争遂行のための、一二一〇〜一四年の急激な財政的重圧が、ジョンの帰還後の政治的抵抗の勃発、さらにはヘンリ三世治世初期のイギリス王冠の相対的な窮乏化をもたらしたことは明らかである。

一二一五年のバロンの反乱は個人的な恨みをもつ多くの人びとを含むものであり、また、ルイへの王冠の授与には偶然的要素が大きいが、マグナ・カルタ成立前後のジョンに対抗したバロンたちが実現すべきイデオロギー的な計画案をもっていたのも事実である。

## †進攻の経緯と結果

王太子ルイはジョンの側からはほとんど抵抗を受けず、一二一六年五月二一日にケント州のサネットに上陸することができた。ルイの上陸に際しジョンが敢えて抗戦を差し控えたのは、彼の部隊がフランスの所領から補充した傭兵で編成されており、彼らは王フィリップを上級領主と認めており、彼らの忠誠心に疑念を懐いたからである。ルイの東部での攻勢は強い政治的インパクトを与え、王党派の貴族のなかには、ジョンの異母兄弟ソールズベリ公のようにジョンを見捨てるものも現われた。一二一六年段階ではルイの側の攻勢が続き、ルイはロンドンに宮廷を開催した。同年一一月〜一二月のハートフォードの攻防戦では、ジョンの側は奮闘空しく同城を放棄せざるをえなかった。

しかし、一二一七年になり、五月のリンカンでの地上戦と八月のドーヴァー沖の海戦でのジョン王軍側の勝利はルイの敗北を決定付けるものとなった。

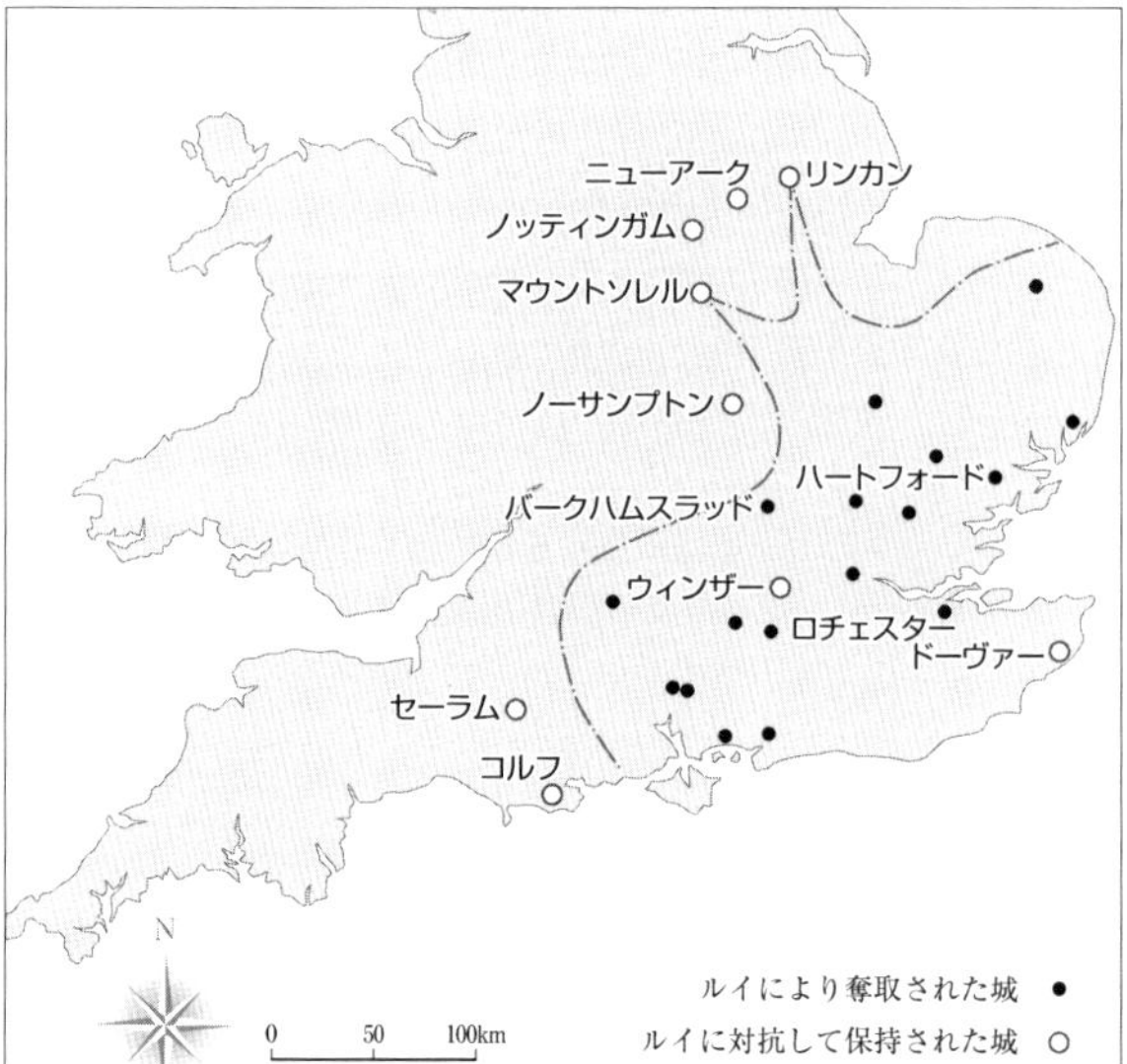


地図3-1　王太子ルイのイングランド進攻

リンカンの戦いで中心的な役割を果たしたのはペンブルック伯ウィリアム・マーシャルであり、ドーヴァー沖の海戦ではヒューバート・ド・バークが勝利に大きく貢献した。

九歳で即位したヘンリ三世（一二〇七年生）の治世初年は王太子ルイの進攻の絶頂に当たり、その位置は極度に不安定であったが、教皇特使の補佐を得たウィリアム・マーシャルが主導するかたちで摂政政府が確立し、ルイと反乱バロンたちから王国を再征服する過程がはじまった。ヘンリ三世の戴冠（一二一六年一〇月）から一年以内にルイの退却（一二一七年九月）が実現した。同時にルイの支持者たちは破門を解かれ、開戦以前の状態に領地を回復することが認められた。一二一七年九月には悔悛の意味で二年間にわたり、十字軍資金としてルイに対しては収入の一〇分の一、その支持者たちには一二分の一の支払いが宣告された。[7]ノルマンディの喪失に引きつづくこの激闘は英仏間の利害の分極化を促進し、それぞれの側への帰属意識を助長したということができる。

## 第三節　イングランド国政と〝外国人〟

### †クロスチャネル・バロンズ

一般的に言ってプランタジネット朝期のイングランドと大陸との関係の緊密度はノルマン朝期に比して低下していた。今やノルマンディに重要な土地を有するイングランドの伯やバロンは三〇人にも満たず、逆にイングランドに広い所領を有するノルマンディの有力領主はさらに少なかった。この分断はとくに上層の貴族層については顕著であったが、フランス的な文化的雰囲気はイングランドのエリート層のもとでは、一二二五年段階でも存続していた。征服されたイングランド人と、征服したフランス人という区別が薄れるには長時間が必要であった。

クロス＝チャネル貴族《バロン》の典型としてはレグル家を挙げることができる。一二〇四年時点では、ギルベール二世はイングランド王からペヴェンジを確保することができなかったが、一二一六年に事態は一変した。ヘンリの摂政たちは当該城が叛徒たちの担いだ王太子ルイの手に落ちることを恐れて、所領の復活を条件にその忠誠を求めたのである。ギルベールは一二三一年に没するまでこの所領を確保した。また、ノルマンディを本拠とするポン・トデメール修道院が教会を有していたスターミンスタは一二〇四年にウィリアム・マーシャルが領有し、相続人により継承された。彼は他方でノルマンディのロングヴィルにバロン領を一二一九年に没するまで保持した。[8]

## †モンフォール家の系譜

ここでモンフォール＝モンモランシー家系について、英仏両王権との関係をみてみよう。前者は現在のイヴリヌ県のモンフォール・ラモリー、後者は現在のヴァル・ド・ワーズ県のモンモランシーと、いずれも本拠はイル・ド・フランスに位置している。ともに起源は一〇世紀に遡る。モンフォール家のレスター伯家との関係は、シモン三世（一一八一年没）とレスター伯家の女子相続人アミキアとの結婚にはじまる。

彼女の祖父ロベール二世（一一一八年没）はヘンリ一世の行政長官を務め、典型的なクロスチャネル・バロンであり、レスターの伯であると同時にポントワーズ近郊ボーモン・シュル・オワーズの領主でもあった。くだって一一九六年の証書には、レスター伯ロベールがフィリップ二世に対してパシー・シュル・ウールの城とシャテルニー全域を放棄するとともに、同王に対して「戦争・悪事をなさないこと」が約されている。ただし「彼（フランス王）とイングランド王とのあいだでの公的な戦争の場合は除く」[9]、とされている点が興味深い。これは両王間で公的に戦争が生じた場合にはレスター伯ロベールはイングランド王側に加担することを示している。また、フランス王に対して「戦争・悪事をなした」場合には、彼は自らフランス王のもとに出頭することが求められ、「海のこちら側にいた場合には四〇日以内、イングランドにいた場合には六〇日以内」と規定されている。このことからロベールは海峡の両側に所領を有し、頻繁に行き来していたことが窺われる。

また、一二〇四年にはフィリップ二世とレスター伯ロベール（一二〇四年没）の姉妹アミキアとの間で物権交換が行われ、ブルテイユの城とその付属物権をはじめ、レスター伯が領有していた「イギリス海のこちら側の」すべての物権、彼女に帰属すべき「イギリス海のこちら側の」すべての相続物権が放棄されている。[10] 一二〇七年以来、王ジョンは教皇の命令にもかかわらず、シモン四世に対してレスター伯領の母からの継承を拒絶したが、それは彼がフィリップ二世に対する忠誠を保持したからである。一二一〇年にはイングランドの反乱バロンのグループが彼を王に選出したとの噂が流れたが、それは彼がアルビジョワ十字軍によって声望を高めたことによるものと見られる。

ところで、フランス王権との関係では、モンフォール＝モンモランシー家系の成員が、フランスの最も重要な国王大官の一つである主馬頭職を世襲的に継承していることが重要である。それは古く、一一世紀中葉にまで遡り、間歇的《かんけつ》ではあるがその後二百年以上も続くのである。モンモランシー家のマテュ二世の姉妹アリクスと結婚したモンフォール家のシモン四世はアルビジョワ十字軍の先頭に立ち、その功績によりトゥールーズ伯領、ナルボンヌ公領を得、彼の時代にモンフォール伯に昇格した。

### †モンフォール家とイングランド王権

ヘンリ三世はレスター伯領を含むイングランドの土地に対する相続要求をシモン（五世）に認めるが、それには一二二九年における同王とトゥールーズ伯との断絶が影響している。事実、その直後、一二三〇／三一年に同シモンはレスター伯領の継承を実現すべく渡英しているのである。彼の兄弟アモリ六世がヘンリ三世に宛てた書状（一二三一年）では、①アモリは彼ら（の家系）の「イングランドの土地と権利を」シモンに譲渡すること、②これらの権利と土地に関してヘンリはシモンを拘束すること、③ヘンリがシモンを封臣として受け入れるならば、シモンはヘンリのもとに赴くこと、が記されている。また、別の証書（一二三二年）では、同アモリは兄弟シモンに対し、①父シモン四世に属していたイングランドのすべての土地、②シモン四世の母アミキアが相続し彼に帰属したすべての物権を、③「イングランド全体の家令職とともに」譲渡している。[11]

一方、シモン（五世）とヘンリ三世の緊密な関係は、一二三八年の同シモンと後者の姉妹イリナーとの結婚にはじまる。彼は翌年には「レスター伯（earl of Leicester）」の称号を与えられた。彼がいかに重要な政治的な位置を得たかは、同年の前半、多くの国王証書に署名していることが示している。一二五二年に摂政ブランシュが没するとフランスのバロン層が家令職を復活させ、シモンを摂政に擁立する動きがみられた。彼はそれを拒絶したが、義兄弟にあたるヘンリ三世から不興をかっている。しかし、シモンの広域的な人的関係はヘンリの外交政策の遂行のうえで有利に作用した。一二五四年には彼はスコットランドに派遣され、一二五七年には大使の一人としてフランスとの交渉に当たった。同年には国王顧問会メンバーの一人として、かなりの数の国王証書の署名人となっている。[12] 以上のように、少なくともこの時点まではシモンが同王の主導的な政敵として現われる兆候は認められない。

シモン自身が渡英したのは一二三〇／三一年と比較的遅かったにもかかわらず、また、ヘンリ三世から特別な厚遇・恩顧を得たにもかかわらず、古くからイングランドに定着していた貴族たちに受け入れられた理由が問題となる。周知のようにヘンリ三世に対する貴族反乱（一二五八〜六五年）の主たる原因は〝サヴォワ人（Savoyards）〟と〝ポワトゥ人（Poitevins）〟を重用した寵臣政治にあり、しかも反乱の主導者はシモンなのである。彼らと異なり、シモンの出身家系がノルマンディに近接したイル・ド・フランス北部を起源とすることが、アングロ・ノルマン貴族とのあいだに一体感を醸成したものと考えられる。

## †サヴォワ人の活動

外国人に対する対抗意識は一二二〇年代以降の叙述史料に広く見受けられる。これらはジョン王の治世末期からヘンリ三世の未丁年期（一二一〇〜二〇年代）にかけての政治的混乱を反映しており、ジョンの外国人の顧問官の排除が問題となっていたことを示すものである。また、このような排外意識はフランスの王太子ルイのイングランド進攻とその取り巻きたちの振る舞いにより助長されたものと思われる。外国人に対する反感が政治を大きな混乱に陥れるのは一二四〇年代末以降であるが、サヴォワ人とポワトゥ人相互の対抗関係自体もそれを一層助長した。

ところで、サヴォワ人進出の主要な契機はヘンリ三世とエレアノールの結婚（一二三六年）に求められる。彼女はプロヴァンス伯レモン・ベランジェ四世とサヴォワ伯女ベアトリスの娘であり、彼女を通してプロヴァンス・サヴォワ出身の近親者がイングランドの政界で影響力を行使することとなる。とくに顕著なのは后エレアノールの母方の叔父たち六名が相次いで要職を得ていることである。とりわけピータ・オブ・サヴォワは一二四〇年に来英すると同時に王ヘンリから全面的な厚遇を受け、リッチモンド伯領を取得し、南部沿岸地帯に支配権を確保した。一二三六年から一二四一年にかけて王ヘンリは意識的に親サヴォワ人政策を追求したということができる。また、ヘンリとサヴォワ伯とのあいだでの臣従関係の締結（一二四六年）――アルプスの要衝に位置する四つの城が対象となっている――もこの関係を強化するものとなった。

## †ポワトゥ人の活動

ポワトゥ人はサヴォワ人に比して百名程度の小さなグループであるが、ヘンリ三世がポワトゥ遠征に失敗し、イギリスの影響力が低下したことが彼らの渡英の一因と考えられる。その典型はピータ・チャスポークである。彼はヘンリの母后を通してその姻族に当たり、一二四一年に納戸庁の長官となり一二五四年まで同職を務めた。また、ピータ・デ・ロシュとその甥、ピータ・デ・リヴォも良く知られている。前者はトゥーレーヌ出身で一二〇〇年に渡英し、一二〇五年にはジョンの影響下でウィンチェスターの司教に指名された。ジョンの治世には財務府、裁判所において高位職を得ており、若年のヘンリに授冠すると同時にその後見役を務めた[13]。一二三二年のヒューバート・ド・バークの解任に伴い、ピータ・デ・リヴォは納戸庁をはじめ財務の要職に就き、一二五八年の反乱まで王国財政に大きく関与した。

一二五八年の反乱バロンたちが最も反対したのはポワトゥ人であり、とりわけヘンリ三世の異父兄弟たちウィリアムとエメールであった。彼らは一二四七年に渡英した。ウィリアムはペンブルック領主となり、エメールは豊かなウィンチェスターの司教座を賦与された。また、一二四七年から一二五八年についてみると、ポワトゥ人に賦与された後見権（wardship）が二四件に達するのに対し、宮廷サークル外の伯・バロンについてはわずか七件にとどまっている。〝よそ者〟の貴族とイングランドの貴族との対抗関係は騎馬槍試合にも現われている。

## 第四節　イングランド王権と南西フランスの動向

### †ブルターニュ公領

ヘンリ二世はブルターニュ公家の内紛に介入し、公コナン四世の女子相続人コンスタンスと自身の息ジェフリ（三世）を結婚させ、公位を継承させた。一一八六年ジェフリが没すると公位はその庶子アーサーが継承することとなった。アーサーは、ブリトン人のあいだで信仰の篤い伝説上の人物アーサーとのイメージが重なり、貴族たちの公領の独自性、独立性志向と結びついて公領支配を確立した。一二〇三年のアーサーの没後、一二一三年彼の異父姉妹アリクスがフィリップ二世の従兄弟に当たるピエール・ド・ドゥルー（モークレール）と結婚し、公領を継承することとなった。一二二一年アリクスが没し、名実ともにブルターニュ公としての地位を確立したピエールは、ルイ九世の治世初期、母后ブランシュの摂政期（一二二六〜三六年）、英仏両王権の狭間でその自律性を確保しつつ、勢力拡大を図った。

イングランド王権にとってノルマンディ、アンジューと境界を接するブルターニュは軍事的遠征の理想的な基盤となりうるものであった。一二二九年母后ブランシュと対立関係にあったピエールは王ヘンリに臣従礼を呈した。一二三〇年五月ブルターニュからヘンリの大陸進攻が開始されたが、その際彼は王冠、笏《しゃく》など権標《けんぴょう》（レガリア）一式を携えていたとされる。アンジュー、メーヌ、ノルマンディで王の威光を示す意図があったものと思われる。

しかし、ヘンリはルイ九世との戦いに勝ち目がないと見て、ノルマンディ進攻をあきらめ、南に向きを変えボルドーに向かうことになる。一二三〇年秋には無為にイングランドに帰還した。一二三四年にはピエールはルイ九世に帰順するに至り、ヘンリは大陸進攻の重要な拠点を失うことになる。一二三〇〜三四年にピエールがイングランド王から受け取った年金は実に一万三三三三ポンドに及ぶが、それは膨大な空費となったのである。[14]

## †ジョンのポワトゥ遠征

ジョン王はノルマンディ、アンジューの喪失以降はロワール以南を拠点にして北部フランスやブルターニュに脅威を与えるという戦略をとるようになる。ジョンのアングレームの女子相続人イザベルとの結婚はこの地がポワトゥの南端に位置し、フィリップに対して外交・軍事両面において抵抗的であったことと関係している。また、フランス王権側からすればトゥールからボルドーへの移動ルート、トゥールーズへの進出拠点を確保するうえでポワトゥは重要であり、また、イングランド王権にとっては重要な傭兵の供給基地であった。

このようなポワトゥの重要性の認識からジョンは一二〇六年と一二一四年、ラ・ロシェルに上陸し、二度にわたりポワトゥ遠征を敢行している。しかし、一二〇六年の遠征は失敗に終わり、また一二一四年の遠征はジョンの治世末期の二つの危機と直結した。すなわち、イングランドのバロンたちに対する軍役代納金（scutage）および法的措置は彼らの反乱の主要原因の一つとなり、ブーヴィーヌの戦いの決定的な時点、一二一四年六月に彼はフランドルから遠く離れたラ・ロシェルにおり、参戦できなかったのである。

## †リュジニャン家の動向

英仏両王権にとって戦略上重要なポワトゥの支配・領有においては、リュジニャン家の動向が決定的に重要であった。その中心人物はユーグ一〇世であり、彼と、王ジョンと死別したイザベルとの結婚（一二二〇年）がとくに重要である。彼女は夫ジョンの死後、一二一七年の王太子ルイとの戦争終結の交渉を主導したものの、若年で即位したヘンリ三世の摂政を務める意思はなく、一二一八年には故郷に戻りアングレーム女伯に修まった。彼女にはルイ八世の后ブランシュのように親族関係を重視して、王家の一員として活動する意思は弱かったものと思われる。[15]

イザベルとの結婚により、ユーグ一〇世はポワトゥの中心に位置する本拠のリュジニャンはもとより、ポワトゥの東北に隣接するラ・マルシュと南西に隣接するアングレームを領有する一大領主となり、実質的にポワトゥ伯と類似の支配権を行使するに至った。フランスでは若年のルイ九世が王位を継承し、母后ブランシュが摂政を務めるが（一二二六〜三六年）、一二四二年までユーグは一貫してフランス王権に反旗を翻し、封建反乱の中心人物となっている。

また、ヘンリ三世はすでに一二四一年の初頭には戦費のための特別な基金の創設を企図しているが、それはルイ九世が一二二九年のパリ条約に基づき、弟のアルフォンスをポワトゥ伯に任ずること（一二四一年六月）を予期した対応とも見られている。ヘンリにとって、弟のコーンウォル伯リチャードが一二二五年以来得てきたポワトゥ伯位を失うのを見過ごすことはできなかったのである。

### †アルフォンスのポワトゥ伯位継承

また、ユーグ一〇世と妻イザベルにとってもルイ九世の弟アルフォンスが彼らの上級領主として伯位を得ることは、彼らのそれまでの努力を無にするものであり、到底承服しがたいことであった。それに対抗すべく、一二四一年一〇月には彼らはトゥールーズ伯との間に同盟を結び、娘のマルグリットとレモンとの結婚を取り決めた。この提携は、ヘンリ三世はもとより、アラゴン王や神聖ローマ皇帝をも含むより広い連合を形成することとなった。

一二四二年六月にヘンリが遅ればせながらルイに対する宣戦を布告したが、すでにルイはリュジニャンの配下の主要な城を攻略しており、ヘンリ側のポワトゥの領主たちは屈服して領地を保持するか、戦闘を続行して領地を永遠に没収されるか、という選択肢しか残されていなかった。ルイの優位性は陪臣召集（arrière-ban）による大規模な封建的軍隊に拠るところが大きかった。ヘンリはポワトゥにおける影響力の回復に全面的に失敗し、王の無能性が露呈されたことでガスコーニュに対する支配も弱化した。

反乱は失敗に終わり、ユーグとイザベルはルイ九世の膝下に屈することとなり、ポワトゥは明確にフランス王の領地に組み込まれることとなった。イザベルにとって夫のユーグがポワトゥ伯としてのアルフォンスに従属することはきわめて耐え難く、憤懣《ふんまん》やるかたなく彼女は憎むべきカペーを招き入れた夫のリュジニャンの城から家具、調度類をすべて放り出し、彼女自身のアングレームの城に持ち帰ったと言われている[16]。

## †トゥールーズ伯との連携

一一九四年にトゥールーズ伯レモン五世が没し、より非好戦的なその子レモン六世が伯位を継承するとともに、対英関係は大きく変化する。とりわけ、レモン六世と王リチャード一世の姉妹ジョーンとの結婚（一一九六年）はそれを予示するものであった。レモン六世（一二二二年没）とその子レモン七世（一二四九年没）は以降イングランド王権にとって潜在的な同盟者と見なされるようになった。一二〇九年にはじまるアルビジョワ十字軍はイングランド王権とトゥールーズ伯との関係に大きな影響を与えた。一二一三年、レモン六世はミュレの戦いに敗れるとイングランドに亡命し、王ジョンに対し、トゥールーズに関して臣従礼を呈し、見返りに一万マルクを受領したといわれている。一二一五年、ジョンは甥に当たるレモン七世をラテラノの公会議に派遣した。ローマではイギリスの聖職者たちが教皇に寛大な措置を求め、レモン七世に対しては母ジョーンの寡婦資産たるトゥールーズの東部の相続を認めるよう要請している[17]。

一二一九年、フランスの王太子ルイがほとんど成果なく退却するとレモン七世はすばやく十字軍に奪われた領地を奪還した。一二二六年末、ルイ八世が没すると、前年にポワトゥ伯位を得たヘンリ三世の兄弟リチャード・

オブ・コーンウォルはレモン七世と緊密な同盟を結び、また、トゥールーズの都市民たちもイングランド王に対する支持を約束し、伯レモンとヘンリ三世の共通の敵と戦うための財政的支援を求めている。

**†トゥールーズ伯との断絶**

一二二九年四月にはアルビジョワ十字軍の終息を示すモー＝パリ条約がルイ九世とレモン七世の間で締結され、カペー王家の成員がトゥールーズ伯位を継承することが取り決められた。この協約は究極的にはラングドック全域をカペーの支配下に置くことになり、ヘンリ三世にとっては大きな障害となった。他方で一二二六年以来ヘンリが意図してきたポワトゥとブルターニュの軍事的連携の構築も成功するに至らなかった。

一二三六年のヘンリ三世とプロヴァンス伯女エレアノールとの結婚は、トゥールーズ伯との関係を一層複雑なものとした。同伯はかねてより、神聖ローマ皇帝から授与されたヴェネサンをはじめとするローヌ以東の諸地域を確保するとともに、プロヴァンス辺境伯位を狙い、プロヴァンス伯と対立関係にあったからである。教会からの非難とフランスの進攻を恐れたレモン七世は、ヘンリの新たな協約の締結の意図に反して、一二四三年にはルイ九世との正式な交渉に入ることとなった。その結果、一二二九年のモー＝パリ条約が現実に履行されることとなり、一二四九年にはトゥールーズはカペー家の手に落ちることとなる。

## 第五節　ガスコーニュ支配の安定化とパリ条約

**†ガスコーニュの防衛**

ガスコーニュ公領の主要な部分をなすアジュネは一一九六年、リチャード一世の姉妹ジョーンのトゥールーズ伯レモン六世との結婚に際して婚資として切り離された。また、カスティーリャ王アルフォンソ八世がガスコーニュに進攻するが、それは彼の妻イリナーが王ジョンの姉妹に当たり、その相続権を求めてのものであった。ジョン王はボルドーその他の諸都市を拠点に抵抗し、ラ・ロシェルから上陸しサントンジュを経由してガスコーニュに攻め込み、アルフォンソの進攻を阻止した。一二一六年のヘンリ三世の即位以降、財政上の理由から、ガスコーニュの現状維持という防衛的な遠征に力点が置かれることになる。一二一九年、アルビジョワ十字軍を口実としてフランス王がトゥールーズからガスコーニュに進軍することを恐れたヘンリは、教皇を通してその制止を求めた。教皇は、異端の制圧上やむをえず介入した場合には、没収された土地はヘンリに手渡すよう警告している[18]。

残された大陸側の領域の中核都市の一つラ・ロシェルは一二二四年にルイ八世により奪取されたが、一二二五〜二七年のリチャード・オブ・コーンウォルの努力により、ボルドーとバイヨンヌを中心とするガスコーニュとサントンジュの一部のみは全面的にヘンリの手中に残された。また、隣接するトゥールーズ、オーヴェルニュ両伯とのあいだに有効な関係を創出することができた。以降、支配領域の軍事的防衛とガスコーニュの統治が主要な関心事となり、その統治制度面における顕著な発展がみられた。

## †ガスコーニュ支配の安定化

その結果、ガスコーニュとイングランドとのあいだの経済的ネットワークが成立し、相互の依存関係が強化された。一二二七年以降はセネシャルを通じての公領の政治的統治は格段に強化された。この点は、ヘンリ三世自身の一二三〇年、一二四三年、一二五三〜五四年の相次ぐ当地への来訪と連関している。その目的は現地の領主たちから臣従礼を受け取り、不正行為を正し、政治的安定性を回復することにあった[19]。しかし、財政的には一二二四年から一二四五年にかけて一貫して困難な状態が続いており、平時においても多額の借金を必要とした。

ヘンリの一二五三年のガスコーニュ来訪は地域の有力貴族ガストン・ド・ベアルンの反乱、カスティーリャ王アルフォンソ一〇世の進攻の脅威と関係している。ヘンリはボルドー、バイヨンヌなど沿岸諸都市の支持を得て、権威の建て直しに成功した。また、カスティーリャとの協議により盟約が締結されることになり、ヘンリの王子エドワードとカスティーリャ王妹エレアノールとの結婚が取り決められた。一二五四年には彼の名目上の権威の下にガスコーニュに新しい体制が出来上がった。

## †パリ条約の歴史的意義

英仏両王間でこの協定が成立するのは一二五八年五月であるが、正式に批准されるのは一二五九年一二月である。フランス側による現実のポワトゥ征服がはじまるのは一二四二年であり、同年七月のタイユブールとサントでのルイ九世の勝利を受けて一二四三年四月、五年間の和平協定が成立した。ヘンリ三世にとって、パリ条約はほとんどそこで確定した現実の状況を法制化したものに過ぎない。

この条約の骨子は、①ヘンリ三世はノルマンディ、アンジュー、メーヌ、トゥーレーヌ、ポワトゥに対する要求を放棄すること、②上級領主なくまったく独立的に領有されてきたガスコーニュをヘンリは以後フランス王からの封土として受け取ること、③ルイ九世はヘンリにリモージュ、カオール、ペリグーの諸都市とその司教区を授与すること、である。ただしガスコーニュの東に位置するアジュネ、さらに東のケルシーの位置づけは不確定のままであった。

しかし、現実には(イ)イングランド王はフランス王から召集された場合、軍事奉仕の提供を履行すべきか否か、(ロ)ガスコーニュの人びとはイングランド王またはその代理官の判決に対して上級領主たるフランス王の法廷に上訴できるか否か、が問題となる。その前提として(イ)、(ロ)ともにガスコーニュの領有権の帰属が問題となる。

この条約ではとくに封建的関係がかつてになく明確な意味を伴って改めて設定されている点は否定できない。法制的には優先的な臣従関係（liege homage）を基盤とし、ローマ法の復活の影響下で新たに形成されたフランス王国の政治構造のなかにイングランド王が位置づけられたのである。イングランド王もフランスの最有力貴族の一員、王国同輩（peer,pair）たるガスコーニュ公として、上訴制の適用を受け、フランス王国領域内での立法と課税の対象となった。イングランド王はほかの諸侯たち同様、自身の利益を守るためにフランス王の法廷内に法律顧問団を保持しなければならなかった。[20]

## †両王家の親族関係と政治史

ところで、カペー・プランタジネット両王家は緊密な親族・姻縁関係にあり、それが両王の政治的関係、行動形態を規定し、英仏関係全体に大きな影響を与えたことは否定できない。イングランド王ヘンリ二世の后アリエノール・ダキテーヌの先夫はフランス王ルイ七世であり、同ヘンリの息ヘンリ（the Young）はルイ七世とコンスタンス・ド・カスティーユとの娘マルグリットと結婚している（一一七〇年頃）。その兄弟リチャード一世はルイ七世とアデル・ド・シャンパーニュの娘アリクスと婚約を結んだが、結婚は不成立に終わった。彼女はまた、ジョンの妻になる可能性もあった。同リチャードの姉妹イリナーとカスティーリャ王アルフォンソ八世の娘ブランシュはフィリップ二世の息ルイ（八世）と結婚した。王太子ルイはジョンの甥に当たり、その王位継承と関わって彼のイングランド進攻（一二一六～一七年）が起こるのである。

ジョンの王位は結局ヘンリ三世が継承することになるが、彼の后エレアノール（一二三六年結婚）、彼の弟リチャード・オブ・コーンウォルの妻サンシ（一二四三年結婚）、フランス王ルイ九世の后マルグリット（一二三四年結婚）、彼の弟シャルル・ダンジューの妻ベアトリス（一二四五／四六年結婚）、以上四名はいずれもプロヴァンス伯レモン・ベランジェ四世の娘であり、彼女たちを通して彼らは義兄弟の関係に当たる。この婚姻関係はカペー・プランタジネット両王家にとってプロヴァンス伯家が西ヨーロッパにおける戦略上最も重要な地域を拠点としており、また教皇庁、神聖ローマ皇帝との連関の仲介役として活動したことに基づいている。とりわけヘンリ三世のエレアノールとの結婚は、ルイ九世のマルグリットとの結婚に伴うローヌ渓谷地帯への進出をチェックし、サヴォワ、プロヴァンス地域の神聖ローマ皇帝の封臣たちと関係を結ぶことを意図したものであった。

上記のように、すでに一二五九年にはガスコーニュには十分に効果的な統治システムが出現しており、ヘンリ三世の治世に大陸側の支配領域内において統治、制度上の発展がみられた。一三世紀前半の過程で、アンジュー帝国が再構成されたというよりも、地味な輪郭を以て形態変化を遂げたということができる。また、イングランド側にとっては一二五九年の条約により、領土要求の放棄の見返りとして、以前のような叛徒に加担するかたちでのフランスからの介入を回避することが可能となった点は銘記されねばならない。そのような意味でこのパリ条約はカペー・プランタジネット両王家、大きくは英仏関係全般にとって大きな画期であったことは間違いない。

［註］

(1) M. T. Clanchy, *England and its rulers*, p.133.
(2) D. Power, King John and Norman aristocracy, p.122.
(3) N. Barratt, The revenues of John, p.82.
(4) J. C. Holt, *Magna carta*, pp. 62-63 ; D.A.Carpenter, *The struggle for mastery*, p.311.
(5) M. T. Clanchy, *England and its rulers*, p.142.
(6) D. A. Carpenter, *The struggle for mastery*, p.301.
(7) N. Vincent, England and the Albigensian crusade, p.78.
(8) R. Bartlett, *England under Norman and Angevin kings*, p.16 ; J.C.Holt, *Magna carta*, p.248.
(9) *Recueil des Historiens de France*, t.17, p.43 n.
(10) *Recueil des actes de Philippe Auguste*, t.2, no.861.
(11) *Layettes de Trésor des Chartes*, t.2, no.2151, pp.217b-218a ; no.2190, p.236a-b.
(12) M. Prestwich, *Plantagenet England*, pp.96-97.
(13) M. Prestwich, *Plantegenet England*, p.94 ; M.T.Clancy, *England and its rulers*, pp. 129-130.

(14) D. A. Carpenter, *The struggle for mastery*, p.310, 316.
(15) D. A. Carpenter, *The struggle for mastery*, p.304.
(16) M. Howell, Royal women of England and France, p.173.
(17) N. Vincent, England and Albigensian crusade, pp.77-78.
(18) N. Vincent, England and Albigensian crusade, p.78.
(19) R. Studd, Reconfiguring the Angevin empire, p.38, 35, 37.
(20) J. Le Patourel, *Feudal empires*, chap.XVIII, p.11.

# 第四章 一二五九年パリ条約とその結果［一二五九〜一三〇三年］

本章では、一二五九年のパリ条約が英仏関係にもたらした諸問題を示すとともに、その後の英仏間の協調から敵対への分水嶺となったガスコーニュ戦争をとりあげる。

## 第一節 パリ条約（一二五九年）

### †パリ条約の内容と問題点

一二五九年一二月四日パリで、前年にフランス王ルイ九世（在位一二二六〜七〇年）とイングランド王ヘンリ三世（在位一二一六〜七二年）のあいだで合意されていた条約が批准された。その主な内容は次の三点にまとめられる。第一に、ヘンリ三世は北西フランス所領（ノルマンディ、アンジュー、メーヌ、トゥーレーヌとポワトゥ）への権利を正式に放棄する。第二に、ヘンリ三世はアキテーヌ公として、アキテーヌ公領の一部であるガスコーニュをルイ九世から公式に封土として受領する。第三に、ルイ九世はヘンリ三世にリモージュ、カオールとペリグーの三司教座都市とその司教区（リムーザン、ケルシー、ペリゴール）を条件付きで与える。[1]

パリ条約は従来の英仏関係を異なる位相に置き、新しい問題を創り出した。まず、対象となる地理的範囲や住民の帰属関係が曖昧であった。ガスコーニュ東部のアジュネ、ケルシー東部の地位は未決のままであり、権利が確定するまでフランス領にとどまるものとされた。また、リムーザン、ケルシー、ペリゴールの三司教区には、自らの意志でフランス王とアキテーヌ公のどちらに帰属するかを選択できる「特権保持者・団体」が存在し、のちに紛争の火種となった。さらに、君主間の取り決めは彼らの家臣に犠牲を強いた。イングランドでは、レスター伯シモン・ド・モンフォールの妻イリナーは、この条約で前夫ウィリアム・マーシャルからの寡婦財産である大陸所領を放棄させられた。[2]

より深刻な問題は英仏両王間に設定される封建関係の扱いである。アキテーヌ公となるイングランド王は主君であるフランス王に対する臣従礼《オマージュ》と忠誠宣誓を要求され、封建的諸義務を負う。両国に新王が誕生する度に相互の君臣関係を更新する必要が生じることには、イングランド側の抵抗が予想される。もっとも、歴代イングランド王は、ノルマン征服からノルマンディ喪失までの時期も大陸側の所領においてはフランス王の封臣であった。ブリテン島ではスコットランド王がイングランドの土地をイングランド王から封土として受領する際に臣従礼を行ったように、当時においては国王間の封建関係の存在は必ずしも新奇な事態ではない。また、イングランド側は臣従礼と忠誠宣誓を受け入れやすくする方策を模索し、フランス側もそれを了承している。すなわち、イングランド王本人ではなく代理人によって忠誠宣誓を行うこと、長子であるエドワード（のちのエドワード一世）にアキテーヌの封と権利を委譲し、フランス王に対する封建的奉仕義務は彼に負わせること、である。威信の確保に自覚的であったヘンリ三世側がこの条件に合意したことから、当時のイングランド王がフランス王への臣従を必ずしも屈辱的なものとは考えていなかったようである。[3]

一方、フランス王は、イングランド王とのあいだに設定された封建関係の理論的側面にこそ重要な意味を見いだした。イングランド側の軍役などの封建的奉仕、臣従礼や忠誠宣誓の不履行は事実上許容しながらも、「アキテーヌ公はフランス王に封建的義務を負う」という原則を突きつけることで、イングランド王に対し政治・外交

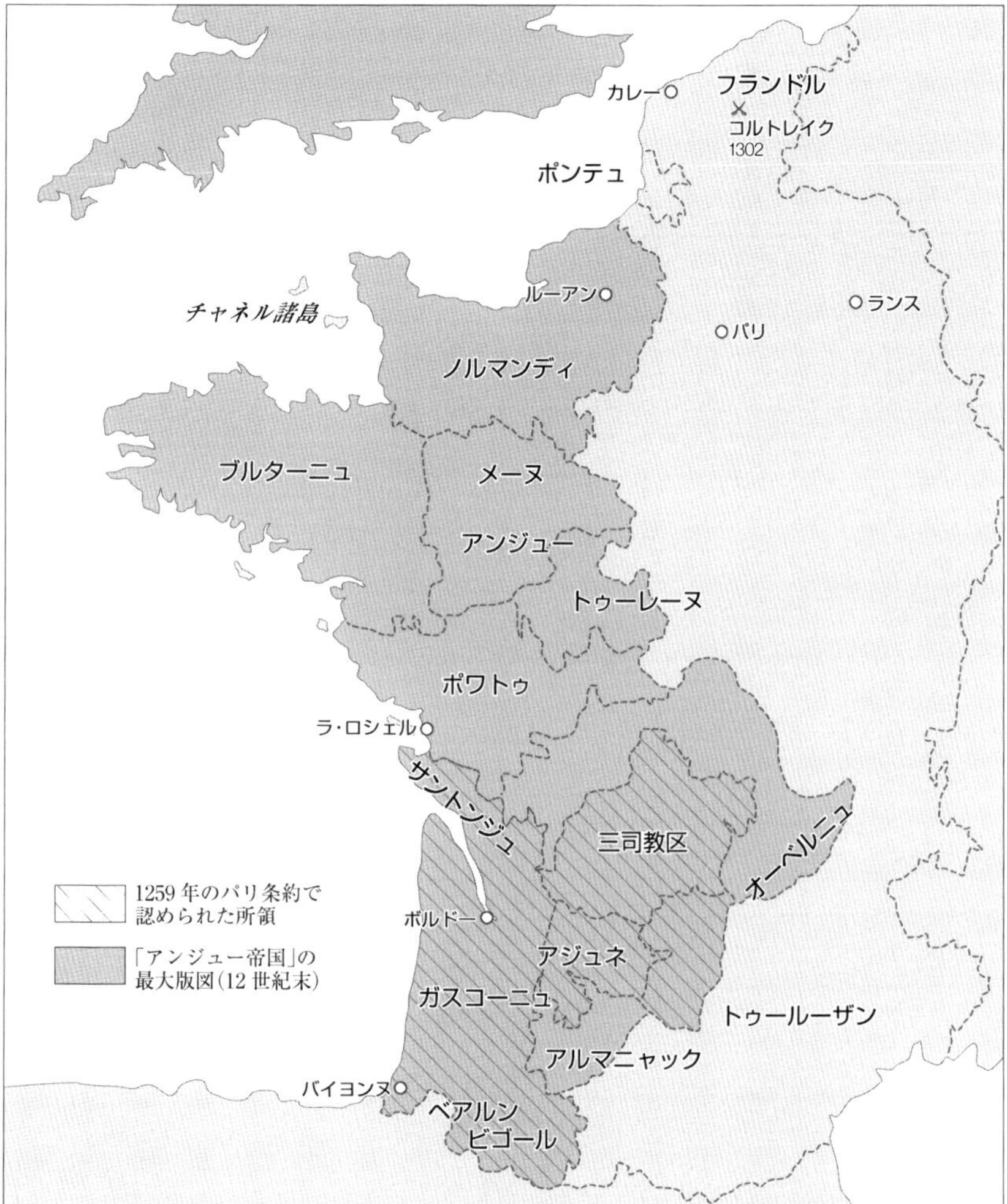


地図4-1 1259年のパリ条約後のプランタジネット家大陸所領

上も優位に立つことができたからである。[4] 国王は、国王大権（regalia）を行使し、国王専決事件（cas royaux）を裁くことで諸侯に優越するが、とくに重要だったのは、司法上の至高権を主張しえたことである。これにより国王は最終審（dernier ressort）を管轄して、封土における諸侯法廷からの上訴を裁き、諸侯の統治権に掣肘を加えることが理論的に可能となった。あとに見るガスコーニュにおける上訴問題の法的起源も、このパリ条約にあったのである。

### †パリ条約の意義

一二五九年のパリ条約にのちの英仏対立の根源があるとする見解は多い。[5] ガスコーニュの地位は法的な意味で変容し、一三世紀末から一四世紀初頭のプランタジネット家は、上級領主かつ君主であるカペー家の国王との関係を許容できない状況に置かれた、ともいえる。しかしながら、英仏の対立を前提に一三世紀半ばの条約を評価することは慎重でなければならない。まず、この条約は英仏関係の危機の所産ではない。そもそも一二四二年以来、大陸においてイングランドの軍事行動はみられなかった。イングランドでは、レスター伯シモン・ド・モンフォールを中心とする諸侯とヘンリ三世の対立の最中で、一二五八年のオックスフォード条款および翌年のウェストミンスター条款の成立まで混乱状態にあり、フランスとの関係悪化は望ましくない状況であった。さらに、高度に経験を積んだ交渉役が英仏間に三〇年以上の平和をもたらす枠組みを構築したという成果にも注目すべきであろう。条約の交渉役として一二五七年に任命されたイングランド側の使節はウスター司教、ヒュー・バイゴッド、フランシスコ会士アダム・マーシュら諸侯改革の擁護者であり、レスター伯シモンとサヴォワ伯ピエール二世の助言を受けていた。とくにレスター伯は自身のアキテーヌ国王代理としての経験から、公領統治の問題点を熟知しており、交渉におけるイングランドの方針を決定する主導的な役割を果たしたと考えられる。[6]

一二六〇年一〇月一八日にウェストミンスターの国王寝室において、「イングランドの王、アイルランドの領主、ノルマンディとアキテーヌの公およびアンジューの伯」の称号が刻印された大印章を毀損し、「イングランドの王、アイルランドの領主およびアキテーヌの公」の大印章をヘンリ三世に手渡すセレモニーが挙行された。しばらくのあいだ、新印章は対フランス関係の公文書にのみ使用され、イングランド向けには旧来の印章が使用され続けたが、この印章の字母の変化は「アンジュー帝国」の終焉を象徴する出来事といえる。[7]

## 第二節 英仏間の協調とガスコーニュ（一二五九～一二九三年）

### †シモン・ド・モンフォールの反乱とルイ九世の十字軍遠征

一二六四年一月二三日、ルイ九世がアミアン裁定でオクスフォード条款の無効を宣言すると、シモンらが挙兵した。同年五月一四日のリュイスの戦いで、ヘンリ三世と王太子エドワードが捕虜となるが、翌年八月四日のイヴシャムの戦いでエドワードが勝利し、シモンは戦死する。[8]

フランスでは一二七〇年七月二日に十字軍に出発したルイ九世が、翌月二五日にチュニスで死去し、九月一五日に王太子がランスでフィリップ三世（在位一二七〇～八五年）として戴冠した。同二一日にはルイ九世の弟アルフォンス・ド・ポワティエが死去、三日後には妻ジャンヌがそのあとを追い、翌年一〇月五日にポワトゥ伯領やトゥールーズ伯領を含むアルフォンスの財産は王領地へ併合された。

ヘンリ三世はフィリップ三世に対する臣従礼を行わないまま、一二七二年一一月一六日に死去し、パリ条約の提起する問題の解決は彼らの子孫に委ねられることになった。

### †エドワード一世のフランス滞在とアミアンの和約

十字軍遠征中にヘンリ三世の訃報を聞いて帰途についたエドワードは、まずパリに向かい、一二七三年八月六日にフィリップ三世に臣従礼を行う。その後、一二七三年九月から翌年四月まで、エドワードはガスコーニュに滞在して、ベアルン副伯ガストンによるアキテーヌ公の権利侵害に対処した。また、全ガスコーニュ封臣から臣従礼を受け、彼らの封建的諸権利（所領・義務）に関する大規模な調査を開始している。その後、イングランドに帰還すると、八月一九日にエドワード一世（在位一二七二〜一三〇七年）として戴冠した。[9]

一二七五年一一月一一日にフィリップ三世がエドワード一世をフランス同輩として高等法院に出頭することを要求したが、エドワードは応じなかった。しかし、この時点では、フランス王権との関係は大きな問題とはなっていない。たとえば、フランス王が支持するリモージュ女副伯と、イングランド王に頼るリモージュ住民とのあいだに対立が生じた際には、エドワードはフィリップに妥協し、フランス王の裁判権を承認している。[10]

一二七九年四月二三日にフィリップとエドワードのあいだでアミアンの和約が締結され、前者がアジュネとサントンジュ南部を譲渡する代わりに、後者はリムーザン、ペリゴール、ケルシーの司教区への権利主張を放棄した。この和約で一二五九年のパリ条約の曖昧な規定に由来する問題の一部が解決された。同年五月、エドワード妃エレアノールがポンテュ伯領を相続し、フィリップ三世に臣従礼を行うと、エドワード一世はポンテュ伯として、フランス王とさらなる封建関係を結ぶことになった。それはフィリップ三世によるたび重なる出頭要求に現れている。しかし、両者の対立はそれ以上深刻化することはなく、一二八五年一〇月五日、フィリップ三世はアラゴン十字軍の帰途に死去し、フィリップ四世（在位一二八五〜一三一四年）が即位した。[11]

**†ガスコーニュの社会**

ここで一三世紀後半から一四世紀初頭のガスコーニュの社会について、概観しておこう。

地域社会の上層には、フォワ、アルマニャック、コマンジュの三伯に加え、ベアルン副伯やアルブレ領主など、ごく少数の大貴族が有力家門を形成する。なかでも婚姻で結合したフォワ伯家とベアルン副伯家は、アルマニャック伯家と対立しつつ、親カペー家勢力として影響力を伸ばした。一方、貴族層の大部分を占める中小貴族の数は、一二世紀の初頭から著しく増加した。たとえばボルドレでは、中級貴族である城主家系数が三倍に、さらに下級貴族家系数は実に四倍に達した。彼らはしばしば戦争に参加するが、高い地位に上昇することはまれであった。教会は貴族家門の強固な支配のもとにあった。ボルドー大司教やアヴィニョン教皇を輩出したゴ家やカントループ家、オーシュ大司教を輩出したアルマニャック家の例が著名なように司教座は貴族家門出身者によって占められたが、司教座聖堂参事会と参事会教会もまた同様であった。[12]

ガスコーニュを含む南西フランス地方の経済成長は、一二八〇年代にはじまり一三三〇年代まで続いた。その原動力となったイングランドとガスコーニュの経済的な結びつきはワイン交易を中心とする。ガスコーニュのワイン交易量は一四世紀初頭にピークに達し、一三〇八～〇九年に約一〇万三〇〇〇トンが輸出されたが、その四分の一以上がイングランドへ向けられたと推定される。後背地の農村から主にガロンヌ河を通じて集められたワインは、ボルドーからイングランドへ輸出された。その中継地となったのが、バスティードと呼ばれる新集落群である。河川や街道沿いに多く建設され、市場の開設が認められたことから、地域経済の結節点となった。一三〇六～〇七年のガスコーニュの全国王収入スターリング貨一万七〇〇〇リーヴルの四六・四％をボルドーとボルドレからの収入が占め、その七九・五％がボルドーで徴収されたワイン関税であった。[13] これらの収入で公領統治を賄ったため、イングランドの財政が潤ったわけではないが、ガスコーニュの富に対するカペー家の野心も次節でみるガスコーニュ戦争の背景と考えられる。

## †エドワード一世のガスコーニュ滞在と公領統治制度

一二八六年、エドワード一世は再び大陸に渡った。最初はパリへ赴き、六月五日に新王フィリップ四世に臣従礼を行った。八月にはケルシーとサントンジュに関する妥協が成立し、両地方がエドワードに返還された。[14] 英仏関係は依然として良好であった。

その後、エドワードは二年半という長期間をガスコーニュで過ごし、そのあいだの一二八九年五月一九日にリブルヌ議会で公領統治の改革令を発布した。この改革に至る一二七四～八九年は、公領役人の機能が徐々に定義づけられた時期である。一二五九年の条約により、公領住民にフランス国王への上訴が認められ、パリの高等法院でアキテーヌ公の利害を代表する存在が必要となったことは、ガスコーニュの統治制度に大きな影響を及ぼした。上級役人であるガスコーニュ・セネシャルは、ボルドー、バザス、ダックス、サン・スヴェールの四法廷における年次裁判集会の主宰に加え、王＝公の代理人として、パリの高等法院に出廷するという司法的役割を担った。セネシャルら上級役人はイングランド人で、頻繁に交代し、ガスコーニュに定着しなかった。それに対し、プレヴォ、バイル、コネタブルら下級役人職は請負に出され、大部分がガスコーニュ出身者で占められた。[15]

ガスコーニュに対するフランスの上訴裁判権の存在は、ことあるごとにプランタジネット家の支配の貫徹を妨げた。ガスコーニュの家臣がフランス法廷に上訴する場合、たとえ一時的ではあっても、プランタジネット家の裁判権を離れるからである。一二八九年の改革で意図された対策は、ガスコーニュ・セネシャル法廷をほかのセネシャル法廷より上位の審級として設置し、上訴をガスコーニュ・セネシャル法廷に集め、案件がパリへ直接持ち込まれないようにすることである。[16]しかし、いくら法的擬制を工夫しても、ガスコーニュにおいてプランタジネット家は法的にフランス王の家臣であるという厳然たる事実は変えようがなかった。一方、この時点でのフランス王権にとって、ガスコーニュの直接統治は困難で、上訴裁判権を通じて外部からの干渉にとどめることが最良の選択肢であり、同地方からプランタジネット家を排除する意志はなかったと考えられる。

## 第三節　ガスコーニュ戦争（一二九三～一三〇三年）

### †開戦の発端と背景

一二九四年六月二〇日から一二九八年三月二四日のあいだ、英仏は公式に戦争状態となった。イングランド五港（Cinque Port）とブルターニュの海員はかねてから対立していたが、一二九三年五月一五日に五港とバイヨンヌの連合船団がノルマンディの船団を破り、さらに前者が大西洋岸のフランスの港町ラ・ロシェルを襲撃した事件が戦争の発端となった。

当初、イングランド側は事を荒立てるつもりはなく、七月一五日付けでエドワード一世はフィリップ四世に示談を提案している。さらに、一〇月二七日にフィリップからアキテーヌ公としてパリの高等法院に出頭することを要求されたエドワードは、弟のランカスター伯エドマンドを使者として派遣した。エドマンドと姻戚関係にあったフィリップ三世の寡婦マリー・ド・ブラバンとフィリップ四世の妃ジャンヌ・ド・ナヴァルが仲介したこともあり、一二九四年二月にフィリップとエドマンドのあいだで秘密協定が成立した。この協定で、エドワードはガスコーニュの都市や城を二〇人の人質と共にフランス側に引き渡すこと、それに対してフランス側はエドワードの高等法院への召喚を撤回し、ガスコーニュを直ちにエドワードに返還すること、フィリップの妹マルグリットとエドワードが結婚し、両者に男子が生まれた場合、彼はイングランド王に忠誠宣誓を行ったうえでガスコーニュを保持することが合意された。[17]

この条件にエドマンドはおそらく満足し、イングランド側による都市と城の引き渡しは成された。しかしながら、最終的には、フィリップ四世はこの協定を拒否し、調印も批准もしなかった。エドワードに対する召喚は撤回されず、四月二一日にフィリップは再びエドワード一世に出頭を要求、五月一九日にはガスコーニュをはじめとするエドワードのフランス国内の封土没収を宣言した。[18]

このように戦争回避の交渉が失敗に終わった原因にはさまざまな説明が試みられている。単にエドマンドがフィリップに欺かれたとする説や、彼が頼みにしたフランス宮廷の女性たちの影響力が乏しかったとする説があるが、最も蓋然性が高いのは、フィリップ四世の宮廷のなかで反プランタジネット家派が優勢であったとする説である。それによれば、エドワード一世からのガスコーニュの没収こそが、この時点でのフランス側の主要目的であった。顧問（レジスト）たちは封建法とローマ法を根拠に国王の権威の確立に寄与する概念を練り上げ、一二九〇年代初頭から教会や諸侯に対する王権伸長策を推し進めていた。さらに、プランタジネット家に敵対的で、英仏の戦争で利益を得る諸侯としては、アルトワ伯ロベール二世が浮かぶが、より中心的役割を果たしたのは、ヴァロワ伯シャルルと思われる。フィリップ三世と最初の妻イザベラ・ダラゴンの息子であり、一二八三年に教皇によってアラゴン王位に推されるも、翌年から翌々年にかけてのアラゴン十字軍で敗北し（一四章参照）、王冠を戴く機会を逸した人物である。彼が捲土重来を期し、ガスコーニュをアラゴン侵攻の拠点と目した可能性は高い。なお、一二九二年四月から一二九四年七月の期間は教皇位が空位であり、適切な仲裁者がいなかったことも平和的解決を困難にした一要因であった。[19]

## †英仏の戦略とガスコーニュの占領（一二九三～九七年）

結局、一二九四年六月にエドワード一世は、議会でフランスとの国交断絶とフランス王に対する忠誠宣誓の解消を宣言した。同月二〇日からガスコーニュにおいて戦闘がはじまり、イングランド軍がカスティヨン、ブライユ、バイヨンヌを奪取した。しかしながら、一二九四～九五年のウェールズでの反乱で、大陸への軍事行動が遅延することになり、一二九五年夏にはヴァロワ伯シャルルがガスコーニュの大半を占領した。その後も、スコットランドの反乱でイングランドからの援軍が到着せず、疫病の蔓延するなか、一二九六年六月五日バイヨンヌでランカスター伯エドマンドが病没し、翌年二月にはボンヌガルドでイングランド軍は大敗を喫した。こうして、主戦場となったガスコーニュではフランス側が軍事的優位に立ち、イングランドはバイヨンヌ、ブールとブライユを保持したものの、フランスは首府ボルドーを占領した。フランス軍の中心がフォワ伯以外はラングドックの中小貴族であったのに対し、イングランド軍の中心はガスコーニュの中小貴族であった。[20]

英仏の攻防はガスコーニュに限定されていたわけではない。エドワード一世は大陸の諸侯との対フランス同盟を模索した。彼の娘マーガレットと結婚していたブラバント公はその一角を占めた。ドイツ王アドルフ・フォン・ナッサウはおそらくフランス側に買収され、また国内に問題を抱えていたため、エドワードの期待に反して同盟には参加しなかった。一二九六年にホラント伯もフィリップ四世により買収されたが、親プランタジネット家派に暗殺され、一二九七年に息子がエドワードの娘エリザベスと婚姻した。一方、フランドルとの同盟は難航した。一二九四年八月三一日、イングランドとフランドルのあいだでリエール条約が締結され、伯ギィの娘フィリピヌとエドワードの息子との婚姻が定められたが、フランスの反対で実現しなかった。その後、イングランドによる羊毛禁輸の圧力により、一二九七年一月七日にフランドル伯ギィとエドワード一世との同盟が成立した。同年八月、エドワードがフランドルに上陸する直前に、同盟軍はヴルヌの戦いで敗北し、リールはフィリップ四世軍に占領された。残されたイングランド軍は少数であったが、警戒したフィリップ四世が戦いを回避し、膠着状態に陥ったため、一〇月九日にフランドルのヴィヴ・サン・バヴォンで休戦協約が成立し、英仏の実質的な戦闘が終了した。[21]

## †和平の模索（一二九七～一三〇二年）

一二九七年に合意された休戦期間は翌年一月六日までであったが、ガスコーニュの戦局は英仏双方が手詰まりの状態にあった。そこで一二九八年六月三〇日に両者の調停に乗り出したのは、ローマ教皇ボニファティウス八世（在位一二九四～一三〇三年）である。この交渉の際に、フィリップ・マルテル師率いるエドワード一世の代表団により、ガスコーニュは自由地（allodium）であると主張された。すなわち、ガスコーニュは神のみから与えられ、いかなる地上の上位者も認められない。それゆえ、フランス王国の一部ではなく、イングランド王＝アキテーヌ公はその地における君主であり、フランス王に対していかなる臣従礼も忠誠宣誓も封建的奉仕も行う必要はなく、完全な裁判権を保持するのである、と。さらに、一二五九年のパリ条約で生じたガスコーニュ問題の解決については、以下のように提案された。第一に、イングランド側はガスコーニュを自由に保持する。第二に、フランス王はガスコーニュ法廷に関する上訴裁判権を放棄する。第三に、イングランド王は、フランス王からではなく、教皇から封土としてガスコーニュを受け取る。[22]

このようなイングランド側の主張はとうていフランスの受け入れられるところではなく、結局、ボニファティウスの調停案はガスコーニュを戦争前の状態に戻すことを基調とする。すなわち、紛争地を教皇庁に引き渡すこと、英仏両王の将来の友好関係は両王家の婚姻による結びつきで確保されることである。一二九九年六月一九日にフィリップ四世の妹マルグリットとエドワード一世の結婚およびフィリップ四世の娘イザベルと王太子エドワード（のちのエドワード二世）の婚約を定めたモントルイユ協定が合意された。七月一四日にエドワード一世が、八月三日にはフィリップ四世が同協定を批准した。しかし、これが交渉の終わりではなかった。フランス側がガスコーニュを教皇に引き渡さなかったため、教皇宮廷で議論が継続されたからである。一三〇〇年八月二三、二四日にイングランド王の使者がボニファティウス八世にフランス王との調停を求めるが、目立った進展はなく、一三〇二年七月一日のウェストミンスターでの議会でもフランスとの和平案が検討され、エドワード一世はエダンとローマに交渉の使節を派遣した。[23]

図4-1　コルトレイクの戦い

## †パリ条約の成立（一三〇三年）

フランス側の態度を軟化させた要因の一つが、一三〇二年七月一一日のコルトレイク（クールトレ）の戦いにおいて、ブルッヘ民兵にフランス軍が敗北したことにあるのは疑いない。以後、フィリップ四世はフランドルに全力を傾注しなければならず、同時にイングランドがフランドルを援助する事態を避ける必要があった。また、対英主戦派のアルトワ伯ロベール二世やピエール・フロートらが戦死したことも、イングランドとの和平の後押しをすることになったであろう。しかしながら、この敗戦が直ちに英仏の平和につながったわけではない。一一月八日、フィリップ四世がローマに使者を派遣し、ローマ教皇の調停を拒否したため、一一月と一二月にエドワード一世は、さらなる調停を求めて、教皇の元へイングランドとガスコーニュの都市の代理人を派遣している。フィリップ四世とボニファティウス八世の対立もイングランド側には有利に働いたであろう。一三〇三年四月一三日にボニファティウス八世はフィリップ四世を破門し、王国中の聖務停止命令を出している。[24]

さらに、フランス人に対するガスコーニュ住民の反発も指摘できる。占領下のガスコーニュを統治するフランス側の役人が現地の慣習に無知であり、住民との摩擦が頻繁におきた。フランスによる占領は首府ボルドーの掌握に依存しており、多くの有力家系を含む市民一六五人が人質となっていた。反乱を防ぐための人質であったが、かえって反発を招き、一三〇三年一月にアルノ・カイヨーを中心とする市民が蜂起し、同月一五日までにアルノーは市長に選出されている。[25]

ようやく一三〇三年五月二〇日にパリ条約が合意された。[26] その主な内容は以下の通りである。七月一〇日までに英仏間の「恒久平和」を確認すること、イングランド国王代理によるフランス王への臣従礼を行うこと、一二九四～九七年の戦争時にフィリップ四世が獲得したガスコーニュの土地をエドワード一世に返還すること、そして前述の王太子エドワードとイザベルの婚約である。七月三一日に戦時中の人質や降伏に関する全文書が無効とされ、原状復帰の原則が確認された。

## †ガスコーニュ戦争の影響と意義

一三〇三年のパリ条約のうたう原状復帰の原則は現実味がないものであった。この戦争とフランスによる占領はガスコーニュの社会を長期にわたって混乱させた。のちのモントルイユ、ペリグー、アジャンでの交渉において、戦争中の損失の補償や没収された所領の回復が論点の多くを占めた。また、住民の財産や所領の没収および相続権の剝奪に伴う紛争、アキテーヌ公の権利に対する侵害は、一三一〇～一一年のエドワード二世による調査の時点でも依然として未解決であり、ガスコーニュにおける暴力と自力救済の傾向が強まっていた。国政レベルの影響としては、英仏双方への重い財政負担が挙げられる。イングランドは戦後数十年たっても借金を完済できず、フランスでは借金返済のために、貨幣改鋳、ユダヤ人やランゴバルド人の財産没収、テンプル騎士団の弾圧と財産没収といった政策がとられた[27]。

一二九四〜九七年の戦局が示すのは、ガスコーニュに限定された戦いでは、どちらも手詰まりに陥ることであり、以後は北フランスや低地地方へ舞台が移ることになる。多額の支出に比べて、英仏双方にとって新たに獲得した政治的経済的利得はほとんどないため、この戦争に対する歴史家の評価は一般的に低いが、補給のために海上輸送が不可欠という教訓が得られたことも合わせるならば、この戦争は軍事的には百年戦争初期の戦略へガイドラインを提供したと指摘できる。一方で、戦争中のガスコーニュ人のプランタジネット家への忠誠が強固であることも判明した。これはフランス王権のガスコーニュ支配が脆弱だったのと対照的である[28]。この戦争はプランタジネット家の統治にとっての試金石となったのである。

❧　❧　❧

一二五九年と一三〇三年の二つのパリ条約に挟まれた時期に、英仏関係は大きく変化した。

一二五九年のパリ条約が構築したカペー家とプランタジネット家の協調体制は、両者の封建関係という問題を抱えつつも、両王家間の血縁的なつながりに支えられていた。その一方で、地域的な小競り合いが大規模な戦闘に発展し、ひとたび戦端が開かれると短期間での収拾は困難で、最終的には教皇の調停という不確実な手段に頼らざるをえないことも露見した。戦争後のガスコーニュ社会の混乱は、住民の上訴を通じて、両王家の対立を先鋭化させていくことになる。

ガスコーニュ戦争の休戦交渉中の一二九八年にプランタジネット家から提示された主張は、カペー家の攻勢に対処するためであるとは言え、一二五九年のパリ条約によって創り出された体制を放棄したものである。自領ガスコーニュにおけるプランタジネット家の宗主権の独立というこの主張は、エドワード三世によって再び使用される先例となったばかりではなく、フランス王国内のほかの諸侯にも引き継がれることになる。

［註］

(1) M. Gavrilovitch, *Étude sur le traité de Paris entre Louis IX, roi de France et Henri III, roi d'Angleterre*, pp. 53-66; M. Powicke, *The Thirteenth Century, 1216-1307*, pp. 126-128；城戸毅『マグナ・カルタの世紀』、九四～九五頁、青山吉信編『世界歴史大系　イギリス史1』、二六一頁。イングランド王＝アキテーヌ公の所領である南西フランス地方を指す名称として、アキテーヌ、ギュイエンヌおよびガスコーニュの語が慣用的に用いられてきた。これらの語は必ずしも厳密な区分ができない場合もあり、事実、しばしば混同されてきた。アキテーヌは聖俗の行政区分であり、ボルドーとオーシュの二大司教管区を合わせた領域にほぼ対応する。アキテーヌのフランス俗語形であるギュイエンヌは、一三世紀にはポワトゥを除くアキテーヌ北西部を指した。ガスコーニュはアキテーヌ南西部にほぼ対応し、アリエージュ河とガロンヌ河とジロンド湾をほぼ結ぶ線上以南地域を指す。本章ではガスコーニュを政治的単位として用い、ギュイエンヌとの厳密な区別はしていない。以上の点は、城戸毅『百年戦争』、二六頁参照。

(2) 条約の問題については、城戸『百年戦争』、二三～二八頁が的確に整理している。Gavrilovitch, *Étude sur le traité de Paris*, pp. 68-71; R. Studd, "The '*Privilegiati*' and the Treaty of Paris, 1259", pp. 175-189; P. Chaplais, *Essays in Medieval Diplomacy and Administration*, I pp. 244-247.

(3) Chaplais, *Essays in Medieval Diplomacy and Administration*, III pp. 5-17; M. Prestwich, *Plantagenet England: 1225 - 1360*, pp. 296-297.

(4) M. G. A. Vale, *The Angevin Legacy and the Hundred Years War, 1250-1340*, pp. 49, 53, 58-59.

(5) 註(1)(2)のガブリロヴィッチやシャプレの研究に加えて、下記を参照。Ph.Wolf, Un problème d'origines: la Guerre de Cent Ans", t. 2, pp. 141-148; G. P. Cuttino, "Historical revision: the causes of the Hundred Years War", pp. 463-477; J. Le Patourel, "The origins of the Hundred Years War", XI pp. 29-50.

(6) Chaplais, *Essays in Medieval Diplomacy and Administration*, I pp. 236-244; ガスコーニュにおけるシモンの活動に関しては、朝治啓三「シモン・ド・モンフォールのガスコーニュ統治」、八三〇～八六一頁。

(7) Chaplais, *Essays in Medieval Diplomacy and Administration*, I pp. 248-251.

(8) この反乱の経緯については、朝治啓三『シモン・ド・モンフォールの乱』、七～二七頁。

(9) Chaplais, *Essays in Medieval Diplomacy and Administration*, III p. 18; J.-P. Trabut-Cussac, *L'administration anglaise en Gascogne sous Henry III et Edouard Ier de 1254 à 1307*, pp. 41-51; M. Prestwich, *Edward I*, p. 90.

(10) Chaplais, *Essays in Medieval Diplomacy and Administration*, III p. 19; Prestwich, *Plantagenet England*, p. 298.

(11) Gavrilovitch, *Étude sur le traité de Paris*, pp. 71-74; Ch.-V. Langlois, *Le règne de Philippe III le Hardi*, pp. 95, 164 , 411; Chaplais, *Essays in*

*Medieval Diplomacy and Administration*, III pp. 20-21.

(12) Vale, *The Angevin Legacy*, pp. 83-112.

(13) Vale, *The Angevin Legacy*, pp. 140-160; バスティードに関しては、伊藤毅編『バスティード』、一七〜三八頁を参照。

(14) Gavrilovitch, *Étude sur le traité de Paris*, pp. 74-75; Chaplais, *Essays in Medieval Diplomacy and Administration*, III p. 25.

(15) Trabut-Cussac, *L'administration anglaise en Gascogne*, pp. 94, 154-162; Vale, *The Angevin Legacy*, pp. 73-75.

(16) Chaplais, *Essays in Medieval Diplomacy and Administration*, VI pp. 385-388, VIII pp. 66-67.

(17) Powicke, *The Thirteenth Century*, p. 644-647; Chaplais, *Essays in Medieval Diplomacy and Administration*, III p. 27, IX pp. 271-279; Prestwich, *Edward I*, p. 377.

(18) Ch. Bémont, éd., *Rôles gascons (1290-1307)*, t. III, p. CXXX.

(19) Vale, *The Angevin Legacy*, pp. 188, 196-200. レジストに関しては、樺山紘一『パリとアヴィニョン』、一七〜一六八頁。

(20) Bémont, *Rôles gascons*, t. III, pp. CXXIV-CXLXXII; Chaplais, *Essays in Medieval Diplomacy and Administration*, III pp. 27-28; Prestwich, *Edward I*, pp. 381-400; Vale, *The Angevin Legacy*, p. 204.

(21) J. R. Strayer, *The Reign of Philip the Fair*, p. 328; Chaplais, *Essays in Medieval Diplomacy and Administration*, III p. 28; Prestwich, *Edward I*, p. 389; Prestwich, *Plantagenet England*, pp. 300-301.

(22) H. Rothwell, "Edward I's Case against Philip the Fair over Gascony", pp. 572-582; Prestwich, *Edward I*, p. 395; Vale, *The Angevin Legacy*, pp. 215-216.

(23) J. G. Black, "Edward I and Gascony in 1300", pp. 518-520; Chaplais, *Essays in Medieval Diplomacy and Administration*, III pp. 35-37.

(24) Strayer, *The Reign of Philip the Fair*, pp. 275, 321; Chaplais, *Essays in Medieval Diplomacy and Administration*, III p. 37; Prestwich, *Plantagenet England*, p. 302.

(25) Vale, *The Angevin Legacy*, pp. 216-217

(26) Chaplais, *Essays in Medieval Diplomacy and Administration*, III, p. 10, n. 19.

(27) Trabut-Cussac, *L'administration anglaise en Gascogne*, pp. 111-113; J. R. Strayer, "The costs and profits of war: the Anglo-French conflict of 1294-1303", pp. 269-291; E. B. Fryde, "The financial policies of the royal governments and popular resistance to them in France and England, c.1270-c.1420", I pp. 831-840.

(28) Vale, *The Angevin Legacy*, pp. 175-176, 200-201; Vale, "The Gascon nobility and the Anglo-French war, 1294-98", pp. 145-146; Vale, "The Gascon nobility and crises of loyalty, 1294-1337", pp. 207-216.

# 第五章　ガスコーニュ戦争終結から百年戦争開戦へ［一三〇三～一三三七年］

前章でみたガスコーニュ戦争はカペー家とプランタジネット家の関係の転機といえる。一三〇三年のパリ条約で当面の和平が成立しても、相互の信頼はもはや容易に回復しないことは明白であった。英仏間の緊張は持続し、サン・サルドス戦争、ヴァロワ家のフランス王位継承を経て、ついには一三三七年の百年戦争開戦に至る。本章ではその間の複雑な経緯を辿る。

## 第一節　サン・サルドス戦争までの英仏関係

### †つかの間の平和

ガスコーニュ戦争の賠償と被害への補償の問題を扱った一三〇六年のモントルイユと一三一一年のペリグーにおける長期の交渉は進展せず、フランス軍の占領によるガスコーニュの混乱は未解決のまま残された。一三一三年夏にパリとポワシーで開催された両王家の外交官や法曹家の会合も、カペー家側がプランタジネット家側を対等の交渉相手とはみなさず、一方的にその非を裁こうとする態度をとったため、失敗に終わった。[1]一三一三年の交渉が失敗すると、いよいよ武力でしか行き詰まりを打開できないことが鮮明となった。

しかしながら、両者のあいだに直ちに武力衝突が起こることはなく、一三二四年六月までつかの間の緊張緩和が享受されたのである。これにはいくつか理由が考えられよう。まず、ガスコーニュ出身のボルドー大司教ベルトラン・ド・ゴが、フランス王フィリップ四世の支持を得て、一三〇五年に教皇に選出されたことである。このクレメンス五世（在位一三〇五〜一四年）や次代のヨハンネス二二世（在位一三一六〜三四年）らアヴィニョン教皇が、両王家の調停役を務めることとなる。[2] また、一三〇三年のパリ条約に従って、一三〇八年一月に新王エドワード二世がブーローニュへ赴き、フィリップ四世の娘イザベルと結婚し、岳父フィリップ四世に臣従礼《オマージュ》を行ったことで、両家の対立の一因がひとまず解消していた。

## †英仏の政治的混乱

英仏間の直接的な戦闘が回避された最大の要因は、双方ともこの時期に新たな軍事行動を起こせる状況になかったことにある。[3] カペー家は、一三一四年にフィリップ四世が死去したのち、ルイ一〇世（在位一三一四〜一六年）、ジャン一世（在位一三一六年）、フィリップ五世（在位一三一六〜二二年）と比較的短期間に国王が次々と交代し、王位継承の問題も含め、政治的に不安定であった。また、対フランドル戦争の遂行と、それに伴う戦費の徴収に抵抗する諸勢力に対処しなければならなかった。一三一四〜一五年の抵抗はとくに大規模であった。ブルゴーニュの貴族、教会勢力、コミューンらによって封建同盟が結成され、シャンパーニュ、フォレ、ヴェルマンドワ、ボーヴェ、ポンテュ、アルトワなど各地に拡大した。[4] カペー家にはこの当時、アキテーヌに武力介入し、フランドルとの二正面作戦をとる余裕はなかったといえる。

一方、プランタジネット家はエドワード一世期以来、対スコットランド戦争の遂行に苦慮していたことに加え、エドワード二世の寵臣政治で国政が混乱していた。エドワード二世は、父エドワード一世の家中騎士の息子ピアズ・ガヴェストンに、コーンウォル伯領を与え、自身の渡仏中には摂政に任じるなどしたため、以後、ガヴェストンら宮廷派とランカスター伯トマスを筆頭とする諸侯が対立した。[5] 一三一一年の改革勅令の布告、翌年のガヴェストンの処刑のように諸侯との妥協を余儀なくされたエドワード二世であったが、一三二〇年頃から宮廷派のヒュー・ル・ディスペンサー父子を重用し、再び諸侯との対立をくり返した。[6] この間、対スコットランド情勢は悪化の一途を辿った。

## †関係悪化の兆し

イングランドやスコットランドの情勢を理由にそれまでフランス王への臣従礼を拒否してきたエドワード二世が、一三二〇年夏にアミアンでフィリップ五世に対する臣従礼を行い、英仏が歩み寄ったかに思われた。[7]

しかし、一三二二年にシャルル四世（在位一三二二～八年）がフランス王位に就くと、フィリップ五世の顧問は罷免され、新たな顧問が任命された。その筆頭は、ガスコーニュ戦争時の主戦派の急先鋒であった叔父のヴァロワ伯シャルルである。その一方で、一三二四年六月に、ペンブルック伯エイマー・ド・ヴァランスが死去した。イングランド王国の有力諸侯であるエイマーは大陸にも所領を持ち、英仏の宮廷を行き来し、両王家の仲介役を務めていた。彼の死により英仏関係における交渉の回路の一つが失われ、徐々に攻勢を強めつつあるカペー家に対して、プランタジネット家のとりうる外交上の選択肢は著しく狭まることになる。[8]

エドワード二世はシャルル四世に対しても、イングランドやスコットランドの情勢を口実に、アキテーヌとポンテュの領有に関する臣従礼をくり返し延期した。フランス王とその顧問たちが、このエドワード二世の態度を臣従礼の拒否と解釈し、誠実義務違反を理由にプランタジネット家の大陸所領を没収することが懸念された。[9]

一方、フランス王は上級領主として、アキテーヌ公（＝イングランド王）の家臣からの上訴を聞く権利を主張していた。エドワード一世統治下に比べ、エドワード二世統治下では上訴に対するフランス王権の介入の度合いが強まっていた。たとえば、一三二四年にはガスコーニュからの三七件の上訴がパリの高等法院の議事録に記録されている。アキテーヌ公領の役人は、ガスコーニュ人に上訴を撤回させようと根回しを行う傍ら、上訴人への脅迫や投獄、最終的には上訴人もしくはその代理人の殺害に至るまでさまざまな妨害を行った[10]。それにもかかわらず、フランス王へ上訴した当事者は同王の裁判権の管轄に入り、その身柄を保護されえたので、ジュルダン・ド・リルのように、アキテーヌ公による処罰から巧みに逃れようとする領主も出てきたのである[11]。

このようにプランタジネット家の大陸所領保有に由来するカペー家との封建関係は依然として問題を孕み続け、フランス王シャルル四世統治期には臣従礼と上訴をめぐる両者の対立が次第に先鋭化しはじめたのである。

## 第二節　サン・サルドス戦争とガスコーニュ問題

一三二三年一〇月、ガスコーニュ東部アジュネのサン・サルドスにおけるバスティード建設をめぐって地元領主とフランス側の役人のあいだに紛争が発生し、翌年春には英仏間の武力衝突に発展した。この衝突までの経緯において、前述の臣従礼延期問題に加えて、修道院の帰属、新集落の建設に対する地元都市と地元領主の反発、プランタジネット家側の事後処理の不手際が複合的に作用し、状況を悪化させることになった[12]。

### †サン・サルドス戦争の背景

アジュネはヘンリ二世治世にはプランタジネット家領の一部であったが、リチャード一世の妹ジョアンがトゥールーズ伯レモン六世と結婚する際に嫁資《かし》として設定され、トゥールーズ伯家に渡る。一二二九年のパリ条約においてトゥールーズ伯とカペー家とのあいだで婚姻関係が結ばれると、ルイ九世の弟アルフォンス・ド・ポワティエが領有したが、その後、一二七九年のアミアン条約でエドワード一世に再度譲渡されたため、地元領主の臣従関係や利害が錯綜した地域となっていた。

サン・サルドスはサルラのベネディクト会系修道院の分院領であるが、サルラ大修道院自体はペリグー司教区内に位置していた。一二五九年のパリ条約の規定に従えば、リモージュ、カオール、ペリグーの三司教区内では、修道院とその付属施設は特権保持団体であり、その帰属は各修道院長と修道士の意志に委ねられていた。[13] サルラ大修道院長は同院と分院がフランス王に直属していると主張し、一三一七年にサン・サルドスのバスティード建設の際に、フランス王フィリップ五世と領主権を分有するという内容のパレアージュ（共同領主契約）を結んだ。長年にわたるアキテーヌ公の役人による同分院領への権利侵害に対抗する措置であった。

この計画は既存の都市や領主との摩擦を引き起こした。前述のように、サン・サルドスはエドワード二世の直轄地であるアジュネに位置するが、修道院分院の門外にバスティードが建設されると、フランス王国の飛び地が形成されることになる。さらに、近郊の司教座都市アジャンの都市共同体は、新たに建設される定期市を備えた集落が自らと競合することを懸念し、エドワード二世に請願し対処を求めている。近隣のモンペザ領主レモン・ベルナールも、解放特権を求める自領民がバスティードへ流出し、人頭税収入が減少するという恐れを抱いたであろう。[14]

## †サン・サルドス戦争の発端

一三一八年からの断続的な調査を経て一三二二年一二月にパリの高等法院で最終裁決が下され、エドワード二世とモンペザ領主の抗議にもかかわらず、バスティードの建設計画が承認された。フランス王のペリゴール・セネシャルは、翌年一〇月一六日に建設式を予定した。ところが、式の前夜、武装した一団がサン・サルドスを襲撃し、分院の建物を焼き討ちし、建設用地に立てられていた柱にフランス側の役人を吊すという事件が勃発した。新建設に強行に反対していたモンペザ領主にまず嫌疑がかけられた。彼は三日前にアジャンで、アキテーヌ公の新ガスコーニュ・セネシャルであるラルフ・バセットに服従の誓いをしていた。さらに、巡回中のラルフ・バセットも一六日にサン・サルドス近郊に滞在していたため、モンペザ領主との共謀が疑われた。[15]

一三二三年一二月、ペリゴール・セネシャルの法廷に召喚されたラルフ・バセットが病気を理由に欠席すると、シャルル四世は自ら介入することを決心し、一三二四年一月にトゥールーズへ赴いた。同月二三日、モンペザ領主とラルフ・バセットは、トゥールーズ法廷のフランス王の面前への出廷を求められた。しかし、両者とも約束の日に出廷せず、さらに翌二月九日の召喚にも応じなかったため、王国追放の判決を受けた。翌三月にトゥールーズとペリゴールの各セネシャルがモンペザ城没収のための軍を召集したが、プランタジネット家軍は同城の明け渡しを拒否した。

ラングドックと南西フランスの親カペー家貴族がシャルル四世の周囲に集結しつつあったが、戦闘は開始されず、なおも外交的手段による解決が模索された。アヴィニョン教皇が英仏の仲介に尽力したほか、エドワード二世は弟のケント伯とダブリン司教を交渉役としてフランスに派遣した。しかし、彼らがモンペザ城の明け渡しに一旦は合意したあとで意見を翻し、さらにエドワード二世のシャルル四世に対する臣従礼の履行の再延期を要求したため、交渉は決裂した。一三二四年六月、シャルル四世はアキテーヌ公の誠実義務違反と反乱を理由に公領の没収を命じた。こうして、プランタジネット家側の対応の拙さから両者は和解の機会を逸し、バスティードの建設をめぐるローカルな小競り合いは、英仏両軍の武力衝突へと発展したのである[16]。

**†サン・サルドス戦争の展開と終結**

ヴァロワ伯シャルル率いるフランス軍に対し、アジャンは早期に降伏し、戦場の中心は王弟ケント伯が守備するラ・レオルに移った。五週間の包囲戦の末の九月二二日に同市が降伏し、ほかには実質的な戦闘がないままフランス軍はアジュネ全域とサントンジュの大部分を占領することに成功した。

しかしながら、フランス軍はアキテーヌ公領全土を占領することはできなかった。中心都市ボルドーとバイヨンヌが抵抗したことに加え、ガスコーニュ貴族の大部分はガスコーニュ戦争時と同様にプランタジネット家を支持したからである。ただし、アルブレ家のアマニュー七世は例外であった。もともと彼は、ガスコーニュ戦争時にはエドワード一世の最も忠実な支持者であったが、ピアズ・ガヴェストンの兄弟との紛争でフランス王に上訴

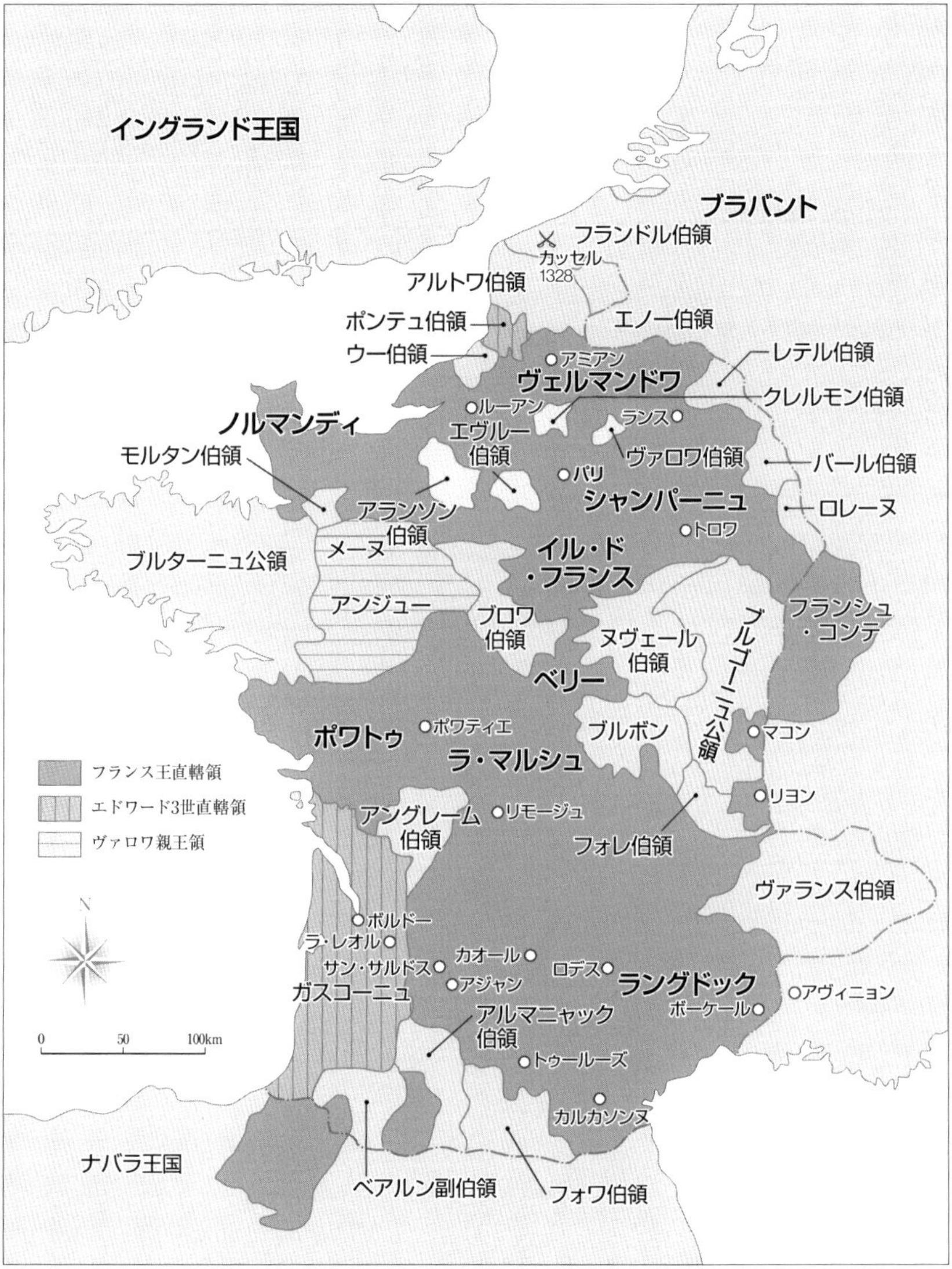
イングランド王国
ブラバント
フランドル伯領
カッセル
1328
アルトワ伯領
エノー伯領
ポンテュ伯領
ウー伯領
アミアン
レテル伯領
ヴェルマンドワ
ルーアン
クレルモン伯領
ノルマンディ
ランス
エヴルー
伯領
ヴァロワ伯領
モルタン伯領
パリ
バール伯領
シャンパーニュ
アランソン
伯領
ロレーヌ
トロワ
メーヌ
イル・ド
・フランス
ブルターニュ公領
アンジュー
ブロワ
伯領
ヌヴェール
伯領
ブルゴーニュ公領
フランシュ
・コンテ
ベリー
ポワトゥ
ポワティエ
ブルボン
マコン
ラ・マルシュ
リヨン
アングレーム
伯領
リモージュ
フォレ伯領
フランス王直轄領
エドワード3世直轄領
ヴァロワ親王領
ヴァランス伯領
N
ボルドー
ラ・レオル
カオール
サン・サルドス
ロデス
ラングドック
アヴィニョン
アジャン
ガスコーニュ
ボーケール
アルマニャック
伯領
0
50
100km
トゥールーズ
カルカソンヌ
ナバラ王国
ベアルン副伯領
フォワ伯領
地図5-1 1328年のフランス

しており、また、自らの私戦へのガスコーニュ・セネシャルの介入を不服としていた。こうしたエドワード二世の統治への不満から、アマニュー七世はサン・サルドス戦争ではフォワ・ベアルン副伯やアルマニャック伯ら親カペー家派諸侯とともにプランタジネット家に敵対したのである。[17]

一三二五年三月、エドワード二世妃イザベルは使者としてパリへ赴いた。彼女はフランス王シャルル四世の姉であったため、当時の王妃としては例外的に重要な役割を担った。同年五月から六月にかけて和平が成立し、エドワード二世がフランス王シャルル四世に臣従礼を行うことなどを条件に、ガスコーニュを戦前の状態に戻すことが合意された。エドワード二世は渡仏の準備を進めながらも、直前になって病気を理由にイングランド王太子でチェスター伯エドワード（のちのエドワード三世）を代理に立てた。王妃イザベルは、王太子エドワードをアキテーヌ公とポンテュ伯に叙したのちに臣従礼を行わせるという形式をシャルル四世に認めさせた。英仏関係に関するプランタジネット家内の主導権は、エドワード二世からイザベルに移っていた。九月一二日、イザベルと王太子エドワードは渡仏し、二四日にヴァンセンヌにおいてエドワードはアキテーヌ公領とポンテュ伯領に関してシャルル四世に臣従礼を行った。一一月一〇日にガスコーニュの一部がプランタジネット家へ返還されたが、ヴァロワ伯シャルルの占領したアジュネやその他の地域は返還の対象外となった。[18]

## 第三節　百年戦争開戦の背景

### †エドワード二世の廃位とエドワード三世の即位

イングランド王妃イザベルの渡仏はイングランドの国政にも重大な影響をもたらした。彼女は、国政を壟断《ろうだん》するディスペンサー父子の体制が崩れるまでイングランドへ帰還することを拒否し、フランスに亡命中のロジャー・モーティマーと結び、イングランドへの侵攻を企てた。フランス王はこの計画への支持をためらったが、エノー伯は自身の娘フィリッパと王太子エドワードとの結婚を条件に援助を申し出た。

一三二六年に王妃とモーティマーはフランドル傭兵軍を伴って、ハリッジに上陸してロンドンに迫った。反国王派諸侯が同調し、ロンドン市がエドワード二世とその寵臣を見放したこともあり、翌年一月の議会においてエドワード二世の廃位が決定された[19]。

翌月一日、未成年であった王太子エドワードがエドワード三世（在位一三二七〜七七年）として即位するものの、事実上の統治権は母イザベルとモーティマーに握られたままであった。この状況はエドワードが両者を国政の場から追放し、親政を開始する一三三〇年まで続くことになる。

## †フィリップ六世の即位

一三二八年二月一日、最後のカペー家直系のフランス王シャルル四世が死去し、摂政であった従兄弟のヴァロワ伯フィリップがフィリップ六世として即位した。この際にフランス王位が二世代遡ってフィリップ三世の三男でヴァロワ伯シャルルの息子フィリップへ渡ったことは、フィリップ四世の娘イザベルの息子であるイングランド王エドワード三世（シャルル四世の甥）によるフランス王位請求を引き起こし、百年戦争の直接の原因になったとして重要視されてきた[20]。

一三二八年の王位継承の意味を理解するためには、ルイ一〇世の死の時点まで遡って考える必要がある。一三一六年六月五日にルイが死去したのち、一一月一三日にルイの妃クレマンス・ド・オングリーが出産した男子は、直ちにジャン一世として即位したものの、五日後に夭折する。ルイには最初の妃マルグリット・ド・ブルゴーニュとのあいだに当時七歳の娘ジャンヌがいたが、マルグリットは姦通の咎《とが》で離縁されていた。そこで、ルイの年長の弟で摂政であったポワティエ伯フィリップが、ジャンヌ支持派を抑え、一三一七年一月九日にフィリップ五世として戴冠した。

フランス王位継承権からの女性の排除を考えるうえで、このフィリップの即位は大きな意味をもつ。初代ユーグ以来、カペー王家は継続して男子相続人に恵まれたため、女性の王位継承が問題になった前例はなく、明白に禁止されることもなかった。フィリップ五世は、一三一七年二月二日に王国集会で女性が王位を継承できないことを決定し、ジャンヌを王位から排除することを正当化した。[21]

その後のフランス王位の継承では、もはや女性が継承者として考慮されることはなくなる。一三二二年一月二日にフィリップ五世が死亡し、五人の娘を残したが、弟がシャルル四世として跡を継ぐことに異論は出なかった。前述の通り、そのシャルル四世も娘マリーと身重の妃ジャンヌ・デヴルーを残して死去し、二ヵ月後の四月一日にジャンヌが産んだのが女子のブランシュであったため、摂政のヴァロワ伯フィリップは翌二日に王国集会を召集し、そこでフィリップ自身がフランス国王となることが承認されたのである。

## †エドワード三世治世当初のフランス王位継承問題

フランスにおいて、フィリップの王位継承に大きな障害はなかった。ただし、一三一七年に女性が王位継承から排除されても、その女性の息子の王位請求権が否定されたわけではなかった。よく知られている通り、サリカ法が前述の女性の息子の権利をも妨げうるという概念は、一四世紀半ばにヴァロワ家による王位の保持を遡及的に正当化する根拠として発案されたものであり、一三二八年の時点でのフランスの王位継承が明確にサリカ法を意識していたという証拠はない。[22] エドワード三世が祖母マルグリット（フィリップ三世の娘）あるいは母イザベルといった女系の血統を理由にフランス王位を請求する可能性は十分にありえたのである。

しかし、四月二日の王国集会ではフィリップの即位に異議は申し立てられなかった。ようやく五月一六日になって、プランタジネット家側の使者であるウスター司教とコベントリ司教がパリに到着したが、もはや王位継承について議論する余地は残されていなかった。このようなプランタジネット家側の動きの鈍さは、カペー家を相手としていた時期とは異なり、プランタジネット家がヴァロワ家との直接の血縁的なつながりを持たず、また両家を仲介する人物を欠き、フランス宮廷において情報を得にくくなっていたことを物語る。

五月の使者の派遣以降、摂政イザベルらがエドワード三世によるフランス王位の請求に固執することはなかった。イングランド諸侯には王位請求を支持する熱意が乏しかったことに加え、次項以降で述べるように、この時期のスコットランドと低地地方の状況が、プランタジネット家にヴァロワ家とのこれ以上の敵対を回避する方針をとらせたからである。[23]

## †スコットランド問題

スコットランド王アレグザンダー三世の二番目の妃はフランス出身であり、一二九四年のガスコーニュ戦争にあたりフランスはスコットランド王との同盟を模索し、一二九五年一〇月、パリで正式の条約が締結された。エドワード一世がフランスへ遠征した場合、スコットランド軍がイングランドへ侵攻するという攻守同盟が成立したのである。たとえ実際に軍隊を派遣しなくても、スコットランドにとってフランスの支持はイングランドに対する抑止力として重要であった。エドワード一世は一二九八年のフォールカークの戦いでウィリアム・ウォレス率いるスコットランド軍を破ったが、スコットランド国内の抵抗は続いた。一三〇三年の英仏間の和平でスコットランドへのフランスの支援が撤回されてようやく、エドワードはスコットランドを一時的に服従させることに成功した。しかし、一三〇六年にキャリック伯ロバートの息子ロバート・ブルース（一世）がスコットランド王を宣言した。エドワードはブルースを討つべく王太子エドワードとともに大軍を率いてスコットランドへと再度北上する途上、一三〇七年七月七日にブラフ・バイ・サンズで病没する。

図5-1 バノックバーンの戦い

一三〇七年の遠征は断念され、王位を継承したエドワード二世がスコットランド問題に着手するのは一三一〇年のことである。はかばかしい進展がないまま、一三一四年にはエドワード自ら侵攻するが、六月にバノックバーンの戦いで、ロバート・ブルース率いるスコットランド軍に大敗を喫した。その後もエドワードは一三一九年から一三二三年にかけて再びスコットランド遠征を行った。一三二二年四〜五月の遠征では、ガスコーニュ領主達も二〇〇人の弩兵と二〇〇人の歩兵としてイングランド軍に参加したが、成果は上がらず、一三二三年に休戦条約が結ばれた。

休戦は長くは続かなかった。一三二六年四月のコルベイユ条約でスコットランドとフランスの攻守同盟が再成立した。一三二七年には、エドワード三世即位直後のイングランドの政治的混乱に乗じてスコットランド側が侵攻し、一三二八年にエディンバラ・ノーサンプトン条約が締結された。同条約によってロバート・ブルースが正式なスコットランド国王として承認され、彼の息子デイヴィッドとエドワード三世の妹ジョアンの結婚、スコットランドのイングランドへの二万ポンドの支払いが定められた[24]。再び和平が成立したものの、スコットランドとフランスの同盟は依然としてイングランドには脅威であった。

## †低地地方問題

第一一章で詳述するように、政治的にはフランドルの大部分はフランス王によって保持されており、ブラバント、エノー、ホラント、ヘルレ、ルクセンブルク、ユリッヒの各伯領は神聖ローマ帝国領であったが、帝国の政治的影響力は少なかった。他方、経済的には、この地域はイングランドからの良質な羊毛の輸入に強く依存した。その結果、フランドル諸都市はイングランドと、貴族層はフランス王権との結びつきを志向する傾向にあった。

カペー家とフランドル諸都市との抗争は、ガスコーニュ戦争と並行して行われていた時期もあったが、一三〇三年七月に両者のあいだに休戦協定が結ばれた。フランス軍は撤退し、投獄されていたフランドル伯ギィ・ド・ダンピエールが釈放された。

一三〇三年の英仏間のパリ条約の結果イングランド王によるフランドルへの援助が停止されたため、フランス王は、フランドルとの休戦期間が終わると、一三〇四年八月にフランドル艦隊を敗北させ、ギィ・ド・ナミュールを捕虜にするなど、コルトレイク（クールトレ）の戦いの雪辱に成功した。その後、フランス軍はモン・ザン・ペヴェルで勝利し、都市リールを降伏させた。さらに、伯ギィ・ド・ダンピエールも死去したため、フランドル伯はギィの息子ロベール・ド・ベテューンの下でフランスとの交渉を余儀なくされた。一三〇五年のアティス・シュル・オルジュ条約では、新伯ロベールがフランス王に臣従礼を行い、フランドル諸都市は賠償金を課されるとともに、フランス王の支配下に置かれ、市壁は破壊されることが定められた。同条約はフランドル諸都市に拒否され、多くの変更の末に一三〇九年にようやく批准されたが、賠償金の徴収は困難を極めた。一三一二年、伯ロベールはフランス王に所領を没収すると脅され、リール、ドゥエ、ベテューンの支配権をフランスに譲渡することに同意した。しかし、一三一四年に再び反乱が起き、フランス軍はフランドルに侵攻したが効果はなかった。さらに、フランドル侵攻の戦費を賄うための軍事援助金の徴収は、フランス国内において激しい抵抗にあった。結局、フランドル問題の解決もフィリップの息子たちに委ねられることとなった。

図5-2　カッセルの戦い

一三一五年にフランドル伯ロベールが新フランス王ルイ一〇世への臣従礼を拒否したため、ルイ一〇世は伯の封建臣従義務違反を口実にフランドルへ侵攻したが、またしても失敗に終わった。フィリップ五世も間歇《かんけつ》的にフランドルに介入し、伯領の継承問題のもつれから、一三一八年にリールの攻撃に着手する。翌年にもフランドル伯が臣従礼を拒否すると、フランドル遠征軍を召集するが、さしたる成果を挙げることはできなかった。そのためフィリップは、一三二〇年に伯ロベールと講和し、フィリップの娘マルグリットとロベールの孫ルイの婚姻、ロベールがフィリップへ臣従礼を行うことを取り決めた。ルイは一三二二年にフランドル伯領を継承し、すぐにブルッヘを中心とする反乱に直面した。フィリップの跡を継いだシャルル四世は、一三二五年にルイの救援に赴き、一三二六年のアルクの和約で収拾を図った。

一三二七年にエドワード三世がイングランド王に即位すると、フランドルの反乱の首謀者であるブルッヘ市長ウィレム・デ・デーケンは、エドワードにフランス王位とフランドルへの上級領主権を主張することを求め、フランス王への抵抗を続けた。しかし、一三二八年八月のカッセルの戦いでフランドル軍はフランス王フィリップ六世に敗北し、以後プランタジネット家はフランドルから支援を受けることが困難になったのである。[25]

## 第四節　百年戦争開戦へ

### †エドワード三世の臣従礼問題

ヴァロワ家の王の即位に異議を唱えない以上、エドワード三世にはアキテーヌ公領とポンテュ伯領領有のためにフィリップ六世に臣従礼を行う義務が生じる。年代記作家フロワサールの記述によれば、エドワードが臣従礼を拒否した場合は、フランス王国集会の決定により、フィリップ六世はアキテーヌ公領を没収することはできないものの、公領収入を差し押さえることは可能であるという。万が一、公領収入が差し押さえられ、相続上納金とサン・サルドス戦争の賠償金を支払うことになれば、エドワード三世が財政的に困難な状況に陥るのは明らかだった。

一方で、いわば「選出された王」であるフィリップ六世の権力基盤は比較的脆弱であり、軍事的圧力でエドワードに臣従礼を強要することで、ほかの諸侯に対して権威を示す必要があった。一三二九年二〜三月に企てられたヴァロワ家によるガスコーニュ侵攻では、トゥール貨四五万五〇〇〇リーヴルを費やし、北フランスとラングドックから五〇〇〇人の騎兵と一万六〇〇〇人の歩兵を動員する計画であった。

結局、一三二九年六月六日にエドワード三世はアミアンでフィリップ六世に臣従礼を行った。さらに、エドワードが前述の相続上納金六〇〇〇ポンドと賠償金五〇〇〇マルクを追加で支払うことが合意された。ガスコーニュへのフランスの侵攻という事態を回避するために、エドワードはフィリップとの封建的関係を甘受したが、サン・サルドス戦争中にフランス軍に没収されたアジュネやその他の地域の返還問題が解決されたわけではなかった。一三三〇年五月八日のボワ・ド・ヴァンセンヌでの交渉で、エドワードは優先的臣従礼を行うか、上述の所領を失うかの選択を迫られることになった。結局、一三三一年三月三〇日の合意でエドワードは、上記のフィリップへの臣従礼は優先的臣従礼であることを認めた。

エドワード三世は、フィリップ六世に対して臣従礼を行ったことで、ヴァロワ家の王位継承を追認し、暗黙の内に彼自身の王位請求を放棄したことになる。こうした一見屈辱的に思われる条件をエドワード三世が受け入れた理由として、臣従礼がアキテーヌ公領への領主権を確保するための外交的方便であったことに加え、モーティマーの失脚に伴う混乱という当時のイングランド国内の状況を考慮する必要があろう。[26]

## †ガスコーニュにおける緊張

エドワード三世が行った臣従礼には、アキテーヌ公領の没収という事態を回避する効果はあったものの、プランタジネット家のガスコーニュ統治に対するヴァロワ家の掣肘《せいちゅう》を妨げるのには不十分であった。

サン・サルドス戦争以来、ヴァロワ家はアジュネを占領下においていたが、その他の地域でもプランタジネット家の裁判権に対するフランス王の役人による侵害や圧力が増大していた。一三三四年七月には、ラ・ソーヴ・マジュール大修道院が、本院とその娘修道院はアキテーヌ公ではなくフランス王権により直接保持されていると主張し、一三三五年八月にフィリップ六世の保護下に入った。この主張自体は、サン・サルドス戦争の原因となったサルラ大修道院のものの焼き直しであるが、ラ・ソーヴ・マジュール大修道院が公領の中心地ボルドーと同じボルドレに位置するだけに、ガスコーニュにおけるプランタジネット家の影響力の低下を如実に物語っている。

一三三四年九月のランゴンにおけるエドワード三世とフィリップ六世双方の代表同士の交渉の中心案件の一つでもあったブランクフォール城の帰属問題は、ヴァロワ家のガスコーニュへの浸透をよく表している。アルマニャック伯が相続していたブランクフォール城は、ボルドーの至近距離に位置し、戦略上の重要拠点である。一三三五年、フィリップ六世は財政危機にあったアルマニャック伯ジャン一世から同城を入手し、翌年、イングランド軍に備えて駐留するという条件でアジュネの領主エムリ・ド・デュルフォールに封として与えた。

さらにフォワ伯ガストン二世は、一三三六年一〇月二三日、トゥール貨三〇〇〇リーヴルと引き換えに、ガスコーニュで戦争が発生した場合、同年一一月二四日から二ヵ月間に限って、一〇〇〇人の騎兵と五〇〇〇人の歩兵を提供し、ガストン自身も家臣とともに、フィリップ六世へ奉仕することを約束した。[27]

この時点ですでに英仏双方ともガスコーニュにおける新たな戦闘を想定していたといえるが、ここでいったんガスコーニュの外に目を転じて、両者の対立の深まりを辿ることにする。

## †スコットランドと低地地方における緊張

一三三〇年代にはスコットランドへのフランスの支援が再び問題となる。エドワード三世はエドワード・ベイリオルをスコットランド王に擁立し、一三三三年にハリドン・ヒルの戦いで反ベイリオル派に勝利したが、デイヴィッド・ブルース二世夫妻はスコットランドから脱出し、一三三四年にフィリップ六世の宮廷で保護された。このように、スコットランドがフランスの支援に頼ることが可能な限り、イングランドの対スコットランド政策は覚束ないことが明白であった。エドワード三世にとって、フィリップ六世によるデイヴィッド・ブルースの支援を阻止することが、フランスとの戦争の主要目的の一つとなっていた。

一方、カッセルの戦いののち、イングランドとフランスは低地地方の諸侯との同盟を画策することとなった。一三三六年末にイングランドは、フランドルで羊毛交易の禁止を盾にエノー、ホラント、ヘルレ、ユリッヒの各伯との同盟を確保することに成功し、これがフィリップ六世の警戒を招いたのである。[28]

## †十字軍計画の頓挫

フィリップ六世は治世当初から十字軍を率いることに関心があり、当初の計画ではイベリア半島を対象としていたが、一三三一年までに目的地は聖地エルサレムに変更された。エドワード三世もこの計画に賛成し、ガスコーニュ問題に関する有利な条件が得られれば、フィリップの遠征に参加することを表明した。エドワードは、かつてのリチャード一世の偉業を想起したであろうが、彼自身は十字軍に従軍する意図はなかったと考えられる。彼にとって十字軍参戦はフィリップから譲歩を引き出す交渉材料に過ぎず、またフィリップが十字軍に精力を傾注すれば、ガスコーニュやスコットランドにおけるフランスの介入が弱まることが期待されたからであろう。

結局、フィリップはこの提案には乗らなかった。アヴィニョン教皇ベネディクトゥス一二世（在位一三三四〜四二年）も十字軍の遂行のためにヨーロッパ内の平和を望んだ。しかし、英仏両王家の抗争を抑止できず、イタリアやドイツにおける問題も解消できないと悟ったベネディクトゥス一二世は、一三三六年に十字軍の延期を宣言した。十字軍計画が放棄されたことで、フィリップはマルセイユに集結させていた艦隊をノルマンディに回航させた。このため、一二九〇年代から次第に明白になってきた海上における英仏の競合がさらなる緊張を孕み、フランス軍によるイングランドへの侵攻が現実味を帯びてきた。[29]

## †ロベール・ダルトワ問題

フィリップ六世の義弟ロベール・ダルトワに対するエドワード三世の支援は、英仏関係を悪化させる重要な要因の一つとなった。ロベールは、叔母マオーの相続したアルトワ伯領がフィリップによって自身へ譲渡されることを期待し、これまでフィリップを支持していた。しかし、その見込みが薄まると、ロベールは文書を偽造し失敗、ついで叔母とその娘の毒殺を計画した。その文書偽造のかどで高等法院への出頭を求められると、ブラバントへ逃亡し、真偽は不明ながら、魔術や呪術などによりフィリップ六世の失墜を画策したと伝えられる。

一三三四年、ロベールはイングランドへ逃亡し、エドワード三世の宮廷で厚遇された。フィリップは一三三六年一二月にガスコーニュ・セネシャルにロベールの引き渡しを要求したが、拒否されている。一三三七年には、ロベールは一二〇〇マルクの年金と三城の管理権を与えられ、フィリップのさらなる怒りを招いた。[30]

## †百年戦争開戦へ

エドワード三世がロベール・ダルトワの引き渡しを拒否し、それに対してフィリップ六世が一三三七年五月二四日に、エドワードの出頭拒否を理由としてアキテーヌ公領とポンテュ伯領の没収を宣言した。もはや両者にとって外交による解決は困難であり、七月にはアジュネで城の接収をめぐる小規模の戦闘が始まった[31]。

さて、上述のプランタジネット家の大陸所領の没収がエドワード三世によるフランス王位の請求を招き、百年戦争開戦の直接の引き金を引いた、と結論づけるのはいささか短絡的である。一三三七年の時点ではフランス王位の継承は必ずしも重要な争点ではなかったからである。

同年八月末にエドワード三世が対フランス戦争遂行の理由を説明する手紙がイングランドで回覧された。そのなかで強調されているのは、フランス王がガスコーニュにおけるエドワードの権利を侵害し、平和交渉を拒絶し、スコットランドを支援したことである。ここで、エドワードはアキテーヌ公としてではなく、イングランド王として、ガスコーニュへの権利を主張している。イングランド王が自由地ガスコーニュに関して、フランス王とは無関係に宗主権を保持しているという、エドワード一世によって用いられた主張であるが、自らのフランス王位への請求とは結びつけられてはいない。

一〇月の議会においてエドワード三世は、このガスコーニュの自由地としての性格とフランス王による一二五九年のパリ条約の不履行を理由に、フランス王との封建関係を解消した。しかし、おそらく家臣の反対を意識したエドワードは、イングランドにおいてはフランス王位への主張を鮮明にしなかった。彼が公式にフランス王を称したのは、一三四〇年、フランドルのヘントにおいてであった[32]。

❦　❦　❦

一三三七年の開戦時の状況は、ガスコーニュ戦争やサン・サルドス戦争の開戦時の状況に類似し、一つの事件を契機に主君であるフランス王が有力封臣であるアキテーヌ公＝イングランド王の大陸所領を没収し、両者の武力衝突に至るというプロセスを辿る。一三三七年の時点でのエドワード三世のガスコーニュに関する主張も祖父エドワード一世のものと同様に、一二五九年のパリ条約に規定された状況の打開をめざすものであった。

しかし、それまで英仏協調の要であった王家間の血縁的なつながりは、エドワード三世のエノー伯の娘との婚姻により弱められ、ヴァロワ家のフランス王位継承によって決定的に断絶した。さらにガスコーニュ、スコットランド、低地地方をめぐる両王家の対立は、住民の利害や帰属意識と複雑に絡み合い、一層解決が困難となった。やがて、エドワード三世は、母の血統に基づくフランス王位の請求を大陸において公にする。これは彼において初めて可能となった主張であり、次章でみるように、以後の戦争の性格を大きく変えていくことになる。

［註］

(1) Chaplais, *Essays in Medieval Diplomacy and Administration*, IX, pp. 269-286.
(2) Vale, *The Angevin Legacy*, pp. 107-112, 121-139.
(3) Vale, *The Angevin Legacy*, pp. 227-228; Prestwich, *Plantagenet England*, p. 302.
(4) E. M. Hallam and J. Everard, *Capetian France, 987-1328*, 2nd ed., pp. 390-393.
(5) J. S. Hamilton, *Piers Gaveston, Earl of Cornwall 1307-1312*; Prestwich, *Plantagenet England*, pp. 178-185.
(6) Prestwich, *Plantagenet England*, pp. 188-190, 194-213.
(7) Chaplais, *Essays in Medieval Diplomacy and Administration*, IV, pp. 144-154.
(8) Vale, *The Angevin Legacy*, pp. 228-229; J. R. S. Phillips, *Aymer de Valence, Earl of Pembroke 1307-1324*; J. Petit, *Charles de Valois*, pp. 206-208.
(9) Vale, *The Angevin Legacy*, pp. 231-232.
(10) J. A. Kicklighter, "French jurisdictional supremacy in Gascony", pp. 127-134.
(11) J. A. Kicklighter, "The nobility of English Gascony", pp. 327-342.
(12) P. Chaplais, ed. *The War of St Sardos (1323-25)*., pp.vii-xiii; 加藤玄「バスティドをめぐる紛争」、五三〜五六頁。
(13) J. A. Kicklighter, "Les monastères de Gascogne et le conflit franco-anglais (1270-1327)", pp. 121-133.
(14) Vale, *The Angevin Legacy*, pp. 232-234.

(15) Vale, *The Angevin Legacy*, pp. 234-235.

(16) Chaplais, *Essays in Medieval Diplomacy and Administration*, ch. IV, p. 155.

(17) Vale, *The Angevin Legacy*, pp. 237-241; Prestwich, *Plantagenet England*, p. 303; J.-B. Marquette, *Les Albret*, pp. 226-252.

(18) Chaplais, *Essays in Medieval Diplomacy and Administration*, ch. IV, pp. 156-157.

(19) Prestwich, *Plantagenet England*, pp. 213-220.

(20) たとえば、定評のある下記の概説書を参照。服部良久・南川高志・山辺規子編著『大学で学ぶ西洋史［古代・中世］』、三〇三頁。城戸によれば、このわが国で人口に膾炙した説を唱えたのはカルメットの以下の著作であるという。J. Calmette, *L'élaboration du monde modern*. 城戸『百年戦争』、四六頁。

(21) Curry, *The Hundred Years War*, pp. 44-45.

(22) J. M. Potter, "The development and significance of the Salic law of the French", pp. 235-253.

(23) Curry, *The Hundred Years War*, pp. 45-48.

(24) Prestwich, *Plantagenet England*, pp. 232-245.

(25) Hallam, *Capetian France*, pp. 361-362, 364-365.

(26) Vale, *The Angevin Legacy*, pp. 249-252. 臣従礼の性格、とくに単純臣従礼と優先的（一身専属〈的〉）臣従礼の区別については、城戸『百年戦争』、三二七〜三二八頁。

(27) Vale, *The Angevin Legacy*, pp. 255-257.

(28) Prestwich, *Plantagenet England*, pp. 304-305.

(29) Prestwich, *Plantagenet England*, p. 306.

(30) Prestwich, *Plantagenet England*, pp. 306-307.

(31) Vale, *The Angevin Legacy*, p. 260.

(32) フロワサールの記述では、エドワードによるフィリップ六世への宣戦布告とフランス王位への請求が一〇月の議会で承認され、翌月にパリに伝えられたとされるが、それを裏付ける公的な記録は存在しない。また、ブラバント公らへ宛てた同時期の手紙のなかで、エドワード三世はフランス王の称号を最初に用いたとされているが、この手紙が実際に届けられたかも定かではない。Curry, *The Hundred Years War*, pp. 53-54; Prestwich, *Plantagenet England*, pp. 307-309.

# 第六章 百年戦争前半 ［一三三七〜一四〇〇年］

一三三七年にはじまる百年戦争は、いくつかの休戦をはさみながら、一四五三年まで計一一六年間続いた。この戦争がこのように長期化した理由の一つは、当時のヨーロッパの国際関係に求められる。百年戦争の根底をなすのは、プランタジネット家とヴァロワ家の対立である。この両王権は、百年戦争遂行のために、ヨーロッパ諸国との同盟を模索した。

もちろん、この百年戦争に関わる「国家」は、現在の意味よりも広く捉える必要がある。また、たんに王が支配する王国だけでなく、ブルターニュなどの自律的な諸侯領も、百年戦争の国際関係を見ていくうえでは、「国家」のうちに数えなければならない。このように関係諸国を数え上げると、約三〇ヵ国にも達する。[1] 百年戦争では、これらの国々を含めた多様な国際関係が英仏間の抗争の解決を複雑化し、戦争を長期化させることとなった。

たとえば、スコットランドをめぐる問題では、フランス王フィリップ六世は、いわゆる「古き同盟」を口実に、一三三四年にフランスに亡命したスコットランド王デイヴィッド二世に対して、公然と軍事援助を約束し、さらにスコットランド問題の解決がなければ、英仏間の和解はなしえないと宣言した。これに対して、イングランド王エドワード三世は、フィリップ六世から大逆罪で有罪判決を下されていたロベール・ダルトワを保護して対抗した。

このスコットランド問題のほかにも、百年戦争前期には、ブルターニュ継承戦争やカスティーリャ継承戦争などをめぐって、英仏両王権は対立した。一般に、これらの問題は、百年戦争の副次的な出来事として扱われることが多い。しかし、百年戦争の経過において、たとえ英仏間で休戦協定が結ばれているあいだでも、これらの問題を通して間接的に英仏両国は交戦状態に置かれ、鋭く対立することとなった。[2] したがって、百年戦争がたんに英仏間の抗争ではなく、実際にはヨーロッパ規模の国際紛争であったことが、この戦争を長引かせる一つの要因となったのである。

## 第一節　百年戦争の開始

### †百年戦争初期の軍事行動

百年戦争の背景には、フランス王位継承問題、プランタジネット家によるガスコーニュ領有とアジュネ帰属問題、そして先に挙げたスコットランド問題などがある（第五章参照）。これらの問題をめぐって、英仏間の対立は次第に激しくなり、一三三七年五月二四日、フィリップ六世は、イングランド王が保有するガスコーニュの没収を宣言した。これを受けて、エドワード三世は、一〇月の議会においてフィリップ六世に対する臣従礼を破棄した。[3]

百年戦争の実際の戦闘は、翌一三三八年から、フランス軍側の攻勢ではじまった。フランス艦隊は、ノルマンディの都市ルーアンに置かれていたクロ・デ・ギャレー海軍工廠を拠点として、ガーンジー島を襲撃し、一三四五年まで全島を占領した。このほかにも、イングランド南岸のポーツマス、サウサンプトン、プリマスなどの諸港市や、ガスコーニュ地方のブライユなどの都市が、フランス海軍によって襲撃された。

この間、エドワード三世は、戦争の準備と外交活動に専念していた。国内では、一三三八年、エドワード三世

地図6-1　百年戦争前半（14世紀）

は、ウォルトン勅令を発して戦時体制を整え、また外交面では、九月、神聖ローマ皇帝ルートヴィヒ四世に対する金銭的援助の見返りに、ライン川左岸における帝国代理職を手に入れた。エドワード三世はフランドルにも外交の手を伸ばし、すでに戦争開始前年の一三三六年八月一二日には、フランドルへのイングランド産羊毛の輸出を禁じていた。そのため毛織物産業によって繁栄していたフランドル諸都市は打撃を受け、フランス王を支持していたフランドル伯ルイ・ド・ヌヴェールと対立した。ガンの指導者ヤーコプ・ファン・アルテフェルデを中心とするこの反乱は、次第に激しくなり、一三三九年二月、フランドル伯はフィリップ六世のもとへ亡命を余儀なくされた。

一三三九年九月、戦争の準備が整うと、イングランド軍は軍事行動を開始した。このフランス北東部への侵攻は、フィリップ六世が決戦を避けたために、目立った成果は上がらなかった。しかし、一二月三日、エドワード三世はフランドル諸都市と同盟を締結することに成功した。翌一三四〇年一月、エドワード三世は、フランドルにおいてフランス王の称号を帯びることを公表した。

これを受けて、フィリップ六世は、約二〇〇艘からなる艦隊をフランドルに向けて出航させた。六月二四日、ブルッへの外港スロイス（エクリューズ）で戦われたこの海戦は、エドワード三世の勝利に終わった。ほとんどのフランス艦隊は、破壊されるか、イングランド軍によって捕獲された。これによってエドワード三世は英仏海峡の制海権を握り、フランス軍によるイングランド上陸計画は、事実上不可能となった。[4]

図6-1　スロイスの海戦

しかし、この勝利は、大局にはあまり影響を与えなかった。スロイスの海戦に続く陸上戦では、イングランド軍は成果を上げることができず、さらにエドワード三世が同盟国に約束していた資金援助の支払いを滞らせたために、同盟国同士の足並みもそろわなくなった。このため英仏両王権は、九月二五日、トゥルネ近郊のエスプレシャンで、一三四二年六月二四日を期限とする休戦を取り決めた。

## †ブルターニュ継承戦争の勃発とアヴィニョン会談

この休戦期間中、フィリップ六世は戦争再開に向けて、さまざまな外交上の措置を講じた。まず一三四一年四月には、皇帝ルートヴィヒ四世と和解して、エドワード三世の帝国代理職を取り消させた。また同年、フランスに亡命していたデイヴィッド二世を支援して、スコットランドへ帰国させることに成功した。

また、この年の四月、ブルターニュ公ジャン三世が嫡出子を残さずに死去したことが、英仏間の対立をさらに助長させることとなった。ジャン三世の死によって、故人の異母弟ジャン・ド・モンフォールと、故人の姪ジャンヌ・ド・パンティエーブルの夫シャルル・ド・ブロワは、ブルターニュ公位をめぐって対立した。このブルターニュ継承戦争では、フィリップ六世が自身の甥にあたるシャルル・ド・ブロワを支援したのに対して、エドワード三世は、ジャン・ド・モンフォールにリッチモンド伯位を約束し、支持を表明した。

エドワード三世のジャン・ド・モンフォール支持の背景には、本国とガスコーニュを結ぶ軍事・商業上の要地にあたるブルターニュ沿岸部をイングランドの影響下に置こうとする目論見があった。[5] そのためブルターニュ継承戦争が開始されると、エドワード三世は、エスプレシャンの休戦が切れた一三四二年の秋に、ブルターニュに自ら上陸し、公領内にイングランド兵を駐屯させた。一三四五年には、ジャン・ド・モンフォールは死去したが、故人の寡婦ジャンヌ・ド・フランドルの努力で、エドワード三世を後見として、息子はジャン四世としてブルターニュ公となり、戦争を継続した。

その間、教皇クレメンス六世は仲介に乗り出し、一三四三年一月一九日、マレトロワで休戦協定を成立させ、さらに一三四四年一〇月、アヴィニョンに関係諸国の代表を招集し、英仏間の和解を模索した。しかしこの教皇による平和への模索は、フランス王位を要求するイングランド側と、あくまで一三二七年の合意に固執するフランス側の意見が対立して、失敗に終わった。

## †クレシーの戦いと黒死病の流行

ノルマンディのサン・ソーヴール・ル・ヴィコントの領主ジョフロワ（ゴドフロワ）・ダルクールは、ジャンヌ・バコンとの結婚をめぐって、フランス元帥ロベール・ベルトランの息子ギョーム・ベルトランと対立した。ジョフロワ・ダルクールは、フランス王の禁令に背いてロベール・ベルトラン側の領地を攻撃したため、フィリップ六世により、大逆罪で有罪判決を下された。そこでジョフロワ・ダルクールは、エドワード三世のもとに亡命し、一三四五年六月一三日、イングランド王に対して臣従を誓った。[6]

エドワード三世は、このジョフロワ・ダルクールの助言に従い、ノルマンディ遠征を企画した。一三四六年七月一二日、エドワード三世は約一万五千の軍隊を伴い、コタンタン半島のサン・ヴァースト・ラ・ウーグに上陸

図6-2　クレシーの戦い

し、東に向かって騎行を開始した。騎行（chevauchée）とは、騎兵が数キロメートルもの幅に並行して散開し、途中の町や村を略奪しながら行軍する戦闘形態である。騎行の目的は戦利品を獲得することにもあったが、何よりも、住民の不安を募らせることでヴァロワ家の権威を失墜させ、不戦戦略を用いるフィリップ六世を決戦に踏み切らせることに主眼が置かれていた。[7]

イングランド軍は、七月二一日にカーンを陥落させ、その後、防衛態勢が敷かれていたルーアンやエヴルーを避けて南下し、ポワシーでセーヌ川を渡った。この間、フィリップ六世は軍隊を召集しながらも積極的に攻勢に出なかったが、イングランド軍が北に向かうとこれを追い、八月二六日、クレシー村付近で両軍は対峙した。

この戦いでは、エドワード三世は、防御に適した小高い丘に布陣し、フランス軍の弩兵と、騎士の突撃に対抗するために、すでにスコットランド戦でその有効性が証明されていた長弓兵と下馬した騎士による連携戦術を用いた。フランス軍の弩兵は、戦闘開始早々にイングランド軍の長弓兵の一斉射撃に混乱し、その後のフランス軍の騎士による攻撃も、突撃に不利な地形と長弓兵の側面攻撃のために壊乱した。フランス軍の損害は大きく、フィリップ六世は負傷しながらも、辛くも戦場を脱出したが、王弟アランソン公シャルル、フランドル伯ルイ・ド・ヌヴェール、またフィリップ六世の息子ジャンの義父ボヘミア王ヨハンなどが戦場で没した。

九月四日には、エドワード三世はカレー攻囲に着手した。しかし、カレーの守りは固く、この攻囲はその後一一ヵ月間続いた。この間、フィリップ六世は、スコットランドに戻っていたデイヴィッド二世に要請して、イングランド北部に侵攻させた。ところが、一三四六年一〇月一七日、ダラム近郊のネヴィルズ・クロスでスコットランド軍は敗北し、デイヴィッド二世はイングランド軍の捕虜となった。またブルターニュ戦線でも、翌一三四七年六月二〇日、シャルル・ド・ブロワは、ラ・ロッシュ・デリアンでイングランド軍の捕虜となり、ロンドン塔に送られた。

五月七日、フィリップ六世は皇帝カール四世と同盟を結び、七月にカレーの救援に向かった。しかし、フランス軍はイングランド軍と戦うことなく、一週間で撤退したため、八月四日、カレーはエドワード三世に降伏することとなった。フィリップ六世は相次いで劣勢に立たされたため、九月二八日、教皇特使の仲介により、一三五一年までの休戦協定を結んだ。

この後、英仏間抗争はしばらく小康状態を保った。なぜならこの間、黒死病がヨーロッパ全土で猛威をふるったため、英仏両王権とも、大規模な軍事行動を起こす余裕がなかったからである。ヨーロッパの人口の三分の一を奪ったとされるこの疫病は、一三四八年の夏にかけてフランス全土で猖獗《しょうけつ》をきわめ、翌一三四九年にはイングランドとウェールズを襲い、一三五〇年にはスコットランドにまで達した。このため、一三五一年九月三〇日、再び休戦協定が締結された。

したがって、この間、ブルターニュ継承戦争に絡むいくつかの戦闘を除いて、英仏間の直接対決は、しばらく回避された。しかしこの間にも、フランドルで新たな動きが見られた。一三四九年、新フランドル伯ルイ・ド・マルが、フランドル諸都市を降伏させることに成功したのである。このため、エドワード三世は、フランス進出のための重要な橋頭堡の一つを失うこととなった。

図6-3　カレー攻囲戦

## 第二節　プランタジネット家の優勢

### †ナバラ王カルロス二世

フィリップ六世は、一三五〇年八月二二日に死去した。次にフランス王に即位したのは、故王の長子ジャン二世である。新王ジャン二世は、九月二六日、ランスで聖別式を挙げた。エドワード三世はこれを阻止するために、フランス遠征を企画したが、カスティーリャ艦隊の妨害によって、フランスへの上陸を果たせなかった。[8]

一三五三年には、ブルターニュ継承戦争に絡んだ北フランスの戦闘で、エドワード三世はカレー近郊のギーヌを獲得し、翌一三五四年にかけて、この地で英仏の交渉を再開した。イングランド側は、フランス王位の要求を取り下げる代わりに、アキテーヌ、アンジュー、メーヌ、トゥーレーヌとその付属地をエドワード三世に譲渡し、また、これらの地域における主権を放棄するようフランス側に求めた。当初、フランス側はこの案に賛成の意を表明していたが、一三五四年四月六日、アヴィニョンでこの協定の最終的な仕上げが行われる段になって、突如この譲歩を取り消した。[9]

この頃、ナバラ王カルロス二世（シャルル二世）の動向が、英仏間で注目を集めることとなった。カルロス二世は、エヴルー伯フィリップとナバラ女王フアナ（ジャンヌ）のあいだに一三三二年に誕生した。フアナはフランス王ルイ一〇世の娘であるため、カルロス二世は女系を通したカペー直系にあたり、エドワード三世と同様、フランス王位請求資格者であり、フィリップ六世の後見のもと、フランス宮廷で育てられた。カルロス二世は母からナバラ王国に加えて、シャンパーニュ伯領の相続権も得ていたが、同伯領はフィリップ六世の管理下に置かれ、代わりにアングレーム伯領が与えられる予定になっていた。

しかしヴァロワ家のジャン二世が即位すると、一三五〇年一二月二三日、アングレーム伯領はジャン二世の寵臣であるフランス王軍総司令官（connétable）シャルル・ド・ラ・セルダ（シャルル・デスパーニュ）に与えられた。ジャン二世は、カルロス二世の不満をなだめるために、王女ジャンヌを嫁がせた。しかし、約束された嫁資が与えられなかったために、事態はさらに悪化することとなった。

ジャン二世との関係悪化は、カルロス二世をシャルル・デスパーニュ暗殺へと向かわせた。一三五四年一月八日、シャルル・デスパーニュは、カルロス二世の弟フィリップを首領とするノルマンディ貴族の一団によって、全身に約八〇もの傷を負い殺害された。カルロス二世は、ジャン二世の追及に抗するために、パリ大学やフランス各地の都市に向けて自身の正当性を説き、さらにイングランドの保護を得る目的で、エドワード三世に対して二月一〇日と一八日付けで書簡を送った。またこれと同時に、ランカスター公ヘンリと代理人を通してブルッヘで交渉を行った。

カルロス二世とエドワード三世の提携を恐れたジャン二世は、一三五四年二月二二日、カルロス二世とマント条約を締結した。この条約によって、カルロス二世は、シャルル・デスパーニュ暗殺の件を不問に付され、ノルマンディのボーモン・ル・ロジェ伯領やコタンタン半島などを獲得した。これら新規獲得の領土に、父親から相続したエヴルー伯領などを加えれば、カルロス二世はノルマンディ地方の約半分を手に入れたことになる。

しかし、マント条約で約束された領土の割譲が履行されなかったため、カルロス二世はアヴィニョンに亡命した。この地でカルロス二世は再びランカスター公と交渉し、同盟を締結することに成功した。一三五五年六月二四日、英仏間の休戦が切れると、八月、イングランド・ナバラ連合軍は、シェルブールに集結した。また、エドワード三世の長子エドワード黒太子は、一三五五年九月二〇日、ボルドーに上陸し、ラングドックに向けて騎行を行った。一〇月から一一月にかけて行われたエドワード三世によるアルトワでの軍事行動が、不調に終わったのに対して、一二月まで行われた黒太子の騎行は、多くの戦利品を獲得してボルドーに帰還することに成功した。

## †ポワティエの戦い

ジャン二世は、イングランド・ナバラ同盟を切り崩すため、同年九月一〇日、ヴァローニュでカルロス二世と再び条約を結び、二四日、パリのルーヴル城で正式に和解することとなった。ところが、ジャン二世と和解したものの、カルロス二世の立場は、依然として不安定であった。そこでカルロス二世は、ジャン二世の長子である王太子シャルルとの提携を模索した。一一月、二人はアミアンで会談し、ジャン二世の許可を得ずに、王太子が母方の叔父である皇帝カール四世のもとを訪れるという計画が立案された。しかし、この会談の内容は、国王侍従（chambellan du roi）ロベール・ド・ロリスによってジャン二世に密告され、いったんカルロス二世と王太子の提携は断念された。

ジャン二世は、一二月八日、王太子をノルマンディ公に叙した。しかし、カルロス二世と王太子は再び接近を試みた。一三五六年四月五日、王太子は、カルロス二世と彼に与《くみ》するノルマンディ貴族をルーアンに引見した。しかし、この計画も、再びロベール・ド・ロリスによってジャン二世に密告された。ジャン二世は引見の場に直接乗り込み、カルロス二世を逮捕してアルル城に監禁した。

図6-4　ポワティエの戦い

ジャン二世のこの行動は、ノルマンディ貴族の反感を招いた。四月一七日、カルロス二世の弟フィリップが反乱をおこし、また、クレシーの戦い後、ヴァロワ家への帰参を許されていたジョフロワ・ダルクールも、七月一八日、再びエドワード三世に臣従した。エドワード三世は、反乱を支援するために、六月一八日、ランカスター公指揮下の二五〇〇の軍隊をサン・ヴァースト・ラ・ウーグに上陸させた。しかし、ランカスター公は、七月七日、ヴェルヌイユでジャン二世率いるフランス軍と対峙するものの、戦いを避けて上陸地点に帰還した。

このため、ランカスター公と呼応するために、ボルドーを出発して北に向かっていた黒太子は、フランス中央部で孤立する状況に陥った。ジャン二世は、ボルドーに帰還しようとする黒太子軍を追跡し、九月中旬、ポワティエ近郊のモーペルトゥイ高原で黒太子軍に追いついた。二日間、教皇特使が和解を模索したが、結局、交渉は決裂し、九月一九日、両軍は会戦に踏み切ることとなった。

このポワティエの戦いでは、数の上では、黒太子軍はフランス軍に劣っていた。しかし、クレシーの戦い同様、黒太子は長弓兵と下馬した騎士による連携戦術を採用し、大勝利を収めた。王太子は何とか撤退に成功したが、ジャン二世は捕虜となり、ロンドン塔に護送された。

## †フランス国内の混乱

逃げ延びた王太子は、戦いを継続した。一三五六年一一月、王太子はコタンタン半島に軍を進め、ジョフロワ・ダルクールを戦死させた。しかし、ジョフロワ・ダルクールの領地サン・ソーヴール・ル・ヴィコントは、イングランド軍によって占領され、以後二〇年以上、イングランドの支配下に置かれた[10]。一三五七年三月二三日、教皇庁の仲介によって、英仏両王権は、一三五九年六月二三日を期限とする休戦協定をボルドーで結んだ。

王太子は、一三五六年一〇月から、パリでラングドイル三部会を開催し、はじめは国王代理、一三五八年三月一四日からは摂政を名乗った。さらに王太子は、一三五六年一二月、カール四世に対して、一三四九年に受封が決まっていたドーフィネ伯領に関して、正式に臣従礼をなすことで、皇帝の支持を確保した。

しかし、三部会はナバラ王に与するラン司教ロベール・ル・コックと、パリ商人頭（prévôt des marchands）エティエンヌ・マルセルによって牛耳られることとなった。さらに一三五七年一一月九日、カルロス二世は支持者によって解放され、一一月二九日パリに入市し、パリと手を結んで王太子に圧力を加えた。

このため一三五八年三月一七日、王太子はパリ脱出を敢行した。五月四日、王太子はコンピエーニュで新たに三部会を開催し、パリに抗して各地の支持を取り付けることに成功した。パリはボーヴェで発生したジャクリーの農民反乱と同盟を結ぶが、結局、事態は好転せず、勢力を挽回した王太子によって包囲された。エティエンヌ・マルセルは、カルロス二世を通してイングランド軍をパリに迎え入れようとしたが、七月三一日、反対派により暗殺された。八月二日、王太子はパリへの帰還を果たした。

### †ブレティニ・カレー条約の締結

この間、一三五八年五月一八日には、第一ロンドン条約の草案が、英仏間でまとまった。この草案では、フランス側は、ポワトゥなどを含むアキテーヌと、北フランスのポンティユ、カレー、ギーヌをエドワード三世の主権のもとに譲渡し、ジャン二世の身代金として四〇〇万金エキュを支払うことが取り決められた。王太子はこの案を了承したが、国内問題に忙殺されたために、第一回目の身代金支払いを期日までに履行することができなかった。このためエドワード三世は、王太子の代表団が不在のまま、一三五九年三月二四日、ジャン二世と第二ロンドン条約を締結した。第二ロンドン条約では、第一ロンドン条約の内容に加えて、ノルマンディ、アンジュー、メーヌ、トゥーレーヌとソンム川からカレーに至る沿岸地帯の割譲が約され、さらにブルターニュ公領の宗主権がイングランド王に委譲されることが取り決められた[11]。

これに対して、六月二四日、王太子は三部会を招集して、第二ロンドン条約の無効を宣言した。戦争再開が避けられないと判断した王太子は、八月二一日、カルロス二世とポントワーズ条約を締結した。この条約では、六〇万金エキュの支払いの代償として、カルロス二世はノルマンディに保有する城塞を王太子側に引き渡すことが取り決められた。実際には、この内容は履行されなかったが、この条約によって、王太子はエドワード三世とカルロス二世の同盟を破綻させることに成功した[12]。

一三五九年一〇月、エドワード三世はカレーに上陸した。しかし、王太子は不戦戦略をとり、主要都市の防備を固めて戦闘を避けた。そのためエドワード三世の遠征はなすところなく失敗した。一三六〇年五月八日、英仏の代表は、シャルトル近郊のブレティニで一八カ月の休戦に合意するとともに、第二ロンドン条約に代わる講和条約を取りまとめた。この条約では、ジャン二世の身代金は三〇〇万金エキュに減額され、その第一回分の六〇万金エキュが支払われ次第、ジャン二世は解放されることが取り決められた。領土の割譲も第一ロンドン条約の草案に戻り、さらにエドワード三世のフランス王位請求権の放棄が約された。

一〇月二四日、これらの内容は、カレーで確認された。しかし、カレーで批准された条約では、割譲した領土におけるジャン二世の主権放棄と、エドワード三世のフランス王位請求権の放棄は、条約のほかの部分から切り離され、それらは領土の移譲が完了した暁に効力をもつことが取り決められた。[13] そのため、一三六一年一一月、ジャン二世の使者は、エドワード三世の権利放棄書を受け取りにカレーを訪れたが、イングランド側は領土の移譲が完了していないことを理由に、権利放棄の確認を行わなかった。またこのため、ジャン二世による主権の放棄も、棚上げされることになった。

ジャン二世は一三六〇年に解放されたが、身代金支払い完了まで、六人のヴァロワ家王族がイングランドで捕虜生活を強いられることとなった。一三六二年一一月二一日、懸案の領土割譲が約されたため、その六人の抑留場所は、カレーに変更された。しかし、一三六三年九月、その六人のうちの一人であるジャン二世の二男アンジュー公ルイが、カレーを脱走するという事件を起こした。ジャン二世は責任をとり、一三六四年一月三日、自ら捕虜となるため再びイングランドに向かい、四月八日、捕囚のままロンドンで死去した。

## 第三節　ヴァロワ家の反撃

### †一三六〇年代の国際問題

一三六一年一一月二一日、ブルゴーニュ公フィリップ・ド・ルーヴルは、嫡子を残さずに死去した。故人の大伯母の孫にあたるカルロス二世は、ブルゴーニュ公領の相続権を主張したが、ジャン二世は、同公領を一度王領地に編入したあと、一三六三年、四男フィリップをブルゴーニュ公に叙した。そのため、ジャン二世はその治世

図6-5　オーレの戦い

の末期、再びカルロス二世と軍事衝突を起こすこととなった。

ジャン二世がロンドンで客死した後、新王シャルル五世の最初の課題となったのは、カルロス二世との対決であった。一三六四年四月一七日、シャルル五世はグーレー城で、対ナバラ戦のフランス軍指揮官で、ブルターニュの小貴族出身のベルトラン・デュ・ゲクランと会談した。シャルル五世はデュ・ゲクランに国王侍従の地位を授け、引き続きナバラ軍との戦いを委ねた。デュ・ゲクランはルーアンに向かい、そこでイングランド・ナバラ連合軍が、ガスコーニュ貴族ジャン・ド・グライーに率いられて、エヴルーに到着したことを知った。五月一五日から一六日にかけて、デュ・ゲクランはセーヌ川の支流ウール川に架かるコシュレル橋を渡り、その左岸に広く軍を展開させた。対するジャン・ド・グライーも、ウール川左岸のアルデンクールの丘に陣取った。両軍はしばらくにらみ合いを続けたが、デュ・ゲクランは突如軍を反転させ、撤退を開始した。ジャン・ド・グライーはこれを罠であると判断し、全軍に追撃を禁止したが、ジョン・ジュエル率いるイングランド軍が命令に背いて追撃を開始した。これを見たデュ・ゲクランは、再び軍を反転させ、イングランド軍に襲いかかり、さらに後方に残していた騎兵からなる予備隊を迂回させて、丘に残るナバラ軍を壊滅させた。[14]

五月一八日、治世のはじめを勝利で飾ったシャルル五世は、ランスで聖別式を挙行した。翌一三六五年三月、シャルル五世とカルロス二世は、ヴァロワ家側に有利な条件の下、アヴィニョンで講和を締結することとなった。

しかし、一三六四年九月二九日のオーレの戦いでは、フランス王側は手痛い敗北を受けた。このブルターニュ継承戦争の最終決戦において、シャルル・ド・ブロワは戦死し、デュ・ゲクランもイングランド軍の捕虜となった。しかし、一三六五年四月一〇日、シャルル五世はゲラント条約を結び、ジャン・ド・モンフォールをブルターニュ公と認める代わりに、その臣従礼を受け、ブルターニュ公領を自身の版図に加えることに成功した。

英仏両王権の駆け引きは、フランドルでも再燃した。エドワード三世は、フランドル伯ルイ・ド・マルの女子相続人マルグリットと、四男エドモンドを結婚させて、低地地方に対する支配権を手に入れようとした。しかし、一三六四年一〇月一九日、ドーヴァー条約が締結されて、両者の結婚が約されると、シャルル五世は教皇ウルバヌス五世に働きかけて、近親婚を理由にこれを無効とさせた。さらにシャルル五世は、王弟ブルゴーニュ公フィリップとマルグリットとの結婚を画策し、一三六八年、ルイ・ド・マルの同意を得ることに成功した。

この頃イベリア半島では、カスティーリャ王ペドロ一世とその異母兄エンリケ・デ・トラスタマラが、カスティーリャ王位をめぐって争っていた。エンリケから援助を求められたシャルル五世は、捕囚から解放されたデュ・ゲクランにカスティーリャ遠征を命じた。この遠征は、一三六六年の一月から三月にかけて行われ、首都ブルゴスを陥落させて、エンリケを王座に就けることに成功した。

しかし、ペドロ一世はアキテーヌに逃れ、アキテーヌ公に叙されていた黒太子に援助を求めた。九月二三日、リブルヌ条約が結ばれ、ペドロ一世、黒太子、そしてカルロス二世の間で同盟が成立した。ナバラ王国を通過してイベリア半島に進軍した黒太子軍は、一三六七年四月三日、ナヘラの戦いでエンリケ軍を破り、ペドロ一世を復位させた。しかしペドロ一世は、約束していた軍資金を黒太子側に支払わず、さらに黒太子がこの地で疫病に罹患したため、黒太子軍はアキテーヌへの撤退を余儀なくされた。黒太子軍の撤退後、エンリケは再び勢力を挽回し、一〇月八日、ブルゴスを奪還した。そして一三六九年五月一四日、エンリケは、モンティエルでペドロ一世を自ら殺害し、カスティーリャ継承戦争を終結させた。

### †黒太子によるアキテーヌ支配の動揺

カスティーリャ遠征後、黒太子は財政難に陥った。黒太子はアキテーヌで課税の実施を試み、一三六八年一月、アングレームで三部会を開催し、むこう五年間の戸別税を承認させた。しかし、アルマニャック伯ジャンは、自身の所領での徴税を認めず、課税の不当性をエドワード三世に訴えた。さらにアルマニャック伯は、エドワード三世が命じた調査を待たずに、四月、パリ高等法院に上訴した。

すでに述べたように、ブレティニ・カレー条約で割譲された領土に対するヴァロワ家の主権放棄は、行われていなかった。シャルル五世はボローニャ、トゥールーズ、モンペリエ、オルレアンの各大学の法学者に意見を求め、上訴受理が正当であるとの見解を得ると、六月三〇日、アルマニャック伯の上訴を受理した。その後、黒太子に対して、一一月一六日付で、翌一三六九年五月二日にパリ高等法院への出頭が命じられた。また、五月までには、アルマニャック伯の上訴を契機として、黒太子の課税に対する上訴がパリに九〇〇件近くも寄せられた。当日、黒太子が現れなかったため、パリ高等法院は黒太子の不従順を非難した。このように英仏関係が膠着したため、エドワード三世は、一三六九年六月三日、再びフランス王位請求権を主張した。これに対して、一一月三〇日、シャルル五世はアキテーヌの没収を宣言した。

### †戦争の再開

しかし実際には、すでに戦争は再開されていた。一三六九年初頭、王弟アンジュー公ルイはイングランド領へ侵攻を開始し、この年度中にルエルグ、ケルシー、ペリゴールを手に入れ、北フランスでも、ポンテュがフランス軍に占領された。翌一三七〇年には、リムーザンとアジュネがヴァロワ家に帰順した。他方で、九月一九日、王弟ベリー公ジャンの占領下にあった都市リモージュが、黒太子によって奪われ、住民が虐殺された。しかし一〇月二日、イベリア半島から帰還したデュ・ゲクランが、フランス王軍総司令官に任じられ、一二月四日、ロバート・ノールズ率いる騎行部隊の一部をポンヴァランの戦いで破った。

一三七一年三月には、シャルル五世は、カルロス二世とヴェルノン条約を結んで講和を締結した。また翌一三七二年六月二三日から二四日にかけて、フランスの同盟軍であるカスティーリャ艦隊が、ラ・ロシェル沖でイングランド艦隊を破り、フランス軍は年末までにポワトゥ、サントンジュ、アングレームを回復した。他方で、七月一九日、ブルターニュ公は、エドワード三世と同盟を結び、翌一三七三年三月、イングランド軍を迎え入れた。

しかし、デュ・ゲクランは夏までにブレストとオーレなどを除く全ブルターニュを征服した。一三七四年八月二一日、デュ・ゲクランとアンジュー公は、ラ・レオルを奪還し、翌一三七五年七月五日、フランス軍は、故ジョフロワ・ダルクールの旧領サン・ソーヴール・ル・ヴィコントを占領した。

これらシャルル五世による一連の再征服過程では、大規模な決戦は行われなかった。一三七三年に行われたランカスター公ジョン・オブ・ゴーントによる騎行は、シャルル五世の徹底した不戦戦略によって、大した成果は上がらなかった。シャルル五世は、クレシーやポワティエのような決戦を避け、機動力に富んだ小規模の部隊を駆使して、イングランド王の戦略拠点を順次攻略していく戦略をとったのである[16]。

サン・ソーヴール・ル・ヴィコント陥落数日前の六月二七日、ブルッヘで二年間の休戦協定が結ばれた。この年から一三七七年まで、シャルル五世とエドワード三世は、複数回にわたって、講和条約締結を模索した。講和交渉では、ランカスター公によるフランス王に服する新諸侯領創設や、アキテーヌ分割が提案されたが、どれも実現することはなかった。

こうしたなか、一三七六年六月八日、黒太子は病死した。一年後の一三七七年六月二一日、エドワード三世も、一〇歳の孫リチャード二世を残して亡くなった。

## †ヴァロワ家による征服の限界

一三七八年、カスティーリャと争っていたナバラ王カルロス二世は、軍事支援を手に入れるために、イングランド王に対して、担保として三年間シェルブールを譲渡し、さらにシャルル五世を捕らえてイングランド王側に引き渡すという密約を結んだ。三月、これを知ったシャルル五世は、カルロス二世が保有するノルマンディの封の没収を宣言し、デュ・ゲクランに命じて、その領土を次々と征服させた。八月から一〇月にかけて、デュ・ゲクランはサン・マロに上陸したランカスター公に対応するため、いったんノルマンディの戦線を離れたが、一一月、最後に残ったシェルブール攻略に着手した。しかし、ここではイングランド軍の頑強な抵抗にあい、攻略に失敗した。

一二月一八日、シャルル五世は、イングランドに亡命していたジャン・ド・モンフォールに対して、ブルターニュ公領の没収を宣言し、同公領の王領地編入を決定した。しかし、この決定はブルターニュ人の反感を招き、翌一三七九年八月三日、ジャン・ド・モンフォールのブルターニュ帰還を許してしまった。またこれより前の七月四日、シェルブールを出発したイングランド軍は、フランス軍と会戦し、勝利を収めていた。これによってシャルル五世は、コタンタン半島からのフランス軍撤退を決意した。[17]

一三八〇年七月、バッキンガム伯トマスは、カレーからブルターニュに向けて騎行を開始した。この騎行が開始される数日前の七月一三日、デュ・ゲクランは、遠征先のシャトーヌフ・ド・ランドン攻略中に病死した。それから約二カ月後の九月一六日、シャルル五世もボテ・シュル・マルヌ城で死去し、一一歳の息子シャルル六世が跡を継いだ。

その後、フランス側では、一三八二年一月から、アンジュー公ルイがナポリ遠征を開始した。また同年には、フィリップ・ファン・アルテフェルデの反乱に端を発するフランドル遠征も行われた。イングランド側でも、翌一三八三年、ノリッジ司教ヘンリ・ディスペンサー主導によるフランドル遠征が行われ、一三八六年五月には、ランカスター公によるイベリア遠征が行われた。しかしこれら一連の遠征は、百年戦争の大局にはあまり影響を与えなかった。

### †休戦

シャルル六世は、一三八一年四月四日、第二ゲラント条約によってジャン・ド・モンフォールと和解した。一三八一年五月、レウリンゲンで行われた英仏間の交渉では、講和への合意は得られなかったが、休戦協定が成立した。この休戦は、一三八二年と一三八四年に更新された。

一三八五年、休戦が切れると、シャルル六世はスコットランド王と呼応して、六月一日、フランス軍をリースに上陸させた。しかし、リチャード二世の遠征でスコットランド軍は敗北し、フランス軍も、一〇月にイングランドから撤退した。翌一三八六年、ブルゴーニュ公指揮下でイングランド上陸作戦が再び計画されたが、結局、中止された。

一三八九年夏、再びレウリンゲンで休戦協定が合意された。その後この休戦は、一三九二年、九三年、九四年に更新された[18]。しかし、一三九四年四月の交渉では、講和による領土割譲によって、英仏間で帰属が変わる現地住民の反対のために、最終的な和平に至ることはできなかった[19]。しかし一三九六年、シャルル六世の娘イザベルが、リチャード二世のもとに嫁ぐ条件で、二八年間の休戦協定が成立した。

このように、英仏両王権は、リチャード二世とシャルル六世の下で、最終的な平和へと進んで行くかにみえた。しかし、講和推進派であったリチャード二世は、一三九九年九月二九日、クーデターにより廃位され、従兄弟のランカスター公ヘンリが、ヘンリ四世として即位した。ヘンリ四世は、当初、フランス側から対仏強硬派とみなされていたが、フランス王に使節を送って休戦協定を確認したため、戦争の再開は回避された。しかし、その後、休戦協定は完全には遵守されず、次第に英仏関係は悪化していくことになるのである。

最後に、百年戦争における交戦圏の地域住民について言及しておきたいと思う。百年戦争前期、イングランド軍の遠征先は、ブルターニュ、ノルマンディ、低地地方周辺が主となり、一部の例外を除いて、フランス中央部や南部にまで交戦圏は広がらなかった。なぜなら、イングランド軍の遠征は、戦争が長期化するにつれて、これら北部地域におけるエドワード三世の支持者や同盟者を支援する目的で、行われるようになったからである。また、一三六九年から七五年のイングランド退潮の要因が、ガスコーニュ貴族の離反にあったことも、留意されるべきである。これらのことは、地域住民の動向が、英仏抗争の重要な動因となったことを示している。さらに、一三九四年四月の英仏間交渉において、現地住民の意向が、最終的な講和締結を困難にさせたことも、英仏間抗争における一つの特徴として捉えられるであろう。

［註］

(1) A. Curry, *The Hundred Years War*, p.123.
(2) C. Allmand, *The Hundred Years War: England and France at war c. 1300 - c. 1450*, p.12-14.
(3) Curry, *The Hundred Years War*, pp.53-54.
(4) Fr. Neveux, *La Normandie pendant la guerre de Cent Ans*, p.30-32.
(5) Allmand, *The Hundred Years War*, p.14.
(6) Neveux, *La Normandie pendant la guerre de Cent Ans*, pp.32-33.
(7) Allmand, *The Hundred Years War*, p.15.
(8) Curry, *The Hundred Years War*, pp.62-63.
(9) Allmand, *The Hundred Years War*, pp.16-17.
(10) Neveux, *La Normandie pendant la guerre de Cent Ans*, pp.44-67.
(11) 城戸毅『百年戦争』、六七〜六九頁。
(12) Neveux, *La Normandie pendant la guerre de Cent Ans*, p.70.
(13) Allmand, *The Hundred Years War*, p.18.
(14) Neveux, *La Normandie pendant la guerre de Cent Ans*, pp.79-83.
(15) Curry, *The Hundred Years War*, pp.69-72.
(16) Allmand, *The Hundred Years War*, p.22.
(17) Neveux, *La Normandie pendant la guerre de Cent Ans*, p. 108.
(18) 城戸『百年戦争』、八一頁。
(19) Allmand, *The Hundred Years War*, pp.25-26.

# 第七章　百年戦争後半　［一四〇〇～一四五三年］

## 第一節　後期百年戦争のはじまり

### †パリ休戦協定期間中の英仏関係

一三九六年、英仏両王は、パリで一四二六年までの休戦協定を締結した。イングランド王リチャード二世は、一三八八年にオッターバンでスコットランド軍により被った損害、さらにはスペイン遠征の失敗などに起因して、フランス王との休戦へと傾斜していった。また、リチャード二世は、その王妃が一三九四年に没していたことから、フランス王との休戦協定の保証として、フランス王シャルル六世の娘イザベルとの婚姻を成立させた。しかし、一三九九年、ランカスター公ジョンの息子ヘンリがリチャード二世を廃位に追い込み、ヘンリ四世として王位についた。[1]

休戦期間中も、英仏の対立は間接的にみられた。一四〇〇年、ウェールズでオウェン・グリンドゥルがイングランド王に対して蜂起すると、一四〇四年七月、フランス王はその反乱に加担するために軍隊を派遣した。また、

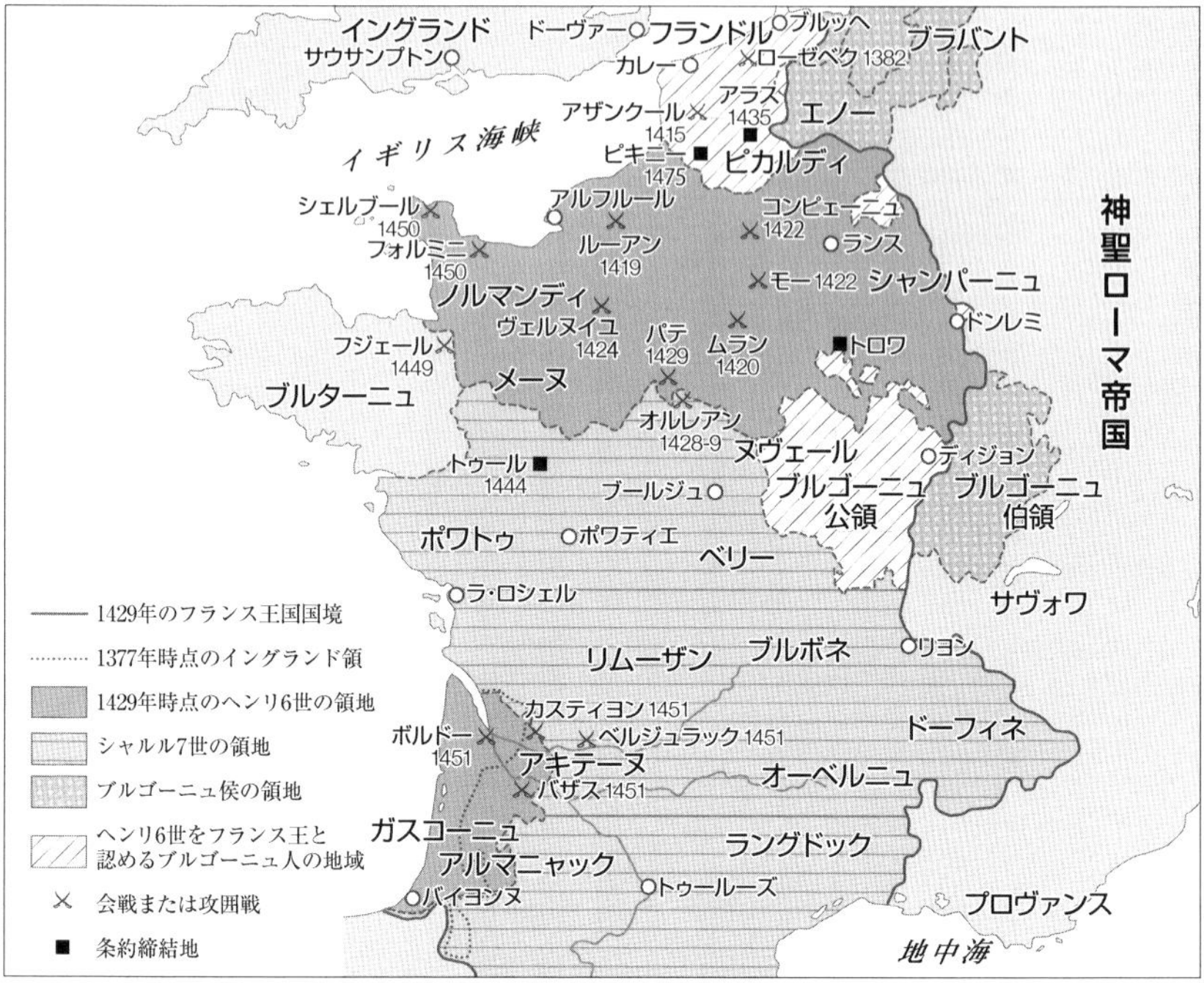


地図7-1　百年戦争後半（15世紀）

フランス王は、ヘンリ四世の治世当初からイングランド北部で騒乱を起こしていたスコットランド軍を支援していた。その一方、イングランド王も、一四〇〇年から一四一〇年にかけて、ノルマンディ沿岸を幾度となく襲撃していた。[2]

英仏間の状況は一四〇四年以降悪化し、戦争再開の雰囲気が漂いはじめた。というのも、ヴァロワ家のフランス王シャルル六世の名の下に、対英戦計画が立てられたからであった。カスティーリャ王国とフランス王国から数隻の船が集められ、艦隊が編成された。さらに、三〇〇〇の重装兵と一〇〇〇の弓兵でそれぞれ構成された二つの部隊も召集された。これらフランス軍の二部隊は、カレーとボルドーのイングランド勢力を駆逐するために、ピカルディー地方とギュイエンヌ地方へとそれぞれ派遣されることが企図された。実際、シャルル六世の弟オルレアン公ルイとブルゴーニュ公フィリップの息子ジャンがそれぞれ両地方へと遠征したが、両部隊ともに失敗に終わった。

この軍事計画の失敗の原因は、王国を二分する諸侯の派閥争いにあるといわれている。フランス王国内では、一四〇七年の王弟オルレアン公暗殺によって、オルレアン派とブルゴーニュ派との争いが激しくなっていった。ブルゴーニュ公はイングランド王ヘンリ四世に軍事的援助を要求し、その見返りとして、イングランド王にフランドルの諸都市の譲渡と、ノルマンディ征服の援助を企てていた。ヘンリ四世は、国内におけるランカスター王家の基盤が不安定であったということや、フランスに対して、つねに日和見主義的な立場をとっていたこともあり、この申し入れには慎重であった。彼は大騎行部隊を派遣することはなく、一四一一年の秋に、パリ地方でブルゴーニュ派とともに軍事活動をする長弓兵部隊を送るにとどめた。[3]

## †ヘンリ五世のノルマンディ遠征

一四一三年三月、ヘンリ四世が死去し、ヘンリ五世は二一歳で即位すると、当時アルマニャック派の手中にあったフランス王国政府に対して、広大な領土の割譲など次々と受け入れがたい条件を突きつけた。[4] 彼の最終的な要求は、ブレティニ条約によってイングランドに割譲された所領、ボーフォールとノジャンの領主権とプロヴァンス伯領の半分、フランス王ジャン二世の身代金未払い分の一六〇万エキュ金貨、そして王女カトリーヌの持参金二〇〇万エキュ金貨であった。一四一五年春、フランス王家がイングランド王のこの要求を拒絶したことによって、英仏の争いが再開した。[5]

一四一五年八月、ヘンリ五世はノルマンディのシェフ・ド・コーに上陸し、セーヌ河口の都市アルフルールを攻囲し、それを六週間で陥落させた。その後、ヘンリはカレーへ向けて進軍し、それを追撃したフランス軍は、一〇月二五日にアザンクールでイングランド軍と対峙することになった。

図7-1 アザンクールの戦い

イングランドは長弓兵と地形を上手く利用して、数に勝るフランスの重装騎馬軍団を撃破した。イングランド軍の犠牲者が少数であったのに対して、フランス軍は多数の犠牲者を出し、多くの貴族が捕虜となった。そのなかでも、詩人としても有名なオルレアン公シャルルは、一五世紀中頃までイングランドで捕虜として過ごし、その才能を発揮した。ヘンリ五世は、逃走するフランス敗残兵を追うことなく、勝利の証に、慣例としてしばらく戦場に残り、その後再びカレーに向けて進軍したのち、ロンドンに戻った。[6]

一四一七年八月、ヘンリ五世が一万の兵を率いてノルマンディに再上陸し、カーン、アランソン、ルーヴィエ、シェルブール、エヴルーを次々と降伏させていった。一四一九年一月中頃には、ノルマンディ公領の首府ルーアンもイングランド軍による攻囲戦の末に降伏し、コー地方と高地ノルマンディ地方全域がイングランド軍により征服された。二月一日、ヴェルノン、マント、ムーラン（Meulan）が、そして七月三一日にはポントワーズがイングランド軍に降伏したことで、パリにはイングランド軍の脅威が直接及ぶことになった。[7]

## 第二節　モントロー殺害事件――トロワ条約

### †モントロー殺害事件

イングランド軍の直接的脅威がパリに迫るなか、フランス内部では、アルマニャックとブルゴーニュ両派閥の権力闘争が続いていた。ブルゴーニュ公ジャンは、一四一八年七月にパリに入り、フランス政府を支配するようになった。一方、それまで政権を担っていたアルマニャック派は、フランス王シャルル六世の息子で摂政でもあった王太子シャルル（のちのシャルル七世）とともに、ベリー地方およびポワトゥ地方へと逃亡し、そこで拠点を築いた。

フランス王国に直接的な脅威を与えるヘンリ五世に、危機感を抱いた両派は手を結ぼうとした。一四一九年九月一〇日、モントローで、王太子シャルルとブルゴーニュ公ジャンとの会談が実現した。しかし、そのモントロー橋の上で、王太子の忠臣によるブルゴーニュ公の殺害事件が起こり、両派の和解は決定的な挫折をみることとなった。[8]

モントローの事件後、ヘンリ五世と、殺されたブルゴーニュ公ジャンの息子でその地位を継いだフィリップは接近、一四一九年一二月二日にアラスで締結された条約では、ブルゴーニュ公フィリップはフランス王位をヘンリ五世に譲渡することを約した。

その一方で、ロワール地方に拠点をおいていた王太子シャルルは、反イングランド＝ブルゴーニュ勢力を結集させた。一四一九年一二月二一日、シャルル王太子軍は、ブルゴーニュ派が支配していたラングドック地方に進軍し、フランス南部のブルボネ、リヨネ、ドフィネ、ラングドックからブルゴーニュ公の影響力を排除した。一四二〇年六月、王太子がポワティエに戻ってきた時、ブルゴーニュ派にはそれほど重要でない地方しか残されていなかった。

### †トロワ条約

南部からブルゴーニュ勢力をほぼ排除した王太子であったが、北部ではイングランド軍の勢力が拡大していた。ボーヴェジ、ラン地方、ピカルディーが同時にイングランド軍の攻撃にさらされ、王太子を擁するアルマニャック派は形勢不利になっていった。一四二〇年五月二一日に、ブルゴーニュ公とイングランド王が、トロワにおいて会合し、トロワ条約が締結された。この条約では、シャルル六世存命中は、ヘンリ五世が摂政となり、シャルル六世死後は、イングランド王とその相続者がフランス王位を継承することが約されていた。また、シャルル六世の娘カトリーヌとヘンリ五世との婚姻によって、ヘンリ五世が、シャルル六世の後継者として、フランス王位を継承することが決められた。[9]

トロワ条約は、イングランド側においては、「最終的和平」といわれ、二つの王冠を同一の王が代々受け継ぐことで英仏戦争に終止符を打つために締結された。[10] この条約は、シャルル六世の証書により、各地で承認されるよう求められた。北フランスの都市民は、平和への欲求から、両王国間の永続的な合意の約束をそこに読みとり、この条約を好意的に受け入れた。しかし、アルマニャック派の都市民と党派抗争に無関係なその他の地方の都市民は、服従を拒絶した。親ブルゴーニュ派の都市ランスでは、一四二三年六月、カルメル修道会長（supérieur des Carmes）ギョーム・プリユーズは、公然と「決してイングランド人はフランス王ではないし、すぐにそうならないだろう。また王太子がその地位に就くことを支持するであろうおよそ五〇〇人がこの都市には存在する」と宣言したために訴追された。また、ディジョン市民やその他多くのブルゴーニュ公の支持者たちがこの条約への宣誓要求を拒絶したため、ブルゴーニュ公は、あらためてその条約に宣誓するよう厳命しなければならなかった。[11]

トロワ条約のことは、ヨーロッパ各地の君主たちにも証書で知らされた。イングランド王と、神聖ローマ皇帝や選帝侯たちが親密な関係にあったドイツでは、その条約は難なく受け入れられた。皇帝ジギスムントは一四二〇年七月三一日の証書で賛同の意を示している。ライン宮中伯も同様に賛同し、ムラン（Melun）の攻囲戦に五〇〇の兵を率いてイングランド軍の隊列に加わり、王太子に対する反抗的姿勢を示した。ブルゴーニュ公を支持するサヴォワ公も、あらかじめトロワ条約に賛同の意を示していた。しかし、教皇マルティヌス五世は、王太子シャルルの外交努力もあり、その条約の承認に関しては拒絶した。スペインにおいては、アラゴン王とナバラ王からは好意的に受け取られることが期待されたが、王太子に忠実な同盟者カスティーリャ王は、英仏両王、そしてブルゴーニュ公からの申し入れを拒絶し、イングランドとの休戦協定の締結を望まなかった。その他大勢の諸侯たちは、ロレーヌ公同様、態度を保留するか、オレンジ公のように、反対の意向を明らかにした。[12] このように、トロワ条約は、国際的にもすべての諸勢力に受け入れられたわけではなかったのである。

一四二二年八月三一日、ヘンリ五世がヴァンセンヌで死去し、まだ一歳にも満たないヘンリ六世がイングランド王に即位した。一〇月にはシャルル六世も没し、トロワ条約の条項により、ヘンリ六世がフランス王位も継承することになった。その一方、王太子シャルルもフランス王即位を宣言したが（シャルル七世）、「ブールジュの王」

と揶揄される存在にすぎなかった。

## 第三節　オルレアンの解放――ランスの戴冠

### †オルレアンの攻囲戦

シャルル七世側の劣勢は依然として変わらなかった。一四二三年七月三一日、クラヴァンの戦いで、フランス＝スコットランド連合軍は、イングランド＝ブルゴーニュ連合軍に敗れた。さらに、翌年八月一七日にはヴェルヌイユの戦いでも、ベドフォード公率いるイングランド軍は、この時ジェノヴァの弩兵によって補強されていたシャルル七世軍を大破させた。シャルル七世軍のこれらの敗戦により、イングランド軍にとっては、フランス中部へと進軍するための道が開かれた。また、戦場がフランス北部から南方へと移り、イングランドにとって、ノルマンディ地方の安全を確保することができたのである。その反面、ロワール地方に居を定めていたシャルル七世側にとって、一三四〇年代～一三五〇年代と同じ苦難の時代が訪れることとなった。

イングランド軍はフランス中部へと南下し、一四二七年までに、メーヌとアンジュー両地方の大部分を占領、さらに南進し、ロワール川流域に達した。

一四二八年秋、ソールズベリ伯トマスの指揮するイングランド軍がシャルル七世に帰順していたオルレアンを攻囲した。一一月にソール

図7-2　オルレアンの攻囲戦

ズベリ伯が戦死したが、イングランド軍はオルレアンに固執し、その攻囲を解くことはなかった。一四二九年に入っても、オルレアンの都市守備部隊はその攻撃に耐え、抵抗していた。その時、ロレーヌから来た羊飼いの少女ジャンヌ・ダルクがシャルル七世を説得し、フランス軍を率いてオルレアンに入った。五月八日、ジャンヌの軍がイングランド軍の攻囲を解くことに成功したため、形勢は一時的に逆転した。クリスティーヌ・ド・ピザンは、「太陽はもう一度輝きはじめた」と記している。[13]

### †ランスの戴冠への道

オルレアン解放の翌月、シャルル七世軍はジャルジョ、ボージャンシーを攻め落とし、パテでイングランド軍に勝利した。その後、シャルル七世政府では、ランスでの聖別を、ジャンヌを中心に検討しはじめたが、ランスに至る道は、イングランド軍とブルゴーニュ派が占領する都市や城砦が多く点在する困難な道であった。しかし、ジャンヌの進言により、ジアンで開かれた国王顧問会およびシャルル七世自身も、ランスへの進軍を決定した。[14]

一四二九年六月二九日、シャルル七世軍はジアンを出発した。ランスへの途上、強固な都市の一つがトロワであった。トロワには強力な守備部隊が駐屯しており、トロワ市民はヘンリ六世に忠誠を誓ったばかりであった。シャルル七世とジャンヌ・ダルクは、恭順を勧告する書状を送付したが、トロワ市民は沈黙をもって抵抗した。四日が経過し、フランス軍の食料が尽きる頃、国王顧問会は全会一致で撤退を決議したが、国王も顧問会もジャンヌに説得され、トロワに留まることとなった。ジャンヌがすぐに襲撃の準備に取り掛かると、脅威を感じたトロワ市民は交渉に応じることを決定した。翌朝、シャルル七世はトロワに入り、トロワ市民による忠誠の宣誓を受諾した。[15]

ランスへの道が開けたシャルル七世軍は、今度はランスの門を開かせる必要があった。ランスは、トロワやシャロンとともに、一四一八年以降、親ブルゴーニュ派の都市となっていた。七月一一日、トロワ市民は、ランス市民に、シャルル七世に門を開くよう促す書状を書き送った。また、七月四日と一一日には、シャルル七世からランス市民に対して恭順を促す書状が二度送付された。ランスの親仏派による王への献身的な活動もあり、当初沈黙を守ってきたランス市民は、七月一六日、トロワと同様の降伏条項により、最終的にシャルル七世軍に降伏した。降伏条項では、過去のことは忘れ、恩赦が与えられること、都市に守備部隊を配置しないこと、塩税（ガベル）を除いて国王の間接税すべてを廃止することがランス市民に約束された。[16]

ランスが降伏したその日にシャルル七世はランスに入り、翌日、大群衆の熱狂のなか戴冠式が執り行われた。王が塗油され、王冠がその頭に戴かれると、歓声が響きわたった。歴代フランス国王に倣ったランスでの戴冠は、シャルル七世を正統なフランス国王と誇示するうえで重要な出来事であった。他方、イングランド勢力にとって、その出来事は脅威となりえた。一四三一年一二月一六日、ヘンリ六世はパリに入り、ノートル・ダムで、イングランド人の司教によってフランス王として戴冠されたが、この戴冠式にはブルゴーニュ公自身は参列しておらず、パリ市民は不満を抱いていた。ランスで戴冠されなかったというこの事実は、同時代の人たちに看過されることはなかった。[17]

## 第四節　アラスの和約と国際関係の推移

### †英仏両王家とスコットランド王家

ランスでの戴冠以前、苦境に立たされていたシャルル七世政府は、盟約関係にあったカスティーリャ王が、アラゴンとナバラの両王と争っていたために、カスティーリャ王に依存できなかった。そこで、シャルル七世は、スコットランド王国との古い同盟関係の更新を考慮しはじめた。

フランス王とスコットランド王のあいだには、文書で交わされた条約ではない、軍事的な盟約関係があり、フランス軍のなかにスコットランド人兵士が多く存在していた。なかでも、一四二三年七月三一日のクラヴァンの戦いで負傷し、翌年のヴェルヌイユで戦死したバハン伯ジョン・ステュアートは、フランス王軍最高司令官にまで登りつめた。彼は、スコットランド王ロバート二世の孫で、一三一四年、バノックバーンでイングランド軍に勝利したロバート・ブルースの末裔でもあった。[18]

シャルル七世政府は、軍事的援助を求めて、スコットランドに使節を送り、この提案をスコットランド王ジェイムズ一世も受け入れた。当時、スコットランド王は、イングランドとの和解に向けた交渉の途中であったが、このフランスの提案を難なく受けいれた。

一四二八年七月一七日、パースにおいてフランスとスコットランド両王家間で条約が調印された。この条約によって、ジェイムズ一世は、シャルル七世の使節、エヴルー伯ジョン・ステュアート、ランス大司教ルニョー・ド・シャルトル、そしてアラン・シャルティエに対し、フランス王とスコットランド王間の古い同盟関係を遵守することを約束した。七月一九日、別の証書によって、ジェイムズ一世は、娘のマーガレットとフランス王太子ルイ（のちのルイ一一世）との婚姻の条件を規定し、護衛の六〇〇〇人の軍隊とともに彼女をフランス王に嫁がせることを約束した。一〇月三〇日、全国三部会はこの件について議論し、フランス王はジェイムズ一世の証書に同意した。[19]

ジェイムズ一世の王妃ジョーン・ボーフォートは、ランカスター王家の出自で、彼女の伯父には、イングランド王ヘンリ四世とウィンチェスター司教で枢機卿のヘンリ・ボーフォートがおり、兄には、サマセット公ジョン・ボーフォートがいた。ヘンリ・ボーフォートには、甥の息子にイングランド王ヘンリ六世、甥にはベドフォード公がおり、彼はイングランドで幼少のヘンリ六世を代行する権力者であった。ヘンリ・ボーフォートは、一四三五年のアラスの和約の際には、イングランド王家の代表として任命され、一四三五年九月一四日にベドフォード公が死ぬと、イングランド政府内で実権を掌握した。サマセット公ジョン・ボーフォートは、マーガレットの婚姻を交渉した時に、ノルマンディの国王総代行官（gouverneur de Normandie）となり、フランスのノルマンディ再征服に抵抗した部隊長の一人であった。このようにイングランドとも関係の深いスコットランド王家をフランス側に引きつけるため、婚姻同盟を締結することは、シャルル七世にとって、対イングランド王家の観点からも重要なことであった。[20]

### †アラスの和約前夜の国際関係の変化

オルレアンの解放からランスの戴冠にかけて、ジャンヌ・ダルクが活躍していた時、ブルゴーニュ公フィリップは、イングランド王との同盟関係に見切りをつけようとしていた。さらに一四三二年一一月一四日、フィリップの妹であり、摂政ベドフォード公妃のアンヌ・ド・ブルゴーニュの死によって、その摂政との血縁関係が断たれた。これにより、ブルゴーニュ公の関心はイングランド王家との関係を破棄する方向へと移っていった。父親の復讐を果たしてもらうという約束と、トロワ条約を遵守するというイングランド王への宣誓が、同盟関係を維持させていたが、もはやそれを重視するということはなくなっていた。その後、フランス王とブルゴーニュ公の使節のあいだで、平和のための交渉がはじまったが、フランス王家とブルゴーニュ公家との戦闘は継続していた。他方、神聖ローマ皇帝ジギスムントは、一四三四年六月二一日の声明書で、低地ドイツにおける神聖ローマ帝国領内の諸侯領を不当に取得したブルゴーニュ公フィリップを告発し、フランス王と同盟を締結するに至った。

ブルゴーニュ公の支配領域内では、アルマニャック派の侵略により荒廃し、住民が減少して、いくつかの村落は無人となっていた。小麦やワインの価格は高騰し、臣民は貧困に苦しみ、エード（援助金）を徴収することができずに税収も減少していた。教皇に送付された嘆願書には、アルトワやフランドル西部において、小教区教会や修道院、そして施療院が荒廃し、聖堂参事会が機能しなくなっていることが述べられている。このような「国際」情勢の変化や、公領内の状況が、ブルゴーニュ公がフランス王との和解を模索しはじめた動機と考えられる。[21]

### †アラスの和約

一四三五年八月、ブルゴーニュ公、フランス王の代表団、さらにランスの戴冠以降、劣勢に立たされていたイングランド王がそれぞれ代表団を送り、平和回復をめざした会議がアラスで開かれた。さらに、多くのヨーロッパ諸「国家」の代表と、仲介者としてのローマ教会を代表して枢機卿シプルと教皇特使が参席した。

シャルル七世とヘンリ六世の和平の試みでは、フランス側は譲歩したが、イングランド側は妥協しなかった。ヘンリ六世側は、シャルル七世にフランス王冠を放棄させ、フランス王としてのヘンリの封臣であることを認めるよう要求したために、英仏間の和平交渉は決裂した。イングランド代表は、ブルゴーニュ公が自らの宣誓に対して忠実なままでいることを求め、九月六日、アラスを離れた。

その一方で、シャルル七世側とブルゴーニュ公とのあいだには、一定の成果が見受けられた。ブルゴーニュ公フィリップは、モントローでの遺恨を忘れ、王とともに良き平和を築いていくことを約束し、トロワ条約の破棄を義務づけられた。一方、シャルル七世は、モントローでの殺害事件の犯人たちを追及し、処罰することを約束した。

ブルゴーニュ公によるトロワ条約破棄通告により、イングランド人たちの怒りが噴出した。アラスの和約を通達するために、ブルゴーニュ公フィリップがロンドンに派遣した使節を市民は罵《ののし》り、フランドル商人の家は略奪され、イングランド軍はブルゴーニュ公の支配地域を荒らした。[22]

## 第五節　百年戦争の終局

### †パリの奪還

一四三五年、フランス軍はディエップとアルフルールを奪回した。この二つの港の喪失は、イングランドにとって多大な損失となった。というのも、イングランドがノルマンディや、その首府ルーアンに接近することが困難になったからである。[23]

アラスの和約が締結された頃、パリでは、物価が高騰し、状況が悪化していた。一四三六年三月、イングランド王代理は、パリ市民に対し再度新たな忠誠の宣誓を要求した。パリ市民に対する信頼を失っていたイングランド王代理は、パリが襲撃された際、要請された軍事的奉仕でない限り、戦場には行かないように厳命するほどであった。このように、パリ市民のイングランド政府に対する不満が募っていた。

シャルル七世軍は、一四三六年二月、ポントワーズなどイル・ド・フランスの町を占領し、降伏させていった。イル・ド・フランス、ノルマンディ、シャンパーニュ、ブリーの国王総代行官で、パリ奪回を任せられたリシュモン伯（のちのブルターニュ公アルテュール三世）は、四月一〇日、パリ近郊のサン・ドニに駐屯した。四月一三日の明け方に、ブルゴーニュ派の内通者たちにより反イングランド軍の蜂起がおこり、リシュモン伯も都市内に入ることができた。彼は、パリ市民に、フランス王からの恩赦状を与え、イングランド人は退去させられた。彼らは、四月一七日、パリ市民に罵声を浴びせられながら、ルーアンへと向かった。

一四三七年初頭、イングランド軍は反撃に転じ、ポントワーズなどパリ周辺の重要な拠点を奪還していった。しかし、シャルル七世軍は、同年一〇月一〇日にモントロー、一四三九年にはモーを陥落させた。そして、一四四一年九月一九日、ポントワーズを再び奪還し、イル・ド・フランスをイングランド軍の支配から解放した。[24]

## †トゥールの休戦協定

一四四二年、シャルル七世は、南仏タルタスへの遠征を自ら企て、サン・スヴェール、ダックスを奪い取った。イングランドが支配していたボルドーは、直接的な脅威にさらされるようになった。また、一四四三年にはノルマンディにサマセット公率いるイングランド軍が派遣されたが、それも失敗に終わり、こうして、イングランド軍は、大陸において、ノルマンディ、メーヌ、ギュイエンヌ、さらにはカレーを保持するのみとなった。[25]

英仏両陣営ともに疲弊しきっていたこともあり、ブルゴーニュ公、オルレアン公、ブルターニュ公、そして教皇により、英仏両王が講和を結ぶことが望まれていた。ヘンリ六世は、使節としてサフォーク伯を派遣し、フランスと講和条約か休戦協定を締結し、自身とルネ・ダンジューの娘マルグリットとの婚姻をシャルル七世に申し出た。一四四四年、トゥールで英仏両国の和平に向けての交渉がなされ、シャルル七世は講和の提案は拒絶したが、五月二八日に二二ヵ月の休戦協定を結び、ヘンリ六世とマルグリットとの婚姻を認めた。イングランド王は、もはやフランス王冠を求めることはなく、ギュイエンヌとノルマンディの宗主権を要求するのみであった。この休戦協定は一四四九年まで延長された。

## †イングランドとブルターニュの関係断絶

この休戦協定に対して、フランス各地のイングランド守備隊長たちは反発した。ル・マンの守備隊長は、ヘンリ六世が義父ルネ・ダンジューに返還する約束をした、ル・マンの都市の解放を拒絶した。これは、ヘンリ六世の統率力のなさを示すものであり、一四四八年三月一六日、排除される脅威に晒されたこの守備部隊は、ノルマンディとブルターニュの境界地に逃れて駐屯した。このような休戦協定への侵犯に対して、シャルル七世とブルターニュ公はイングランド王に抗議した。

ブルターニュでは、英仏に対して中立的な立場をとっていたジャン五世に代わって、一四四二年に息子のフランソワ一世が公位についていた。彼は、ノルマンディ公領とブルターニュ公領の境界で脅威を及ぼすイングランド勢に嫌悪感を抱くようになっており、そのようなイングランドとの関係に見切りをつけ、フランス王シャルル七世に臣従の誓いを果すようになった。[26]

## †シャルル七世によるノルマンディ征服

一四四九年、ブルターニュ公フランソワ一世は、イングランド人兵士の跳梁跋扈《ちょうりょうばっこ》に不満を募らせていた。三月二五日の夜、ヴェルヌイユのイングランド守備部隊隊長で、アラゴン人のフランソワ・ド・スリエンヌは、ブルターニュで繁栄していた都市のひとつ、フジェールにある公の城を奪い取った。シャルル七世は全面的にブルターニュ公を支持し、シャルル七世の国王顧問官たち、さらに王自身も休戦協定を公然と破棄し、ノルマンディの制圧をめざす戦争の再開を決定した。ジャック・クールによる資金調達の保証のおかげで、一四四五年に創設された国王常備軍である勅令部隊（compagnies d'ordonnance）、一四四八年に組織された民兵部隊である自由弓兵部隊（francs-archers）を主力とする国王軍が集められた。

ノルマンディ遠征は、一四四九年八月から一四五〇年八月まで行われ、三つの部隊が三方向から同時にノルマンディに侵入した。東部からはウー伯とサン・ポル伯、中央部からはデュノワ伯、西部からはブルターニュ公とリシュモン伯であった。この遠征においては、各要衝を落とす際に、交渉による降伏条項が、武力よりも有効な手段となった。シャルル七世軍は、一四四九年一〇月に、市民が蜂起したルーアンを陥落させ、さらに、アルフルールとオンフルールを奪還し、イングランド軍の大陸への入り口を押さえることに成功した。ヘンリ六世は、一四五〇年三月一五日、援軍約五〇〇〇をシェルブールに上陸させ、南西へと進軍し、四月一五日、フォルミニで、クレルモン伯やリシュモン伯などの部隊が結集したフランス軍と対峙した。結果、フランス軍が圧勝し、七月一日にカーン、さらに八月一二日にシェルブールを次々と奪還し、ノルマンディ遠征は終了した。[27]

図7-3 フォルミニの戦い

## †ギュイエンヌ遠征と都市ボルドー

ノルマンディを征服したシャルル七世は、一四五一年、ガスコーニュ北部ギュイエンヌを奪還するために、軍隊を召集した。ギュイエンヌ地方は、三世紀前からイングランド王の支配下にあり、百年戦争期、プランタジネット家のエドワード三世以降、ランカスター王家に至るまでの歴代ギュイエンヌ公は、ガスコーニュの臣民に対して解放者であることを誇示していた。一五世紀には、その臣民たちは、イングランド王の専制的な抑圧を受けることはなかった。援助金の要請や貨幣の問題は、ギュイエンヌの三部会、あるいはボルドー地方、バザス地方そしてランド地方の三部会によって議論された。しかし元来、税金をそれほど要求されることもなく、エドワード三世以降の歴代イングランド王は、ギュイエンヌのブドウ農家やワイン商人たちに、フランスよりも有益なイングランドにおける販路を保証するという特権を認めていた。

ギュイエンヌは、イングランド王の支配の影響を受けず、思想も言語も統制されず、幾人かの官職保有者や守備部隊の兵士を除いて、イングランド人はほとんど存在しなかったと言われる。ガスコーニュ人は、その独立心を尊重し、彼らの富を保証したイングランド王と結びついており、その忠誠心は、ガスコーニュ人の地方主義的な感情を基礎として成り立っていた。

シャルル七世は、デュノワ伯にギュイエンヌ遠征軍の指揮権を委ねた。一四五一年五月から六月にかけて、デュノワ伯は、ブレイを降伏させ、ブール、フロサック、リブルヌ、サン・テミリオン、そしてその他の諸都市も落としていった。これら諸都市は、イングランド王から援軍を得られなかった。当時、イングランドでは、国内情勢が不安定であり、自らの首領を擁立し、内戦を志向する党派が存在していたからである。一四五一年、ヨーク公リチャードの支持者たちは、議会において、王に子供がいないことを理由に、同公を王位継承者と認めるよう要求した。その要求は認められなかったが、ヘンリ六世とその王妃は、そのようなヨーク公の野心に脅威を抱き、彼を排除した。それに対して、ヨーク公は軍事行動の準備を着々と進めていたのである。

六月一二日、シャルル七世はギュイエンヌ地方の三部会とのあいだで降伏条項を締結した。その内容は、まずガスコーニュ人は、彼らの同意がなければ、国王軍への奉仕は免除されること、さらに、フランス人たちが要求される、人頭税（タイユ）、塩税、都市に駐屯する兵士の維持費の負担が免除されること、フランス王への帰属を望まない住民たちには、六ヵ月以内に移住する自由が与えられること、高等法院がボルドーに設置され、新たにフランス王の臣民となるものたちは、パリの高等法院の管轄に属さないことがそれぞれ認められた。それに伴って、ボルドーは六月二三日、バイヨンヌは八月二〇日に降伏した。

ギュイエンヌ地方のフランスの国王役人たちは、一四五一年六月一二日の降伏条項を尊重し、主要な諸都市に配備された守備部隊は国王の費用で維持され、ボルドーに高等法院が開設された。このことは、ガスコーニュ人に対してなされた大きな譲歩であったが、その高等法院の顧問官の役職はフランス人によって占められており、ガスコーニュ人たちは、ギュイエンヌとは無縁の行政官に疑念をもつようになった。

彼ら行政官が、ガスコーニュ人とフランス王が締結した条約に違反するようになり、大きな不満をもった多数の領主や富裕な都市民たちは、ヘンリ六世と再び関係をもつようになり、イングランド王の救援に期待を寄せるようになった。フランス人の役人がボルドーに入って約一ヵ月後、都市民は、イングランド王からギュイエンヌ地方やペリゴール地方内の領主権を付与された。また、ビュッシュの隊長（captal）は、ヘンリ六世からバザスの都市と城が付与されるという証書を手に入れ、さらにラ・レオルの住民は、以後、ワイン税の免除を保証された。

そうしたなか、イングランド支配時代の官吏たちがフランス王家に反抗してフランス人の追放を企てた。このような抵抗に直面した、シャルル七世の国王役人や顧問官たちは、六月一二日の降伏条項を無視し、一四五二年夏、守備部隊の維持のためにボルドー地方において税を徴収しはじめた。さらに、クレルモン伯が住民たちから軍役奉仕を求めたことでボルドー市民は憤慨し、イングランド人との共謀が企てられた。しかしその一方で、南部のいくつかのセネシャル裁判管区では、一四五一年六月一二日の降伏条項は尊重されており、その他のガスコーニュの住民たちはシャルル七世に忠実なままであった[28]。

一四五二年九月二日、ジョン・トールボットがギュイエンヌにおけるヘンリ六世の代官に任命された。彼は一〇月一七日にジロンド川から上陸し、一〇月二三日、ボルドー市民の共謀もあり、ボルドーを奪還した。そして、同市とその周辺地域もイングランド王家の支配へと戻り、リブルヌやカスティヨン、そしてその他の諸都市もイングランド軍に対して降伏した。この時、フランス軍は、ノルマンディへのイングランド軍の襲撃を予期していたために、ギュイエンヌ地方に兵員を割くことができなかった。

一四五三年、冬のうちにフランス軍は、兵力と資金、そして食糧を蓄えて、春に四つの部隊からなる軍隊をギ

図7-4　カスティヨンの攻囲戦

ュイエンヌ地方に派遣した。フォワ伯とクレルモン伯の部隊がバザス地方やボルドー地方、メドック地方に進軍した時、トールボットはボルドーへと後退した。ドルドーニュで軍事行動をしていたフランスの部隊が、ジャンサックを落として、カスティヨンを攻囲した。結局、七月一七日、トールボットの軍は、カスティヨンで大敗を喫し、自身も戦死した。カスティヨンの都市自体も即座に降伏し、サン・テミリオンとリブルヌはフランス軍に投降した。その他の諸都市が次々とフランス軍の手に落ちていくなかボルドーは三ヵ月間の攻囲に耐え抜いたが、結局一〇月二〇日に屈服した。リオンとベノジュがしばらくの間抵抗を続けていたが、最終的に降伏した。

シャルル七世がボルドーと交わした二度目の降伏条項は、一度目ほど寛大なものではなかった。一四五三年の遠征費はかなりの額にのぼり、ボルドーがこの費用を弁済することが決められた。一〇万エキュ金貨はのちに三万エキュ金貨に減額されたが、ボルドー都市民に罰金として要求され、新たな関税率がワインやその他の品物に対して設定された。また高等法院を設置する代わりに、最高法廷（grands jours）が、毎年あるいは二年に一度、パリから派遣された[29]高等法院の裁判官と顧問官によって開かれた。

⁂

このように、ギュイエンヌ地方は、その征服後、フランス王権の強い支配を受けるようになった。フランス王は、イングランド勢力を、カレーを除くフランス王国全土から駆逐することに成功し、百年戦争もここに終止符が打たれることになった。

［註］

(1) M. Mckisack, *The fourteenth century 1307-1399*, pp. 146-147. A. Corvisier, *Histoire militaire de France, t. 1, des origines à 1715*, p. 175.

(2) C.T. Allmand, *The hundred years war;England and France at war c. 1300-1450*, pp. 26-27.

(3) Corvisier , *Histoire militaire*, pp. 174-175.

(4) オルレアン公シャルルとアルマニャック伯の娘が結婚したことで、同伯がオルレアン派の中心人物となって以降、オルレアン派がアルマニャック派と呼ばれるようになった。城戸毅『百年戦争』刀水書房、二〇一〇年、九六〜九九頁。

(5) Allmand, *The hundred years war*, pp. 27-28.

(6) Corvisier, *Histoire militaire*, pp. 179-181. Allmand, *The hundred years war*, p. 28.

(7) Corvisier, *Histoire militaire*, p. 181. G. Beaucourt, *Histoire de Charles VII*, t. I, Paris: Librairie de la Société bibliographique, 1881, pp. 255-260.

(8) Corvisier, *Histoire militaire*, p. 181.

(9) Beaucourt, *Histoire de Charles VII*, t. I, pp. 45-47.

(10) Corvisier, *Histoire militaire*, p. 181-182. Allmand, The hundred years war, p. 31

(11) Desportes, *Histore de Reims*, Toulouse: Privat, 1983, p. 158. Beaucourt, *Histoire de Charles VII*, t. I, p. 47, n. 2. Allmand, *The hundred years war*, p. 31.

(12) Beaucourt, *Histoire de Charles VII*, t. I, pp. 325-326,

(13) Allmand, *The hundred years war*, pp. 32-33.

(14) Beaucourt, *Histoire de Charles VII*, t. II, p. 224. Allmand, *The hundred years war*, p. 33.

(15) Petit-Dutaillis, Ch. *Charles VII, Louis XI et les premières années de Charles VIII(1422-1492)*, Paris: Librairie Jules Tallandier, 1981, pp. 69-70. Beaucourt, *Histoire de Charles VII*, t. II, pp. 224-226.

(16) Desportes, *Histoire de Reims*, pp. 158-159. Beaucourt, *Histoire de Charles VII*, t. II, pp. 227-228.

(17) Allmand, *The hundred years war;*, pp. 33-34. Petit-Dutaillis, *Charles VII*, Louis XI, p. 88.

(18) J. Favier, *Louis XI*, Paris: Fayard, 2001, pp. 75-76.

(19) Beaucourt, *Histoire de Charles VII*, t. II, pp. 395-399.

(20) Favier, *Louis XI*, p. 77.

(21) Beaucourt, *Histoire de Charles VII*, t. II, p. 482. Petit-Dutaillis, *Charles VII*, Louis XI, p. 88.

(22) Petit-Dutaillis, *Charles VII*, Louis XI, p. 88, pp. 90- 92

(23) Allmand, *The hundred years war*, p. 35.

(24) Petit-Dutaillis, *Charles VII, Louis XI*, pp. 95-98.

(25) Corvisier, *Histoire militaire*, p. 197.

(26) Petit-Dutaillis, *Charles VII, Louis XI*, pp. 98-99, 117-118. A. Borderie, *Histoire de Bretagne*, t. IV, Mayenne:Impr. de la Manutention, 1998, originally published:Rennes:Librairie générale de J. Plihon et L. Hommay, 1906, pp. 342-346.

(27) Corvisier, *Histoire militaire*, p. 199, pp. 201-205.

(28) Petit-Dutaillis, *Charles VII, Louis XI*, pp. 121- 123.

(29) Corvisier, *Histoire militaire*, pp. 199-200. R. Harris, *Valois Guyenne:a study of politics, government and society in late medieval France*, pp. 6-7.

# 第八章　ルイ一一世治世とバラ戦争期の英仏関係［一四五三～一五〇〇年］

一般的に一四五三年のボルドー陥落をもって、百年戦争は終結したとされる。しかし、英仏の関係がここで途切れたわけではなかった。イングランド王が保持していた、大陸での所領がほぼ失われたあと、両者の関係はどのように展開していくのだろうか。

## 第一節　バラ戦争開始、様子を窺うフランス国王（一四五三～一四六五年）

### †一四五三年以降の英仏関係

ボルドー奪回によって、大陸におけるイングランド軍の脅威は、ほぼ取り除かれた。しかし、それはフランス軍が一方的に敵軍を大陸から追い出したに過ぎず、この段階でイングランド王とフランス王が和解したわけでもなければ、休戦協定が結ばれたわけでもなかった。イングランド軍が戦力を整え、海峡を越えて大陸へと進攻してくる可能性は、大いに残されていた。実際、四年後の一四五七年には、フランスへの遠征隊が組まれ、ラ・ロシェルを攻撃し、対岸のレ島を占拠している。

ヘンリ六世自身、プランタジネット朝の成立以来、長年保持してきた大陸の所領を失ったことに、大きな責任を感じていたのであろう。そして本来は、ノルマンディ地方やギュイエンヌ地方を取り戻すことに、全勢力を注ぎたかったはずである。しかし、王自身の体調の問題、さらに、なにより国内の事情がそれを許さなかった。ヘンリ六世は、カスティヨンの戦いで負けたあたりから、しばしば精神疾患に見舞われるようになっていた。国王の不安定な健康状態に呼応するように、イングランド国内は、ランカスター派とヨーク派に大きくわかれた内戦、いわゆるバラ戦争に陥る。先の西フランス沿岸への進攻は、国王が快復し、内戦が小康状態にあった、ほんのわずかな時期に、急拵えで行われた遠征であった。

一五世紀末のイングランド王は、国外の問題に目を向けるよりも、まず国内の混乱を解決しなければならない状況であった。しかし、内戦によって大陸所領の問題が完全に忘れられたわけではなかった。フランスで失った土地の奪回は、つねに視野のなかにあり、内乱が一段落するたびに、イングランド王は大陸への進攻を試みる。

一方、フランス王国側では、国内での戦争はほぼ終結したのだが、イングランド軍は海の向こうから、たびたび大陸に攻撃を仕掛けてくる。英軍の上陸を防ぐために、フランス王は、ノルマンディ地方やギュイエンヌ地方の沿岸防備の強化を強いられるのである。しかし、当時のフランス王ルイ一一世は、ただブリテン島からの侵略に備えているだけではなかった。機を見てイングランド国内の内戦にも積極的に関与していくのである。

以上が一四五三年以後のイングランドとフランスとの関係図式であり、一五世紀末までこの構図が継続することになる。では、どのようにしてフランス王は、敵国の内戦に介入していったのか。またイングランド側は、大陸からの干渉をどのように退け、さらには再びフランスへと進攻していったのだろうか。さまざまな局面でのイングランドとフランスとの関わりに注目しつつ、中世末期における英仏関係史の展開を見てみよう。

### †バラ戦争第一幕

フランス王が、はじめてイングランド国内の内戦に干渉することになったのは、ヘンリ六世の妻マーガレット

（マルグリット）を通じてであった。一四六二年四月彼女はフランス国王ルイ一一世に支援を求めてアンボワーズを訪れる。なぜフランス王に助けを求めたのだろうか。

一四五〇年代に入り、ランカスター朝政権は著しく不安定な状態にあった[1]。大陸では失敗をくり返し、ヘンリ六世は先述のように、頻繁に精神疾患に見舞われるようになる。また、後継者のエドワードは一四五三年一〇月に生まれたばかりであった。危機的状況の王家を支えていたのは、マーガレットであった。一方、王家の衰弱に付け入って台頭してきたのが、ヨーク家であった。ヨーク家はエドワード三世の息子エドマンドの家系であり、本家ランカスター家の傍系にあたる。さらにいえば、先頃本家に王太子が生まれるまで、ヨーク公リチャードは推定相続人の立場にあった。あわよくば王位を手に入れることも視野に入れ、国政の主導権を狙うヨーク家。マーガレットを中心に、ヘンリ六世と王太子を守りつつ現政権を維持しようとするランカスター家。こうした構図からバラ戦争がはじまることになる。

ヨーク公リチャードが掲げていた最初の目的は、ヘンリ六世の側近であり、宮廷で権勢を得ていたサマセット公を排除し、自らがその地位にとって代わることであった。ヨーク公は大陸における数々の敗戦責任を、当時の政権に求めることで敵対者を追い込んでいく。さらに、国王が病気を患うと、後ろ盾を失ったサマセット公は、失脚を余儀なくされる。このタイミングでヨーク公は、自ら護国卿としての立場を獲得するに至り、目的を達成したのである。

しかし、ヨーク公の立場は、国王が国政を担うことができない際にとられた、特別措置でしかなかった。ヘンリ六世が正気を取り戻し、再び国政の主導権を握ると、臨時政府が進めた政策は、白紙に戻される。その結果、ヨーク公は決定的な行動に出る。一四五五年軍隊を動かし、セント・オールバンズで戦闘準備が整っていなかったランカスター家支持の者たちを、一方的に打ち倒してしまう。多くの戦死者を出したこの戦闘を契機に、両家は対決姿勢を取り、以後、血を血で洗う争いがくり返されることになる。

ヨーク派の最初の攻撃以降、ランカスター派との攻防は一進一退であった。現イングランド国王ヘンリ六世という切り札を抱えるランカスター家は、国政主導者としての正当性を武器に、反乱者たちを追い込んでいく。ここでいったん、ヨーク派の者たちはアイルランドと、カレーにわかれて亡命を強いられるのだが、逃げ延びた場所で勢力を整えると反撃に転じる。以降、戦闘は徐々に激化し、ヨーク公リチャードは、次第に現国王を廃位に追い込み、自らが新たな国王に即位しようとする意思を示すようになる。しかし、彼はウェイクフィールドでの戦いの最中、志半ばにして命を落としてしまう。

父が果たせなかった目的は、息子エドワードによって成し遂げられることになる。ランカスター派は、先の戦いでヨーク派を打ち破ったあと、ロンドンに向かうのだが、戦闘の際に各地で行ってきた蛮行が仇となり、入城を拒まれる。逆に世論に後押しされて、ロンドンに迎え入れられたのが、亡き父の意思を受け継ぐエドワードであった。そして一四六一年三月には、評議会によって、エドワードによるイングランド王位継承が決議される。

ロンドンへの帰還を拒否されたランカスター家は、とうとう王位も失ってしまう。一方、新イングランド国王エドワード四世は、これを好機と見て兵力を整えると、ランカスター派の者たちを徐々に北方へと追い込んでいく。タウトンでの戦いで勝利をおさめると、ランカスター家の残党は、スコットランドまで逃亡を強いられることになる。バラ戦争第一幕の終了である。

### †マーガレット・オブ・アンジュー

ランカスター派のスコットランドへの敗走によって、内戦に一つの区切りがつけられるのだが、彼らは王位の奪還を諦めたわけではなかった。ランカスター家の危機的状況を打破するために動いたのが、ヘンリ六世の妻マーガレットであった。彼女はフランスの諸侯家系アンジュー家の出身であり、フランス国王シャルル七世の姪、跡を継いだ国王ルイ一一世の従姉妹であった。病気のため、政務を担えない夫の代役を積極的にこなそうとする彼女は、ランカスター家を背負う責任感もあり、なんとか戦況を改善すべく、血縁を頼ってフランス王のもとを訪れる。[2]

フランスでは一四六一年七月にルイ一一世が即位したばかりであった。王位についた後すぐに、彼は周辺諸国との関係を整理していく。まずは即位式を終えてすぐ、ミラノ公や、フィレンツェ、ヴェネツィアといったイタリア諸都市の使者と会い、同盟関係の構築を目指す。またアラゴン王からは、カタルーニャ地方の反乱を鎮圧するため、援軍の要請が届き、それに応える。一方、もう一つのイベリア半島の雄カスティーリャ王からは、かねてからの同盟関係の確認を求められた。

一四五三年にイングランド軍を追い出したことで、国内問題はひとまず落ち着きを見せていた。比較的安定した状態のなかで新国王となったルイ一一世は、まず王国周辺に展開する諸勢力との関係を確認することで、王国の境界線を安定化させるとともに、自らの権力が及ぶ範囲をはっきりさせようとしていた。そして、対外勢力のなかで最も注意すべき存在であったのが、イングランドであった。フランス王国の安全を確保するためには、何よりもまずイングランド軍による大陸進攻の可能性を取り除かねばならなかった。しかし、イングランド国内は内戦状態にあり、まずは内乱の趨勢を見極め、どちらの派閥と交渉を進めることが有効であるかを判断する必要があった。こうした流れのなかで、ルイ一一世はマーガレットを受け入れる。

マーガレットの目的は、ルイ一一世の援助を得て、エドワード四世から政権を奪い返す大きな道筋を立てることであった。二か月の滞在の末、彼女は、大陸に唯一残されていたイングランド王の所領カレーの総督職に、ルイ一一世の廷臣ジャン・ド・フォワを任命する約束と引き換えに、二万四〇〇〇リーブルの援助金と援軍の約束を得た。こうして一〇月マーガレットは再びブリテン島へと引き返す。

ブリテン島へ戻り反撃の機会を窺うマーガレットに対して、ルイ一一世は約束通り軍隊を派遣する。しかし、兵数八〇〇人の一部隊であった。それゆえ一四六三年五月には、対エドワード四世の計画は断念され、八月にマーガレットはブリテン島を離れ、エクリューズへと避難することになる。トップに立つ者を失ったことで、その後しばらくランカスター家の表立った行動は見られなくなる。一方、ルイ一一世は、必要最低限の部隊をマーガレットのもとに送り込み、イングランド国内の戦況を確認した。そして、ランカスター家には、やはり余力が残されていないことを知る。状況を判断して、フランス王はヨーク家との対話に切り替える。

## 第二節　英仏関係の再燃とピキニー条約（一四六五〜一四七五年）

### †一四六〇〜七〇年代の英仏関係

一四六〇年代から七〇年代にかけて、イングランド王とフランス王とは、直に接触する機会が増え、徐々に対立構図に向かっていく。両国王を繋ぎ合わせたのが、ウォリック伯、そしてブルゴーニュ公であった。

ウォリック伯リチャードは、ネヴィル家の出身である。ヨーク公リチャードの妻セシリーがこの家系の出であったことから、両家は姻戚関係にあった。ウォリック伯リチャードは、ヨーク公リチャードの甥にあたり、新イングランド国王エドワード四世の従兄弟である。バラ戦争の第一幕で、ヨーク派がいったん亡命を強いられたのち、イングランドに戻って来ることができたのは、ウォリック伯率いる軍隊が、ノーサンプトンの戦いでランカスター派を打ち破っていたからであった。ヨーク公リチャードが戦死したのちは、息子エドワードのイングランド国王即位を導く。こうしたウォリック伯の献身的な態度から、ヨーク朝が成立して以後、国王は彼とネヴィル家を最も重用するようになる。

ルイ一一世がランカスター家支持から、ヨーク家との対話に態勢を変更した時、イングランド王の代理として、フランス王のもとを訪れたのが、ネヴィル家の兄弟、ウォリック伯リチャードと弟のジョージであった。その後、ウォリック伯は、ルイ一一世と会談を重ね、英仏関係の正常化に向けた道筋を築き上げていく。しかし、彼が進める政策とエドワード四世の意図には齟齬《そご》があり、意思疎通を欠いた行動が、互いの関係を悪化させる原因となる。さらに、二人の対立はフランス王にも飛び火し、英仏間の敵対心を再び呼び起こすことにもなる。

一方のブルゴーニュ公であるが、ネヴィル家とルイ一一世との対面を準備したのは、フィリップ・ル・ボンであった。その後さらに、イングランド王とフランス王との直接会談も計画するのだが、結果的には実現しなかった。彼は中立の立場を取り、英仏の関係改善を目指そうとしていた。しかし、決定的な休戦や和解を導くまでには至らず、一四六七年に亡くなる。

息子への公位の継承とともに、状況が変化しはじめる。新ブルゴーニュ公シャルル・ル・テメレールは、フランス王とは距離をとる一方で、イングランド王家と密接な結びつきを求めるようになる。結果、シャルル七世治世にあった、イングランド王とブルゴーニュ公に対するフランス王という、三者の関係構図が再び浮かび上がることになる。

一四五三年以来、イングランド国内で内戦があったことから、一時、小康状態となっていた英仏の関係は、二人の人物を通じて再び動き出すことになる。初期の段階では、比較的穏和に話し合いが進められ、両国は関係回復の兆しを見せるのだが、そう簡単にはいかなかった。その後、ウォリック伯とブルゴーニュ公シャルル・ル・テメレールの思惑が絡み合い、結局はイングランド王とフランス王は、再び敵対関係へと、その身を移していくことになる。では、どのようにして問題がこじれ、最終的には、どのような着地点を見出すことになるのか。

## †ウォリック伯の動向

一四六四年ウォリック伯はフランスにいた[3]。ヨーク家への歩み寄りを見せるルイ一一世に対して、対応を任されていたからである。対話を重ねることで、親仏の姿勢を取るようになっていたウォリック伯は、両国の和解を念頭に、エドワード四世とルイ一一世の義理の妹ボンヌ・ド・サヴォワとの結婚を画策する。

しかし、大陸で進められていた計画とは裏腹に、エドワード四世はエリザベス・ウッドヴィルと結婚してしまう。ウッドヴィル家はイングランドの中級貴族の家系である。王家の結婚相手としては、まったく釣り合っていなかった。だが、国王は慣習を破り、そして周りの貴族たちの不満も省みずに、エリザベスを王妃に迎え入れる。

この知らせに最も困惑したのが、ウォリック伯であった。なぜなら、フランスではすでに、エドワード四世とボンヌとの結婚が規定路線となっていたからである。しかも、イングランド王の結婚相手は、名家出身の女性ではなく、凡庸な家系の娘であった。一方のサヴォワ家は、神聖ローマ帝国の諸侯家系であり、さらにはローマ教皇をも輩出したことがあるヨーロッパの名門家である。両家のあいだには明確な格差があった。ゆえに、約束を反故にされたボンヌおよび、支持者であったフランス王は、ここで大きな恥をかかされることになる。

エドワード四世のフィアンセをめぐる一連の出来事は、ウォリック伯とエドワード四世、さらには伯とルイ一一世との関係を即座に悪化させることはなかった。しかし、三者の関係に遺恨を残したことは確かであった。

その後、イングランド王は、妻の家系であるウッドヴィル家を優遇するようになる。同時に、国王はこうした中流家系への特別待遇に不満を抱くと考えられるネヴィル家を、徐々に宮廷から遠ざけていく。一四六七年ジョージ・ネヴィルが尚書部長官の職を解かれ、いよいよ宮廷におけるウォリック伯の居場所もなくなる。

一四六九年七月エッジコトの戦いを皮切りに、バラ戦争の第二幕がはじまる。きっかけは、宮廷での立場を失ったウォリック伯による蜂起であった。まず伯は、宮廷で権勢を得ていたウッドヴィル家の者たちを追い出し、国王エドワード四世をも捕えることに成功する。政権を奪取し、国政を進めようとするも、正当な立場にないウォリック伯が、先頭に立ち政治を行うには限界があった。そこで、この問題を解決すべく、彼はエドワード四世の弟クラレンス公ジョージを、新たなイングランド王に即位させる計画を立てる。クラレンス公を長女イザベラと結婚させ、自らの陣営に引き込むと、彼をイングランド王に即位させようとする。しかし、すでに釈放されていたエドワード四世は、兵力を整え、逆にウォリック伯やクラレンス公の軍を打ち破り、亡命に追いやることに成功する。

ブリテン島を離れ、逃れついた先はフランスであった。このまま引き下がる気のなかったウォリック伯は、亡命地で新たな計画を掲げる。[4] 彼はロンドンに幽閉されていたヘンリ六世の復位を目論むのである。現国王であるエドワード四世を廃位に追い込むのに、最も適した手法は、本来国王であるはずのヘンリ六世に、再びイングランド王となってもらうことであった。まずは、ヘンリ六世を取り戻す戦力と戦費が必要であり、この点をフランス王に補塡してもらう。次に、かつての敵であったランカスター家を取り込むために、大陸へと避難していたマーガレット・オブ・アンジューと和解する。戦力と正当性を備えたうえで、再びブリテン島へ乗り出し政権を取り戻す。これこそが、ウォリック伯の描くシナリオであった。

一四七〇年六月ルイ一一世は、かねてより親交のあったウォリック伯をアンボワーズに迎え入れた。政権奪還後の英仏の協調関係を条件に、ルイ一一世はウォリック伯への支持を決める。他方、マーガレット・オブ・アンジューとの和解も同時に進められていた。自身をかつて敗北に追い込んだ相手だけに、彼女はなかなか歩み寄ることはできなかったが、ヘンリ六世の義理の兄弟ギャスパー・テューダーの参戦と、父ルネ・ダンジューからの働きかけもあり、最終的には、ともにヘンリ六世の復位を目指すことになる。一四七〇年七月二五日正式にルイ一一世とウォリック伯、そしてマルグリットとの同盟関係が成立し、時を同じくして王太子エドワードとウォリック伯の娘アン・ネヴィルとの結婚が決められた。

八月末、ルイ一一世はアヴランシュに向かい、イングランドへの遠征隊を揃える。そして翌月の六日、フランス軍はプリマスとダートマスに上陸する。一方のウォリック伯は、ヘンリ六世の総代行官と称してロンドンを攻め、彼を牢獄から解放することに成功する。こうしてウォリック伯のクーデターは、ルイ一一世の支援とともに成功し、ヘンリ六世は王位に返り咲くことになる。

しかし、ヨーク派の抵抗がそう簡単に終わるはずがなかった。戦いに敗れたエドワード四世は、小さな三艘の船で大陸へと逃れた。向かった先は、ブルゴーニュ公シャルル・ル・テメレールのもとであった。ウォリック伯とランカスター家がルイ一一世と手を組むことを決めた時、エドワード四世はこの同盟に対抗すべく、ブルゴーニュ公との協力関係を築き上げていた。それゆえ、彼はひとまず、公の所領へと逃げ込む。

戦闘の熱気が冷めやらぬうちに、王位を剝奪されたエドワードは、ブルゴーニュ公の軍事支援を得て、早速ブリテン島へと乗り出す。急造のヘンリ六世政権は安定性を欠き、敵軍の侵入に脆かった。バーネットの戦いでウォリック伯が戦死すると、続くテュークスベリにおける戦闘で、王太子エドワードまでも亡くしてしまう。ランカスター朝の復活は、わずか一年で終わりを迎えた。再びエドワード四世が王位につき、ヨーク朝が再開する。こうしてバラ戦争の第二幕は終わる。

**†ブルゴーニュ公シャルル・ル・テメレールとフランス国王ルイ一一世**

ウォリック伯に導かれて、ルイ一一世がイングランド国内の内戦に干渉したことで、英仏の関係は再び熱を帯びはじめる。だが、まだ直接両軍が火花を散らすような状況ではなかった。燻《くすぶ》りはじめた炎を一気に燃え上がらせ、両国を戦闘状態へと導いたのが、ブルゴーニュ公シャルル・ル・テメレールであった。

ルイ一一世の行動は、つねにブルゴーニュ公を意識したものであった。ウォリック伯と手を組んだ際にも、クーデターが成功した暁には、ブルゴーニュ公への共同戦線を張ることを条件にしており、実際にランカスター朝復活後すぐに、共にフランス東部遠征に向かう約束を取り付けている。[5]

一方のブルゴーニュ公も、つねにルイ一一世の動向を気にしていた。一四七〇年のルイ一一世とウォリック伯との行動に応じて、イングランド国王エドワード四世と手を組むと、公はノルマンディ地方へと船団を向かわせ攻撃を加える。ルイ一一世は、東方での動きに気づいており、ブリテン島へ兵を送った時、他方で対ブルゴーニュ公用の軍隊を、ノルマンディに派遣していたのである。

フランス王家とブルゴーニュ家とは、一五世紀初期以来の敵対関係である。だが、時期によって幾分、その度合は異なっていた。ルイ一一世とブルゴーニュ公フィリップ・ル・ボンとの関係は、比較的良好であったといえる。というのも、王位に就く前のルイが父王シャルル七世に反抗し、国外に追放された時、彼を受け入れたのがブルゴーニュ公フィリップ・ル・ボンであったからだ。

しかし、一四六七年に父公が死去し、息子のシャルルが公位を継承すると、徐々に雲行きが怪しくなる。一四六五年に起こった国王に対する諸侯の反乱に、まだ公位に就く前のシャルルが加担して以来、両者は対立関係にあった。一四六八年、新ブルゴーニュ公となったシャルルは、この状況に終止符を打つべく、ペロンヌにいた。

話し合いの末に、ルイ一一世がブルゴーニュ公から多くの要望をのむことで、ようやく両者は休戦協定の締結に辿り着く。[6] バラ戦争の第二幕がはじまり、エドワード四世とウォリック伯とが戦闘をくり返している時、フランス王とブルゴーニュ公とは、ペロンヌ条約での休戦時期にあった。しかし、先に見たように、公はエドワード四世に加担し、ノルマンディに侵入した。協定が破られたわけである。ルイ一一世はここからシャルル・ル・テメレールへの警戒を強めることになる。

一方、シャルル・ル・テメレールは、元々フランス王に対して距離をとる姿勢であった。というのも、彼は大きな構想を描いていた。ブルゴーニュ公の所領は、大きく南部の本領地とのちの婚姻政策で獲得した北部所領にわかれていた。二つの領域のあいだにある神聖ローマ帝国の領地を手に入れ、南北の支配圏を結びつけ、自らを国王とする王国を築き上げる。これこそが、シャルル・ル・テメレールの最終目標であった。エドワード四世への支援は、目的達成に向けた布石であった。そして、公の政策が最終的にイングランド国王軍を大陸に呼び込むことになる。

## †大陸での英仏戦争再開

一四七四年シャルル・ル・テメレールは密使をロンドンのエドワード四世のもとに派遣する。[7] 大陸への進攻を要請するためであった。上陸後の軍事支援を約束するとともに、ブルゴーニュ公は、自身の領土を除いたフランス王国全体の譲渡をも提案する。公にとって、フランス王国は何のしがらみもなく、容易に譲渡が可能なものでしかなかった。バラ戦争第二幕への介入以来、ルイ一一世とブルゴーニュ公とは、ソンム川を境界線に睨み合いを続けていた。一方、ブルゴーニュ公の本来の目的は東部戦線にあり、勢力を神聖ローマ帝国側に向けるためには、西側の戦線に何かしらの策を講じておく必要があった。エドワード四世に働きかけることで、ルイ一一世の動きに牽制を加えようとしていたのである（地図8－1）。

一四七五年五月東方に展開するブルゴーニュ公軍を尻目に、ルイ一一世は係争地であったアルトワ、エノーへ

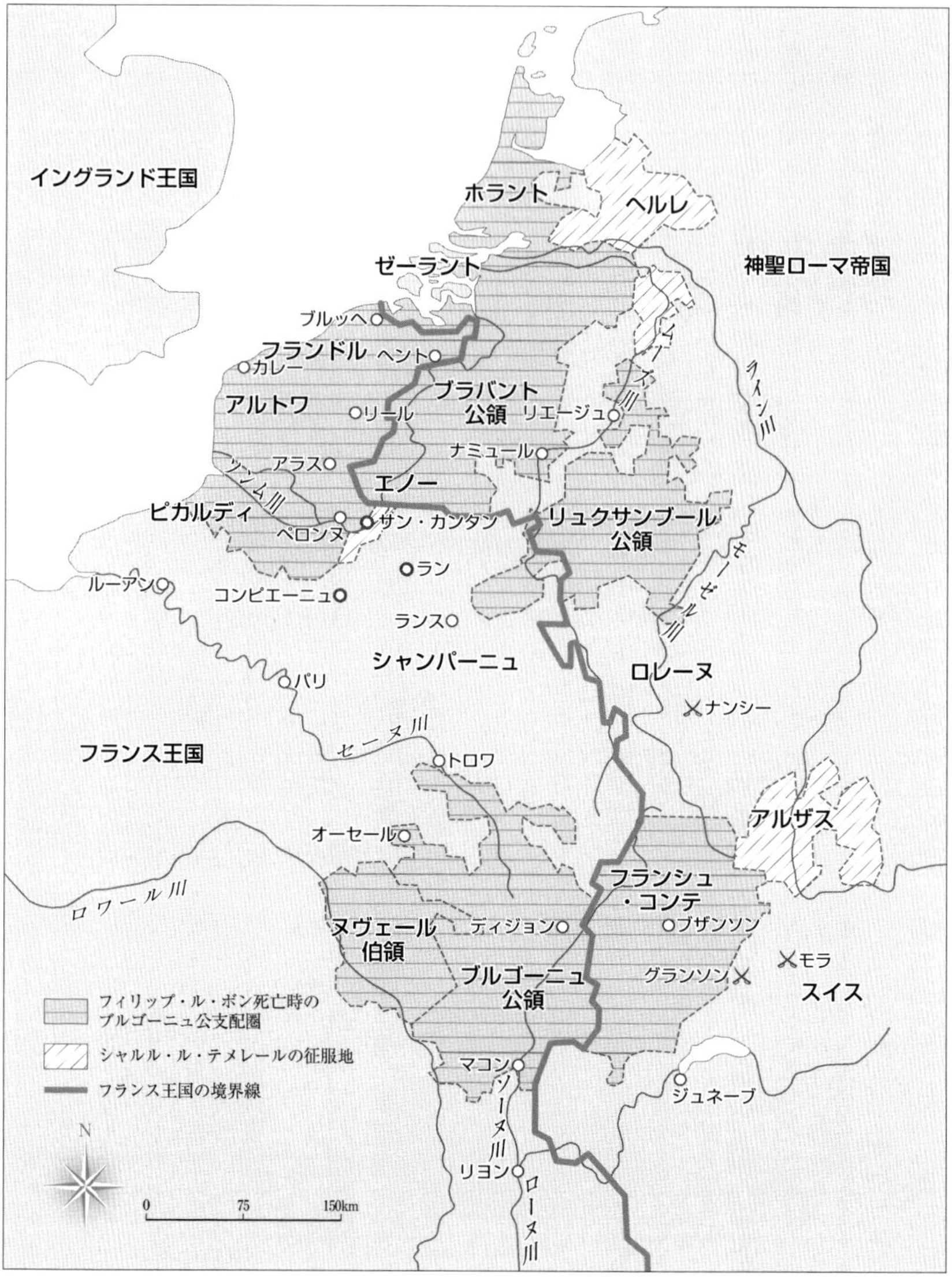
イングランド王国
ホラント
ヘルレ
ゼーラント
神聖ローマ帝国
ブルッヘ
フランドル
ヘント
カレー
ライン川
ブラバント
公領
アルトワ
リール
リエージュ
ムーズ川
ナミュール
アラス
ソンム川
エノー
ピカルディ
ペロンヌ
サン・カンタン
リュクサンブール
公領
モーゼル川
ラン
ルーアン
コンピエーニュ
ランス
シャンパーニュ
ロレーヌ
パリ
ナンシー
セーヌ川
フランス王国
トロワ
アルザス
オーセール
フランシュ
・コンテ
ロワール川
ヌヴェール
伯領
ディジョン
ブザンソン
モラ
ブルゴーニュ
公領
グランソン
スイス
フィリップ・ル・ボン死亡時の
ブルゴーニュ公支配圏
シャルル・ル・テメレールの征服地
フランス王国の境界線
マコン
ジュネーブ
ソーヌ川
N
リヨン
ローヌ川
0
75
150km

地図8-1　シャルル・ル・テメレール治世のブルゴーニュ公国

進攻する。対して、ブルゴーニュ公と協定を結んでいたイングランド軍は、同年七月になって、フランスへと乗り出した。六日にはエドワード四世がカレーに到着している。一週間後、ブルゴーニュ公がカレーを訪れ、エドワード四世と対面する。ここで公は、イングランド王に対して、ランスでフランス王としての即位式をする計画を提案する。かつて、ヘンリ六世はこの儀式を受けることができなかった。逆に、ジャンヌ・ダルクの勢いに乗じて、ランスでの戴冠式を無事に果たしたシャルル七世は、その後、勢力を盛り返すことになる。イングランド王にとって鬼門であったのが、ランスでの戴冠式であった。それをブルゴーニュ公が支援してくれるというわけである。イングランド軍の進行方向はランスへと定まる。七月二〇日イングランド軍はカレーから南下してソンム川を下り、ペロンヌに辿り着く。一方のブルゴーニュ公軍は、ロレーヌ方面から回り込んでランスに向かう約束をしていた。

ルイ一一世は、敵軍の動きの情報を得ていた。それゆえ、すぐに対応する。国王自身はコンピエーニュに移り、陣を構える。一方で、ランスへの玄関口にあたるランに、別動隊を派遣し、防御に当たらせる。さらにはランス自体にも、防備を強化するよう命令を出している。イングランド軍を迎え撃つ布陣は整えられていた。戦闘への緊張感が高まるなか、ブルゴーニュ公からエドワード四世のもとに、サン＝カンタンの道が開くという連絡が届く。この都市は、公の親族であったサン＝ポル伯ルイの統治下にあり、彼は公への協力を文書で伝えていた。情報を信頼しイングランド軍は動き出すのだが、状況はまったく異なっていた。サン＝ポル伯は向かってくるイングランド軍に攻撃を加える。フランス元帥でもあった彼は、ブルゴーニュ公との約束を守ることなく、職務を全うしたのである。想定外の出来事にエドワード四世の軍勢は、退却を強いられることになる。さらには、同盟者のブルゴーニュ公軍は、ロレーヌ攻撃に力を入れており、なかなか合流してこない。

結局、ブルゴーニュ公の本意は、ロレーヌ奪取にあった。ここを落とせば、南北所領の統合が大きく前進する。戦力を東方へ向けているあいだ、西側でイングランド軍にフランスからの攻撃を食い止めていてもらう。これがシャルル・ル・テメレールの意図であり、イングランド王は自らの政策を完遂させるための一つの駒でしかなかった。

エドワード四世は、サン＝カンタン周辺での戦闘を機に、徐々に態度を変えていく。ルイ一一世とこの戦争の落としどころを見つける作業に移るのである。ルイ一一世にとっても、イングランド軍との戦いは無益であった。むしろ、イングランド軍の脅威を取り除くことで、直接対ブルゴーニュ公に向かうことができ、さらには交渉によってイングランド軍をも戦線に巻き込むことができれば、状況はより良くなる。両者は歩み寄りを見せる。

交渉はまず両国の代理人によってはじめられた。[8] 話し合いの要点は、イングランド王が主張し続けてきたノルマンディとギュイエンヌの土地、戦争の賠償金、最後に両家の結婚であった。代理人を通じて、何度も折衝が重ねられると、漸く休戦条約締結の条件が整えられる。まずは、九年間の休戦が決められた。次に、大陸の所領についてだが、ルイ一一世は、ノルマンディにしろ、ギュイエンヌにしろ、イングランド王にまったく譲る気はなかった。そのかわり、毎年五万エキュを支払うことを約束する。さらには、戦闘の賠償金として、七万五〇〇〇エキュを即座に支払うことがルイ一一世に課せられた。最後にフランス王太子シャルルと、エドワード四世の長女エリザベスとの婚約が成立することになる。

以上、話し合いのうえで決められた条件をもとに、条約は最終段階に入る。つまり、残すはルイ一一世とエドワード四世とのサインだけであった。一四七五年八月二九日ピキニーでいよいよ両国王は直接顔をあわせることになる。ソンム川の橋の上に作られた櫓のなかで両国王は条約の調印を行う。こうしてエドワード四世は、大陸を離れイングランドへ引き返すことになる。

一方、エドワード四世に見放されたブルゴーニュ公は、その後も王国を築き上げ、国王となるべく歩みを続ける。しかし、うまくはいかなかった。スイス方面で敗戦をくり返し、一四七七年にはナンシーで戦死することになる。[9] 自らを王とする王国形成の夢は、結局叶わなかった。

ブルゴーニュ公シャルル・ル・テメレールを介して、フランス王とイングランド王とは、ボルドー戦以来となる大陸での戦争をくり広げた。だが、最終的には公の態度が、両国王を結びつける結果となった。ブルゴーニュ公という共通の敵が、ルイ一一世とエドワード四世に歩み寄りをもたらしたのである。海からのイングランド軍の脅威は取り除かれた。大陸ではライバルが死去する。フランス王はいよいよ、自らの権威を国内外に示していくことになる。一方、大陸から距離を置くことにしたエドワード四世は、その後、イングランド国内の安定した政権運営に努める途を歩む。

## 第三節　百年戦争の終結時期をめぐって

### †ピキニー条約による英仏関係の清算

一四七五年八月に締結されたピキニー条約は、イングランドとフランスに正式な休戦期間をもたらした。一四五三年大陸からフランス軍が、一方的にイングランド軍を排除したことで、両国はその後、海を跨いで睨み合い、時に交戦する状態を続けてきた。この条約によって漸く、ボルドー陥落以来積み残されてきた課題が解決されることになる。さらに、条約締結までの過程や導きだされた内容を見ても、プランタジネット朝成立以来継続していた英仏間の対立が、かたちを変えつつあることが見て取れる。フランス側は、戦争の根本原因であり、ようやく取り返したギュイエンヌ地方とノルマンディ地方を、最後まで譲ることはなかった。フランス王の頑《かたく》な態度に軟化を示したのは、イングランド王のほうであった。エドワード四世は、所領を取り戻すことを断念し、その代わりに年金を受け取ることで手を打つ。かつての両国であったなら、交渉は決裂し、戦闘になるか物別れに終わり、休戦条約の締結には至らなかったであろう。

イングランド国内が内戦で疲弊していたこともあり、金銭の受け取りは必要不可欠であったことはわかる。だが、エドワード四世には、ヘンリ六世、あるいはランカスター家がもっていたような大陸所領への執着心が、薄かったように思われる。対フランスとの戦闘に実際に参加することなく、またその時に宮廷にいなかったのがヨーク家の者たちである。さらにいえば、エドワード四世の王位は、国内での内戦を勝ち抜いて手に入れたものであった。こうした事情から、大陸への関心がそれほど大きなものでなかったことは、当然のことかもしれない。かつてのような、大陸所領をめぐる争いは、終わりを迎えようとしていた。

両国王の大陸所領への認識が、はっきりこの条約によって示されたことで、一四世紀にはじまった、英仏の一〇〇年以上にも及ぶ断続的な戦闘状態は、ここで一つの終焉を迎えたとすることができるであろう。しかし、いわゆる百年戦争の終わりを、どこにするかについては諸説ある。元来、「百年戦争」という言葉は、後世の歴史家が使いはじめた[10]。ゆえに、正式なはじまりの時期が決まっていなければ、終わりの時期もまた明確に定まっていない。見方によってそれぞれ始点と終点が変わる。とくに終わりの線をどこに引くのかは難しい。なぜなら、一四五三年以後、そして一四七五年以後も、英仏の対立はくり返されるからである。

ピキニー条約で九年間の休戦期間が定められるのだが、これはあくまで休戦であり、戦闘が再開する可能性はあった。実際に、一四九二年に当時のイングランド国王ヘンリ七世は、フランス国王シャルル八世によるブルターニュ公領併合の問題に介入し、兵を大陸に上陸させている[11]。また、ギュイエンヌ地方を喪失したことで、イングランド王の大陸での所領は、ほぼ失われたのだが、北フランスのカレーは、まだイングランド王の土地として残っていた。大陸唯一の所領は、一五五八年ギーズ公フランソワ率いる軍隊の進攻を受け陥落する[12]。これにより、イングランド王は大陸の所領を完全に失うことから、カレー喪失にも一つの区切りを付けることが可能であろう。さらにいえば、一九世紀までイングランド王は、フランス王位を請求しつづけることから[13]、中世の遺恨はここまで残っており、最終的な終結は、イングランド王がフランス王の地位を諦めたときだともいえるかもしれない。

以上から、さまざまなかたちで英仏の関係は、途切れることなく近代まで続いていくことから、明確に区切りをつけるのは非常に難しい。ともあれ、百年戦争という歴史用語は、歴史家によって作り出されたものであるがゆえに、歴史家自身が何かしらの終着点を決めることは必要であろう。

## †百年戦争の終着点はどこか

まずは、さまざまな見解を拾ってみる。クロード・ゴヴァールやジャン・ケレルベ、あるいはアラン・デュミュルジェなど、中世フランス史の専門家が書いた概説書では、その後の英仏対立の継続を示唆しつつも、一四五三年に一つの区切りをおいている。[14] 戦争の根源原因であったギュイエンヌ地方が、フランス国王のもとに戻されたことで、核となる問題が解決したと考えることから、ここに百年戦争の終わりの線を引くのである。たしかに、ボルドーでの戦い以後も英仏間の戦闘は続くが、大陸所領の持ち主が入れ替わることは、その後なかった。ゆえに、一四五三年ボルドー陥落に一つの線を引くことは妥当であろう。

しかし、冒頭でも述べたが、ボルドー陥落の時点で、和解や休戦条約が結ばれたわけではなかった。こうした意味で、次なる線が引かれるのが、一四七五年のピキニー条約である。会談では休戦とともに大陸所領の状況が話し合われ、確認されていることから、はっきりとした終わりの線が引けるのは、むしろこちらの条約ではないかと考えるわけである。[15]

一方、終着点を一四九二年のエタープル条約まで引き延ばす見解もある。というのも、この年に結ばれたのは、休戦条約といった種類のものではなく、平和条約であった。一四世紀の初頭から続く戦闘状態が、和平というかたちをとるのは、エタープル条約がはじめてであることから、この時点を両国の最終決着とするという見解である。[16]

おおよそ、百年戦争の終わりとしては、これらの三つが上げられるであろう。先にも述べたが、英仏間の対立は、一六世紀に入っても続くことから、一四九二年以降まで終着点を延ばすことも可能であるが、近世、あるいは近代まで百年戦争の終結を延ばす見解は、管見の限りでは見当たらない。中世にはじまった戦闘と、それ以後の戦闘とでは、すでに両国のスタイルも目的も変わってしまっているからであろう。

さまざまな見解があるなかで、エタープル条約の締結を百年戦争の終わりとする見解が、最も両国の戦闘状態を長くとるものである。しかし、この見解とて、最大限に長くとるとすれば、という譲歩が付けられるのではないだろうか。というのも、一四九二年の時点で、大陸所領の奪回は、もはや最優先の目標ではなく、イングランド国王の目的は、フランス王位を請求できる最低限の立場の確保と、それ以上に金銭の獲得に重きがおかれているからである。[17]

以上を踏まえると、実質的な百年戦争の終点は、やはり一四五三年ボルドー奪還に見ることができる。ただ、よりはっきりとした終わりの線がひけるのは、イングランド軍が大陸で戦闘をくり広げ、所領を取り返すことが困難であることに気づいた時、そして、所領の奪還が第一の条件ではなくなった時、つまりはピキニー条約においてではないかと考えられる。

隣国である英仏の関係が途切れるということはありえない。ただ、その関わり方は、百年戦争を経て大きく変わっていく。二つの王家を権力体の核として大陸所領の帰属問題をめぐって争いを続ける関係は、両地域における国家形成が本格化したことで、外交を中心とした国家間の関わりへとシフトしていくのである。

［註］

(1) バラ戦争第一幕に関しては、青山吉信編『イギリス史1』、四二七～四三七頁、尾野比左夫『バラ戦争の研究』、一〇八～一四〇頁を参照した。

(2) マーガレット・オブ・アンジューの動向については、Jean Favier, *Louis XI*, pp. 423-439, 442-445 を参考にした。

(3) バラ戦争の第二幕については、青山吉信編『イギリス史1』、四三八～四四〇頁、尾野比左夫『バラ戦争の研究』、一四一～一七四頁が詳しい。

(4) ウォリック伯の詳しい動きは J. Favier, *Louis XI*, pp. 607-615 を参照。

(5) J. Favier, *Louis XI*, pp.150-152, 615.

(6) ジョゼフ・カルメット著（田辺保訳）『ブルゴーニュ公国の大公たち』二七四～二七七頁。

(7) 一四七五年前後の状況は、J. Favier, *Louis XI*, pp. 670-682 に詳しく書かれている。
(8) J. Favier, *Louis XI*, pp. 682-687.
(9) ジョゼフ・カルメット著（田辺保訳）『ブルゴーニュ公国の大公たち』、四一一～四三五頁。
(10) 城戸毅『百年戦争――中世末期の英仏関係』、七～一二頁。
(11) Yvonne Labande-Mailfert, *Charles VIII: Le vouloir et la destinée*, pp. 164-167.
(12) Philippe Hamon, *Les renaissances 1453-1559*, pp. 39-43.
(13) パトリック・コリンソン編（井内太郎監訳）『ブリテン諸島の歴史　第六巻』、二五七～二五八頁。
(14) Alain Demurger, *Temps de crises, temps d'espoirs XIVe-XVe siècle*, p. 206 ; Claude Gauvard, *La France au Moyen Âge du Ve au XVe siècle*, p.502; Jean Kerhervé, *Histoire de la France: la naissance de l'État moderene 1180-1492*, p. 246.
(15) ジョゼフ・カルメット著（田辺保訳）『ブルゴーニュ公国の大公たち』、四〇五頁。
(16) 城戸『百年戦争』、一一～一二頁。
(17) Y. Labande-Mailfert, *Charles VIII*, pp. 164-167.

# 第Ⅱ部　分野史

# 第九章　王家と都市の関係から見た英仏関係

諸侯および王権が、自らの権力基盤を強化するために、都市との関係を重視するようになったのは一二世紀頃である。イングランドで、王や諸侯が証書により、都市に権利を付与する例が見受けられるのもその頃である。フランスでは、一二一四年のブーヴィーヌの戦いにおけるコミューン軍の活躍にそれが垣間見られる。[1]

英仏両王権が支配権をめぐり争った地方のひとつにノルマンディがある。そこは、一〇六六年のノルマン征服以降、約一世紀半近く、ノルマンディ公ウィリアム、さらにアンジュー伯でノルマンディ公でもあったプランタジネット家が、イングランド王を兼ねていたことで、イングランドと関係の深い地方となった。その後、百年戦争終焉にいたるまで、英仏両王家がその地方をめぐり争った。

百年戦争期、最終的にフランス王側が勝利し、イングランド王の勢力を、カレーを除くフランス全土から放逐した時、前者はその侵略者を掃討した解放者としてポジティヴなイメージで描かれ、一方後者は侵略者というネガティヴなイメージで描かれることが多かった。これは、勝利したフランスの豊富な研究に依存し、百年戦争がフランス側の観点で描かれ、わが国にも紹介されることが多いからである。しかし、そのような一国史的な見解は見直されつつあり、英仏関係を新たに捉えなおそうとする動きもみられる。[2]

そこで、ここでは、英仏両王権の都市に対する政策およびそれに対する都市の反応について、最近のノルマンディ地方の都市研究も踏まえてみていきたい。

## 第一節　一三・一四世紀の英仏両王家とノルマンディ地方の諸都市

### †フィリップ二世によるノルマンディ征服

まず、ノルマンディが一一四四年にアンジュー伯ジョフロワにより征服され、その息子のヘンリ二世がイングランド王位に就いたのち、一一八〇年に即位したカペー家のフランス王フィリップ二世がノルマンディとイル・ド・フランス境界地域の諸侯の帰属心をとりつけた。一二〇二年、同フィリップは、彼の封臣であったアンジュー伯でノルマンディ公でもあるイングランド王ジョンの封土を没収し、ノルマンディに軍事介入してイル・ド・フランス側の要衝を占領していった。そして長期の攻囲戦の末にセーヌ河岸の要塞シャトー＝ガイヤールを奪取することに成功した。

フランス軍の脅威が迫ったルーアンには、ルーアン市長や同大司教と合意した近隣のバロンたちが、同市を防衛するために駆けつけた。フィリップ二世軍は低地ノルマンディに侵攻し、カーン、ファレーズを陥落させてルーアンに到達した。ルーアンは、ノルマンディ公ジョンの救援を期待して抵抗を続けたが、結局救援は来なかったために、フィリップ二世に降伏した。

一二〇四年六月はじめに、ルーアン市当局とフランス王フィリップ二世のあいだで次のような合意が交わされた。つまり、フランス王は、ルーアンにいた騎士や都市民、兵士に対し、臣従の礼をとることを条件に彼らの財産権を保証すること、また、ノルマンディを離れることを欲している騎士や兵士に通行証（sauf-conduit）を与えること、ルーアン都市民に彼らの自由と慣習を認め、彼らの商業を妨げないことを約束したのである。バロンや都市民たちはその取り決めを遵守する保証として、フランス王に宣誓を果たさなければならなかった。

## †ルーアンの商業圏の拡大

一二〇七年、フィリップ二世はルーアンに証書を与え、ルーアンのコミューンの権利を保証した。司法権の管轄や、都市民の同意のない国王の恣意的な課税の禁止など、さまざまな特権がルーアンに保証された。そのなかでも、商業利権に関する取り決めがルーアンにとっては重要であった。ルーアンには、セーヌ川における商業の独占権の承認を含む主要な利権を維持することが約束された。しかし、ルーアン商人にとってパリが、高地ブルゴーニュ地方とのワイン交易の障害となった。というのも、パリでは自らの管轄地域におけるルーアン商人の活動を制限しようとしたからである。ルーアンとパリとの商業利権をめぐる抗争は、これ以後も続くことになった。

フィリップ二世による征服は、ルーアン商人とイングランドの通商関係の悪化を招いた。ルーアンの富は、イングランドとの通商によって維持されていたが、一二〇四年以降、ルーアン商人はイングランドにおいてはカペー家の臣民とみなされ、一二〇五年にイプスウィッチでみられたように差し押さえや禁固に処された。他方でノルマンディ公を称しつづけるイングランド王は、ルーアン商人に対し、王国内における通商を保証する通行証を発行した。ジョンは、ルーアン商人に対して敵対行為を示さなかったといわれているが、以後、フランス王との関係が悪化すると、ルーアン商人はイングランド王国では捕縛され、差し押さえられることもあった。しかし、一二五〇年以降は通行証も必要なくなり、金銭納付と引き換えにイングランド王国での商業活動が自由に行えるようになった。

以上のように、フィリップ二世のノルマンディ征服以降も、ルーアン商人にとって重要な市場であったイングランドとの通商は継続されたが、英仏両王間の政治情勢に大きく左右された[3]。

## †一四世紀の英仏両王家とノルマンディ地方

百年戦争がはじまると、一三四六年、イングランド王エドワード三世は、約一万五千のイングランド軍を率いてノルマンディ地方に上陸し、難なく制圧していった。その時、ノルマンディ地方の都市カーンは陥落し、略奪されたが、エドワード三世は、そこで得た戦利品をイングランド本国に送るだけで、その都市を支配することはなかった。

ノルマンディ公位は、フランス王フィリップ六世の時に、王太子ジャン（のちのジャン二世）、さらに一三五〇年には、王太子シャルル（のちのシャルル五世）によって受け継がれた。しかし、ノルマンディ地方の臣民たちは、フランス王に対して従順ではなかった。それは、エドワード三世が一三四六年にノルマンディ地方に上陸した際、彼がノルマンディ地方の不満の代弁者といわれるノルマンディ貴族ジョフロワ・ダルクールによって援助を受けたことからも明らかである。また、フランス王シャルル六世治世下の一三八二年二月、ノルマンディ地方三部会で了承された税額以上の課税を行った国王役人に対して、ルーアンでは二百人以上の職人層による反乱が起こっている[4]。

## 第二節　ヘンリ五世のノルマンディ政策

### †一四一八〜一九年のルーアン攻囲戦

百年戦争後半の一四一七年に、ランカスター家のヘンリ五世がノルマンディに再上陸し、各都市が次々とイングランド軍の手に落ち、一四一九年一月にルーアンも陥落した。

このルーアンの攻囲戦は、一四一八年七月半ばから一四一九年一月半ばまで、約六ヵ月間に及んだ。これは、ヘンリ五世のノルマンディ遠征のなかで最長の攻囲戦であった。ルーアンは、一四一八年、この攻囲戦の最中、フランス王シャルル六世に救援要請を求める書状を、二度にわたって送っている。まず、一〇月頃に救援要請の証書が送られ、シャルル六世は救援を約束し、ヘンリ五世との交渉に入ったが、失敗に終わった。これを知ったルーアン市民は一二月後半、援助要請を訴える書状をフランス王の下に再度届けた。この書状には、籠城によって疲弊しきったルーアン市民の状況が示され、都市民の食料のリストや、養うことができなかった人たちが強制退去させられたことが記されている。結局、フランス王シャルル六世からの明確な支援表明はなく、ルーアン市民は、イングランド王に降伏して忠誠を誓った。

ヘンリ五世は、ノルマンディ諸都市に従来の諸特権を承認していたが、一四二〇年にトロワ条約の締結において、「良き都市」の制度を含むそれまでのフランス王の制度を全般的に維持し守っていくことを誓った。それ以後もその方針は継承され、さらに特定の諸都市の訴えに応じて諸特権が追認された。それはヘンリ五世が死去し、ヘンリ六世が即位しても同様であった。[5]

## †イングランド人の入植政策と治安維持

ヘンリ五世のノルマンディ遠征は、略奪目的ではなく、入植を目的とし、イングランド王家の安定した支配をノルマンディ地方に築くことにあった。[6] 一四一五年一〇月、イングランド支配下に入ったアルフルールでは、市民の大部分を追放し、イングランド人の守備部隊の兵士や職人を入植させた。ヘンリ五世は、ランカスター家のエドワード一世によって、ウェールズ北部に創設された植民自治都市（plantation boroughs）と同じような、イングランド人居留地を設立しようとした。これらの都市の一部では、入植者たちはその都市を防衛する義務の代わりに、商業的な特権や自由に処分できる家屋を与えられた。[7] また、ヘンリ五世は、アルフルールの記録を焼却させることによって、都市の既存の統治形態を否定する一方、伝統的なフランス王の政策は踏襲し、防備強化のために、その都市の商業特権や、従来の免税特権を認めることとした。[8] 一四一八年九月、グロスター公によって占領された、コタンタン半島のシェルブールでは、その方針は緩和され、アルフルールとは異なって、この都市を退去させられた現地住民はほとんどいなかった。同時にイングランド人守備部隊のメンバーと、入植者たちのなかには、シェルブールのル・ヴ大修道院の土地を保持するものもいた。

ルーアンにおいても、占領後、住民は排除されなかった。それゆえ、ルーアンでは、イングランド人に譲与する不動産などはほとんどなかった。しかし、その都市内およびその周辺では、イングランド人による不動産の売買が行われ、彼らの手に渡ったという記録が残されている。また、入植してきたイングランド人たちのなかには、不動産へ投資する者や、現地の娘との婚姻によって不動産を相続する者もいた。

ノルマンディ地方の行政官職にイングランド人が就くことによって、イングランド人共同体の形成が促進された。一四一八年まで「ノルマンディの金庫」であったカーンでは、ノルマンディの財務官職の地位に、イングランド人入植者たちが任命されることによって、都市内にイングランド人共同体の定着が促進された。また、イングランド人のなかには、都市の役職を保有する者もいた。唯一、アルフルールはイングランド人が都市の支配権を掌握していた都市であったが、カーンでも、三人のイングランド人参審人が存在した。ディエップでは、一四二四〜一四二九年にかけて、九七人の新しく都市民と認められた者のうち、七人がイングランド人であった。また、ファレーズのように、軍事的役職の多くをイングランド人が保有するという都市もあった。[9]

イングランド人が都市内に入植してくると、地元フランス人とのあいだに衝突が起こった。この問題に対して、イングランド王は、地方の要請に応じて、無法行為を避けるよう配慮し、都市の城や防備施設に軍を駐留させた。たとえば、一四一七〜一四一九年にかけて、ヘンリ五世はファレーズ市民の反抗を警戒して、イングランド守備部隊を城内に宿営させた。これは、都市民が兵士を殺したり、兵士が都市民に略奪を働いたりするなど、兵士と都市民による諍いを避けるためであった。[10]また、ヴェルノンでも、とくに、「近隣の都市民に起こりうる危険と不都合を避けるために」、守備部隊は城に隔離された。イングランド人守備部隊隊長たちは、いつも兵士たちの行動をコントロールしようと試み、都市民たちへの不法な抑圧を予防した。[11]

## †都市に対する懐柔政策

イングランド王権は、都市の支配者として、反抗する都市民に対し、懐柔政策によって、支配下に取り込んでいこうと考えた。たとえば、ファレーズの都市防備強化政策は、まさにその一環であった。ファレーズの市壁・

城壁の修復と改造、大砲の設置など、都市防備強化のために財政援助が行われた。さらに、ヘンリ五世は、都市民の要求に応えて、彼らに昼夜における市壁の警固を許可した。これにより、一方では、自らに反抗的な都市民の忠誠心を確保し、他方では、イングランド人守備部隊を城内に駐屯させ、都市民たちを監視する努力も怠ることはなかった。さらに、ファレーズの城の警固の義務もその都市民には免除され、都市のヴィコント管区全体から哨兵が召集された。これら諸方策は、イングランド王権が、反抗的なファレーズの都市民を味方につける目的で、彼らの権利を認めようとしたものであった。この政策により都市の防衛は都市民に委ねられ、城の防衛に従事していた守備部隊の負担は軽減された。他方、都市民自身は自らの財産を守ることができ、彼らの自尊心を満たすことができたのである。

これらの見返りとして、都市民は、まず市中触回り役（crieur）など、ヴィコント管区内の官職を担うことが求められた。これは、ヘンリ五世がファレーズの人たちと協力関係を築くことを目指したものであり、さらに、イングランド王がそれら新たな役人たちからその地方の情報を入手して、利益を得ることを欲した結果でもあった。また、都市民は、「反逆者（brigand）」とよばれた者たちを捕縛するよう命じられたり、三部会への招集に対して、都市代表を送るなど、イングランド王への協力が義務づけられた。[12]

## 第三節　シャルル七世のノルマンディ諸都市との良き関係の構築

### †ノルマンディ征服と諸都市への対応

フランス王シャルル七世の軍は、一四四九年のノルマンディ遠征に先駆け、一四四〇年にルーヴィエ、一四四一年にはエヴルーを、イングランド王から奪還している。前者の場合には、都市当局の援助もあって奪回に成功したが、後者は抵抗に遭いながらも最終的には都市民の貢献によって降伏させることができた。両都市にはフランス王から恩赦が与えられ、特権も保護された。[13]

一四四九年、シャルル七世軍は、ルーアンへと進軍して攻囲した。ほどなく、ルーアン市民がシャルル七世軍にあらゆる援助をするという協定が結ばれた。一〇月一九日、ルーアン市民はイングランド人に対して蜂起し、市外に駐留していたイングランド守備部隊は、即座に降伏した。[14]降伏したルーアン市当局は、シャルル七世に贈与金をおくり、軍役奉仕の義務を受諾した。一四五〇年三月までに、王に約三万リーブル・トゥール貨が貸与され、主としてアルフルールの奪還に当てられた。また同月、困窮した財政的状況でシャルル七世軍の遠征が遂行された際、ルーアン市当局は、市民二〇〇人からなる軍隊を、カーンの攻囲戦にフランス王の援軍として送ることに同意した。[15]

一四五〇年七月に陥落したファレーズでは、シャルル七世は、降伏文書の諸条項に従って、イングランド軍をその都市と城から撤退させた。そこでは、それまでイングランドに味方し、フランス王に抵抗していたファレーズの都市に対して、いかなる粛清も、いかなる特権の剝奪も行わないことに言及している。[16]

## †一四五二年のノルマンディ諸都市による要請

ノルマンディ奪回後、フランス王に対してノルマンディ地方の諸都市から要請がなされた。一四五二年一〇月七日、ルーアンの都市参事会は、エシキエを含むその他の法廷において未解決だったルーアンの権利と自由に関する多くの案件に関して、国王弁護官（avocat du roi）と協議することを決定した。また、ノルマンディ公領の諸身分の要請もふまえて、フランス王にノルマンディ憲章を追認するよう求めることが決められた。さらに、ルーアンでの会計院や援税院の再建、尚書局の設立、カーン大学の再建要求も付加された。

このルーアンの都市参事会の決定事項をもとに、一四五二年一一月二二日、ノルマンディ地方三部会により、各地域の要求がまとめられた。この「ノルマンディ地方三部会が国王に要請することが道理であると思われることに関する条項」と題された文書は、各地域の不平を要約している。戦争の影響で過度に高くなった税を支払うことは、納税者の支払い能力を超えていることが強調され、もし税が減額されなければ他所に移住することも訴えられている。また、ノルマンディ憲章の追認と更新、カーン大学の設立、司法機構と経済機構のルーアンへの設立、各都市が王と取り交わした降伏条項の確認が求められている。そしてノルマンディの案件が、パリ高等法院や公領外からの司法権の干渉を受けることなく、ノルマンディの最高法院であるエシキエの司法権のもとで処理されることをシャルル七世に要請している。カーン大学は一四五二年に学部を増設して再建されることが認められたが、その創設は一四三〇年代のイングランド占領期に遡ることができる。また、一四五三〜五五年にかけて再建された援税院も、一四二九〜四九年に設立されており、ルイ一一世の時に最高院となった。そして、一四九九年にルイ一二世が創設したノルマンディの高等法院の基盤はイングランド王によって助成されたエシキエにあり、一六世紀になって、フランソワ一世の時、ルーアン高等法院となった[17]。

❦　❦　❦

以上、英仏両王権とノルマンディ諸都市との関係を検討した。両王権ともに、都市を地方における自らの権力基盤を支えるために必要な存在とみなしていたことは確かであろう。一方、都市民は、その支配者が変わるなかで、優先すべきは保護者が英仏どちらの王家であるかというのではなく、守るべき自己の権利を維持することであった。ゆえに、都市民は、イングランド王の支配下でも、とくに抑圧的な支配に甘んじていたわけではなかった。フランス王権と都市との関係の変遷を論じた段階論では、シャルル七世期以降、フランス王権が諸都市と良好な関係を築きはじめ、以後、フランス王権と都市は相互補完的な関係を構築していく段階にあたる。このフランス王権と都市との関係は、イングランドの占領期にその素地が築かれていたといえるのではないか[18]。

イングランドの支配の時代はネガティヴで非生産的なものとみなすべきではなく、一四五二年のノルマンディ地方三部会の要求にみられるように、その時代にノルマンディ諸機構の基礎が生み出され、その諸機構は即座にノルマンディ地方の人びとによって、良き政治的機能へと結びつけられたのである[19]。イングランド支配時代においても、フランス王国の形成に寄与する傾向があったことは評価されるべきであり、このような観点から、いま一度、英仏関係を捉えなおす必要があるだろう。

［註］

(1) A. Corvisier, *Histoire militaire de France, t. 1, des origines à 1715*, pp. 81-85.

(2) 城戸毅『百年戦争』、一七四〜一七五頁。

(3) M. Mollat, *Histoire de Rouen*, pp. 75-78, 81-82.

(4) C. T. Allmand, The hundred years war;England and France at war c. 1300-1450, pp. 15-17; F. Neveux, *La Normandie pendant la guerre de Cent Ans (XIVe-XVe siècle)*, p. 180; Mollat, *Histoire de Rouen, Toulouse*, pp. 118-119.

(5) A. E. Curry, Les villes normandes et l'occupation Anglaise:l'importance du siège de Rouen (1418-1419), dans *Les villes normandes au Moyen Âge, renaissance, essor, crise. Actes du colloque international de Cerisy-la-Salle (8-12 octobre 2003)*, P. Bouet, et F. Neveux, (éd.), pp. 119-121. Id., The impact of war and occupation on urban life in Normandy, 1417-1450, p. 172.

(6) 城戸『百年戦争』、一六一〜一六二頁。

(7) C.T. Allmand, *Lancastrian Normandy 1415-1450 ;The hitory of a Medieval Occupation*, p. 86.

(8) Curry, The impact of war and occupation, pp. 162-163; Allmand, *Lancastrian Normandy 1415-1450*, p. 86.

(9) Allmand, *Lancastrian Normandy 1415-1450*, pp. 84-86. Curry, The impact of war and occupation, p. 168. F.-X. Lemercier, Falaise pendant l'occupation anglaise, dans *Les villes normandes au Moyen Âge, renaissance, essor, crise. Actes du colloque international de Cerisy-la-Salle (8-12 octobre 2003)*, P. Bouet, et F. Neveux, (éd.), pp. 135-136.

(10) Lemercier, Falaise pendant l'occupation anglaise, pp. 128-129.

(11) Curry, The impact of war and occupation, pp. 169-170.

(12) Lemercier, Falaise pendant l'occupation anglaise, pp. 130-137. brigand については、城戸『百年戦争』、一七三〜二〇二頁を参照。

(13) Curry, The impact of war and occupation, p. 161. A. Plaisse, *La vie municipale à Evreux pendant la guerre de Cent Ans*, pp. 135-139, p. 146.

(14) C.T. Allmand, Local reaction to the French reconquest of Normandy:the case of Rouen, in *The crown and Local communities in England and France in fifteenth century*, J.R.L. Highfield, and R. Jeffs, (ed.), pp. 147-148.

(15) Allmand, Local reaction to the French, p. 151.

(16) Lemercier, Falaise pendant l'occupation anglaise, p. 138.

(17) Allmand, Local reaction to the French, pp.151-153.

(18) B. Chevalier, *Les bonnes villes de France du XIIV$^{e}$ au XV$^{e}$ siècles*, Paris : Aubier Montaigne, 1982, pp. 93-112.　Id., Pouvoir central et pouvoirs des bonnes villes en France, aux XIV$^{e}$-XV$^{e}$ siècles, dans S. Gensini, (acuradi), *Principi e Città alla fine del Medioevo, Collana di studi e Ricerche*, 6, pp. 53-75.

(19) Allmand, Local reaction to the French, p. 154.

# 第一〇章　教皇権と地域諸権力の関係

西欧における中世とはどのような時代であろうか。俗権と教権の対立の歴史に目を奪われがちだが、本章ではそれとは全く逆に教皇権と地域諸権力の相互依存と葛藤の関係史と捉える見方を提示する。西欧中世の社会を一国史の視点で捉えることはできない。地域諸権力は教会人を介してひとつにつながっていたからである。第一、二節では一一～一三世紀前半の教皇権と英仏の関係を扱う。教皇権が英仏と密接な関係を取り結ぶなかで、グローバルな権威として皇帝権から自立してゆく状況が理解されるであろう。第三、四節では、大空位時代以後凋落する神聖ローマ皇帝権を尻目に教皇権と相互依存と葛藤をくり返す地域諸権力の中核としての英仏の動向を中心に一三世紀中葉～一五世紀前半の教皇権と地域諸権力の関係を検討したい。[1]

## 第一節　叙任権闘争における教皇権と地域諸権力（フランス・イングランド）の関係

### †俗権と教権の対立

まず一一世紀の教皇権を取り巻く西欧の状況を概観したい。一一世紀前半まで教皇権はイタリア都市貴族の文配下に置かれており、教皇庁の周辺地域にしか影響力を持たなかった。教皇レオ九世（在位一〇四九〜五四年）の時期から神聖ローマ皇帝が教皇選挙に関与するようになり、教皇権主体のグレゴリウス改革と呼ばれる聖界刷新運動が展開される。この改革はクリュニー修道院をはじめとする修道院の改革運動、聖堂参事会改革運動などと連動し、教皇権の権威を高めることに貢献した。この改革では俗人による高位聖職者叙任の慣行が俗権の教権に対する越権行為として痛烈に批判されたため、聖職叙任権をめぐって俗権と教権の間で深刻な対立が生じた。[2]

## †フランス・イングランドにおける叙任権闘争の開始

一一世紀後半のフランスとイングランドでは国王をはじめとして俗人による聖職叙任の慣行が行われていた。[3]一〇七五年に教皇グレゴリウス七世（在位一〇七三〜八五年）は『ディクタトゥス・パーパエ』と呼ばれる命題集を編纂し、教皇権の強化を企てた。この命題集の理念に従わない聖職者は、破門、罷免、聖務停止の命令を受けた。フランスでは、この方針に従って一〇八〇年にアルル大司教とナルボンヌ大司教が罷免されている。イングランドでは一〇七〇年にカンタベリ大司教に就任したランフランクが教会会議を開いて、風紀の刷新に努めた。ランフランクはウィリアム征服王と協調する路線を採用したため、イングランドのニコライズム（聖職者妻帯）とシモニア（聖職売買）は表沙汰にならなかった。カンタベリ大司教ランフランクの死後、一〇九三年一二月四日にグレゴリウス改革の影響を受けた後任のアンセルムが就任して以来、イングランド王と同大司教のあいだの対立は避けられないものとなった。一〇九三年二月二五日ロッキンガム教会会議で、アンセルムは教皇からパリウム（大司教衣）を授与されることを望み、イングランド王ウィリアム二世と対立する。一〇九七年アンセルムは国王の許可なくローマへ向けて出国したため、国王は大司教領を没収する。教皇権とイングランド国王のあいだで一触即発の状態となり聖俗のあいだで妥協案が模索された。

一〇七七年五月に教皇グレゴリウス七世は書簡で教皇特使ユーグ・ド・ディにフランスにおける俗人による聖職叙任の慣行を取り締まるよう命令し、オータン教会会議（一〇七七年九月）とポワティエ教会会議（一〇七八年一月）でこの方針を明示した。この方針に従って、ランス大司教、ブールジュ大司教、ボルドー大司教らフランス聖界の最高位の者たちが罷免と破門の宣告を受けた。さらにサンス大司教とシャロン司教は破門され、シャルトル司教は罷免された。破門や罷免といった厳罰は適用されなかったものの、トゥール大司教、サンリス司教、オーセール司教らも有罪とされた。俗人に叙任された聖職者はほとんど破門や罷免の厳罰に処せられたという事実が理解されよう。だが、一〇八二年にフランドル伯が強く推すランベールが、聖職売買によってテルアンヌ司教に就任したのにもかかわらず、グレゴリウス七世はフランドル伯を処罰しなかった。俗人による聖職叙任を行った俗人自身も処罰の対象であると明言されるようになるのは、教皇ウルバヌス二世の下で一〇九五年に開催されたクレルモン教会会議（一〇九五年）以降のことにすぎない。ウルバヌスの政策は後任のパスカリス二世に受け継がれ、俗人による聖職叙任は一一〇二年のローマ教会会議で禁止された。ところが、この強硬な方針はウルバヌス二世でさえ現実には採用しなかった。一一世紀末には教皇権と地域諸権力の双方の面子が立つ妥協による解決策が模索されていた。

### †調停理論

一一世紀後半から教皇権と地域諸権力の双方を調停する理論が徐々に醸成された。それは、司教権を教権と俗権によって構成されるものと看做す理論である。教権とは宗教的な権利全般を指し、俗権とは俗人が教会に与えるレガリア、動産、不動産などの世俗的な権利を指す。北イタリア出身でノルマンディのル・ベック修道院長からイングランドのカンタベリ大司教となったランフランクの弟子筋でこの理論は発展した。フランスでは、ル・ベック修道院においてランフランクのもとで研鑽を積み、シャルトル司教に就任したイヴォが、この理論を実際に適用し、聖俗の対立の解消を試みた。イングランドでは、イヴォのもとで研鑽を積んだフルーリのユーグがこの理論を用いて叙任権闘争の解決を行った。ユーグは、この理論を王から俗権の叙任が行われるのと同時に、大司教から指輪と杖によって教権（司牧権）を授与されるべきであるという理論に発展させた。一一二二年九月八日にマインツで開始され、九月二三日にウォルムスで妥結された「ウォルムス協約」が、指輪と杖による儀式を聖職者の司牧権の象徴として重視するのは、このユーグの理論の影響によるものであろう。ランフランク、アンセルム、イヴォ、ユーグらの経歴をたどると、北イタリア、ノルマンディ、フランス、イングランド、ドイツなど西欧全域の知的世界はつながっており、そのなかで叙任権闘争を解決する理論は醸成されたことが理解されよう。[4]

イングランドの叙任権闘争は、一一〇五年八月にロンドンにおいて、イングランド王ヘンリ一世とカンタベリ大司教アンセルムのあいだで話し合われた。一一〇七年シャルトル司教イヴォがあいだに入り、ノルマンディのル・ベック修道院で双方は妥協することとなった。このときフルーリのユーグの理論に基づき、司教は国王や俗人から指輪と杖による叙任を受けることが禁止された。そして俗権は国王から授与されることが決められた。教皇パスカリス二世はこの取り決めを承認し、イングランドにおける叙任権闘争は終結した。フランスでは、イングランドのような明確な証拠は残されていないが、一一〇七年のトロワ教会会議の頃に叙任権闘争は終結したものと考えられている。叙任権闘争に関しては、西欧全域を結ぶ教会人の密接なネットワークによって、ひとつの理論が西欧全域に適用されたということ、フランス王・イングランド王と教皇は、シャルトル学派の教会人を介して前向きな関係を構築していったということの二点を理解することが教皇権と英仏の関係史を考えるうえで重要である。教皇権と地域諸権力が相互に目の敵《かたき》にしていたというわけではないのである。むしろ双方は駆け引きをくり返しつつ歩み寄る機会を模索していたといえよう。

**†皇帝権と教皇権という二つの普遍的権威の対立とフランス・イングランド**

一〇四六年に神聖ローマ皇帝ハインリヒ三世は、並立していた三人の教皇を罷免し、分裂していた教会を統一した。それ以来、教皇権はドイツの皇帝の統制の下に置かれていた。上述のグレゴリウス七世が即位するに及んで、教会の俗権からの解放と教権の俗権に対する優位が唱えられるようになった。西欧全域に普遍的な支配権を及ぼそうとする神聖ローマ皇帝と教皇のあいだで全面対決が開始され、カノッサ事件（一〇七七年）が引き起こされた。この事件で一時的に教皇は優位に立ったが、事件後直ちに皇帝は反撃を開始し、歴代皇帝はイタリア政策を推進した。そのためウルバヌス二世（在位一〇八八～九九年）、パスカリス二世（在位一〇九九～一一一八年）、カリクストゥス二世（在位一一一九～二四年）、インノケンティウス二世（在位一一三〇～四三年）、エウゲニウス三世（在位一一四五～五三年）、アレクサンデル三世（在位一一五九～八一年）など皇帝と対立した教皇はフランスに避難し、そこで教会会議を開催して皇帝に対抗した。かくして、皇帝権と教皇権という二つの普遍的権威の対立は、一三世紀半ばのドイツの「大空位時代」まで続いた。

叙任権闘争で英仏といち早く妥協が成立したのは、神聖ローマ皇帝と全面対決を行うために、教皇が英仏に対して宥和政策を採用したからである。一一三〇年のシスマでは、ローマ周辺に支持基盤を持ちイタリアで宣伝活動を行った対立教皇アナクレトゥス（在位一一三〇～三八年）に対して、フランスに滞在し、西欧全域に向けて宣伝活動を行ったインノケンティウス二世（在位一一三〇～四三年）が勝利した。神聖ローマ皇帝フリードリヒ・バルバロッサ（在位一一五二～九〇年）がヴィクトル四世（在位一一五九～六四年）、パスカリス三世（在位一一六四～六八年）、カリクストゥス三世（在位一一六八～七八年）ら対立教皇を立てた際に、教皇アレクサンデル三世（在位一一五九～八一年）がシスマを乗り切ることができたのは、神聖ローマ皇帝の政策に英仏が加担しなかったからである。それどころか、教皇はローマを追われた際にフランスに逃げ込むことさえできた。英仏が皇帝の政策に同調しなかったのは、叙任権闘争以来、教皇権が英仏と友好関係を築いてきたからにほかならない。一一世紀半ばまで神聖ローマ皇帝権の支配下に置かれていた教皇権は、西欧全域の地域諸権力、特に英仏と手を結ぶことで皇帝権と並ぶ普遍的権威として自立しえたのである。

## 第二節　教皇権と地域諸権力の対立と相互依存

### †ベケット事件

一一〇七年、ロンドン協約でアンセルムとヘンリ一世の妥協が成立したが、以後もイングランド王は教会法よりも世俗慣習法を優先し続けた。教会法と世俗慣習法の優位性が逆転するのは、ヘンリ二世（在位一一五四〜八九年）の治世のベケット事件（一一七〇年一二月二九日）以後のことである。ヘンリ二世治下のイングランドでは、一一六三年のクラレンドン会議で教権と俗権の関係が議論され、一一六四年にイングランドの慣習を成文化したクラレンドン法が編纂された。具体的には、国王の司教叙任権、罪を犯した聖職者を世俗法廷で裁くこと、教会法に対するコモンローの優越、教権に対する王権の優越、教皇庁への上訴の禁止などが規定された。これらの規定は叙任権闘争以後の教皇庁にとって到底受け入れがたい内容であったが、そのなかでもとくに罪を犯した聖職者を世俗法廷で裁くという規定は、聖職者特権の剥奪につながる規定であったため、ヘンリ二世とカンタベリ大司教トマス・ベケットの争いの争点となった。

一一六四年にヘンリ二世はウェールズ遠征のための税の臨時徴収を行ったが、ベケットが拒絶したことでヘンリ二世とのあいだで対立が深まり、ベケットはローマ教皇のもとへ亡命する。一一七〇年六月ヘンリ二世は次男ヘンリの戴冠式をカンタベリ大司教ベケットの不在中に行った。ベケットは同年一二月にローマから戻り、ヘンリ二世に協力する司教らを破門した。ヘンリ二世はこの処置に怒り、一一七〇年一二月二九日に四名の騎士がベケットを暗殺する。教皇庁はベケットの死を殉教と認定し、一一七三年二月二一日に早くもベケットを列聖した。列聖権を教皇庁が排他的に留保しはじめる時期にあたっていたため、宣伝効果は絶大でベケットは巡礼者から崇敬を集めた。ベケットの人気によってヘンリ二世は苦境に立たされ、ついに一一七四年ベケットの墓前で贖罪した。結局一一七六年五月二一日ヘンリ二世は教皇アレクサンデル三世とアヴランシュ協定を締結し、森林法に関する罪を犯した聖職者を教会法廷で裁くことを認めざるをえなかった。

一一七一年ヘンリ二世はアイルランドに侵攻した。その翌年教皇はヘンリ二世をアイルランド君主として認定し、ヘンリのアイルランド支配を正当化した。ヘンリ二世にとって教皇はベケット事件に介入する煙たい存在ではあったが、ヘンリがひとたび恭順の意を示すと教皇は援護を惜しまなかった。イングランド国王と教皇は駆け引きをくり返しつつ、相互に依存する関係を構築していたのである。

## †カンタベリ大司教座をめぐる教皇権とイングランド王の対立と相互依存

カンタベリ大司教をめぐる問題はベケット事件で終わらなかった。カンタベリ大司教の任命をめぐり、イングランド王ジョンは教皇インノケンティウス三世と対立する。[5] 一二〇七年八月二七日同教皇は、教会の特権を守らぬジョンに怒り、イングランド教会に聖務停止を命じ、さらに一二〇九年一〇月ジョンを破門した。この時、すでにジョンはフィリップ二世に大陸所領の大半を没収されていた。フィリップ二世が教皇の許可を得てイングランドに攻めてくる可能性があったため、ジョンは一二一三年五月イングランドとアイルランドを教皇に寄進し、教皇への服従を誓った。そして聖ペテロ祭費とは別に年額一〇〇〇マルクを教皇に支払うことが定められた。フィリップ二世は戦費を費やしてイングランド侵略の準備を整えていたが、ジョンの教皇への服従の見返りとして、教皇はジョンに味方し、フィリップ二世に開戦の許可を与えなかった。ジョンの教皇への服従のさらなる見返りとして教皇はマグナ・カルタの無効さえも宣言し、ジョンを擁護した。教皇はカンタベリ大司教座の問題にたびたび口出しするうるさい存在ではあったが、国王が困ったときの面倒見もよかった。同様のレーン制的関係をインノケンティウス三世はアラゴン、レオン、ナバラ、ポルトガルなどとも結んでいた。教皇と地域諸権力は必ずしも敵対していたわけではなく、駆け引きをくり返しつつ、相互依存の関係を取り結んでいたといえよう。

## †教会ヒエラルキーの確立と地域諸権力

神聖ローマ皇帝権に対抗するために英仏をはじめとする地域諸権力と密接な関係をとり結んだ教皇は、一一世紀後半から一二世紀前半にかけて、グローバルな性格を帯びるようになった。一二世紀以降は、教皇特使制度の本格的な導入、各地での頻繁な教会会議の開催、枢機卿団主体の教皇選挙制度の導入などの政策を柱として、教皇権を中心とした教会ヒエラルキーの形成を促す「教皇改革」とよばれる教会制度上の改革が展開された。[6] 教皇特使制度の導入によって地方教会の紛争を教皇庁に上訴する慣行が現れはじめ、聖界の最高法廷としての教皇法廷の権威を高めた。各地で頻繁に開催された教会会議はローマ教会の改革の方針を西欧全域に伝える機会となった。また枢機卿団主体の教皇選挙制度の導入によって俗人の教皇選挙への介入を制限し、教権を俗権からいっそう自立させることとなった。これらの制度改革によって教皇権を中心とした教会ヒエラルキーは強化され、それが一四世紀以降、主権国家としての道を歩みはじめる英仏などの地域諸権力と教皇権のあいだで紛争を引き起こす要因となった。グローバルな性格とヒエラルキーの強化によって、西欧全域で威信を高めた教皇は皇帝の好敵手となった。

教皇権は神聖ローマ皇帝権と対立を深める一方で、英仏と友好関係を維持した。イングランド王ヘンリ三世（在位一二一六～七二年）は、教皇の呼びかけに応じて無謀なシチリア遠征を受諾する。かくして、レスター伯シモン・ド・モンフォールらは国王の専横に耐えかねて反乱を起こした。この反乱は教皇、フランス王ルイ九世、イングランド王ヘンリ三世の協調によって鎮圧される。教皇はジョンの時代から自らに寄進し、服従するイングランド王との相互依存関係を重視していたがゆえに、この反乱に介入したのである。一三世紀の教皇権は、英仏と結んで神聖ローマ皇帝権との対等の関係を維持する政策を推進する。

## 第三節　多極化する教皇権と地域諸権力の関係

### †大空位時代から一三〇二年までの教皇権と地域諸権力

一三世紀のイタリアでは、地域諸権力間の駆け引きが集中して現れた。皇帝権を実質化するために、ドイツ王がイタリア政策に固執したからである。ドイツの王ではなく、ローマの皇帝であるためには、イタリアを支配する必要があった。

神聖ローマ帝国では、大空位時代（一二五六～七三年）がはじまり、西欧世界における皇帝権の影響力は低下した。だが、シュタウフェン家出身の皇帝フリードリヒ二世の庶子マンフレートは、亡き父同様にイタリア政策を推進してシチリア国王に就任し、教皇アレクサンデル四世（在位一二五四～六一年）と対立した。アレクサンデル四世は、マンフレートに対抗すべく、イングランド王ヘンリ三世の息子エドワードをシチリア国王として認定した。アレクサンデル四世の次の教皇ウルバヌス四世（在位一二六一～六四年）は、フランス出身ということもあって、フランス王ルイ九世の弟のシャルル・ダンジューのシチリア王位を承認し、後任の教皇クレメンス四世（在位一二六五～六八年）も先代教皇の政策を継承してシャルル・ダンジューを支持した。シャルル・ダンジューとマンフレートの争いは、シャルルの勝利に終わる。つづいてシュタウフェン家最後の継承者のコンラディンはシチリアの領有権を諦めきれず、シャルルに挑んだが、結局シャルルが勝利し、シチリアはフランスの影響下に入った。神聖ローマ皇帝権との対決が一一～一三世紀の教皇権の目標であり、その目標を実現するために、英仏の王権が利用された。またドイツのシュタウフェン家の影響力を削減するために教皇は名目的にカスティーリャ王に神聖ローマ皇帝権を与えさえした。[7] 教皇権は地域諸権力を巧みに利用し、自らの役割を果たしたといってよい。

シチリア島民が支配者のフランス人の支配に対して反乱を起こし、アンジュー家はシチリアから放逐された。

この反乱に乗じてスペインのアラゴン王ペドロ三世は、妻コンスタンツェがシュタウフェン家のマンフレートの娘であることを理由にシチリアに出兵し、その地を支配する。フランス出身の教皇マルティヌス四世（在位一二八一～八五年）はシャルル・ダンジューを支持し、ペドロ三世を破門した。そしてシチリア王位をフランス王フィリップ三世の息子シャルル・ド・ヴァロワに与えた。フィリップ四世の即位の一二八五年には、シャルル・ダンジューとマルティヌス四世が相次いで死去したため、アラゴンの優位は明白となった。だが、後任の教皇ホノリウス四世（在位一二八五～八七年）は、先代教皇のアンジュー家支持の政策を踏襲してシャルル・ダンジューの息子シャルル二世を援護するために、フランス王フィリップ三世の息子のシャルル・ド・ヴァロワのイタリア遠征軍を十字軍と認定したものの、アラゴンの優位は動かなかった。フィリップ三世の死後、王位を継承したフィリップ四世（在位一二八五～一三一四年）はイタリアへ向けての十字軍を断念した。フィリップ四世は一二九三年からプランタジネット朝のエドワード一世（在位一二七二～一三〇七年）とのあいだで、ギュイエンヌとガスコーニュをめぐって対立を深め、一二九四年には本格的な戦争状態に突入したため、もはやシチリアの領有権問題に目を向ける余裕はなかった。教皇ボニファティウス八世（在位一二九四～一三〇三年）は、シチリアの領有権問題の当事者たるフランス・イタリア・スペインの地域諸権力とのあいだに一二九五年にアナーニ条約、一三〇二年にカルタベロッタ条約を締結し、アラゴン王ハイメ二世にシチリアを与えることが決定された。教皇権は西欧全域から地域諸権力をイタリアに引き込んでドイツ王のイタリア政策を阻止し、強力な皇帝権が現れないように手を尽くした。

**†教皇ボニファティウス八世と英仏王権**

教皇権とフランスがアラゴンに対して譲歩せざるをえなかったのは、イングランド王エドワード一世（在位一二七二～一三〇七年）とフランス王フィリップ四世（在位一二八五～一三一四年）の対立が激しくなっていったからであろう。一二九八年にボニファティウス八世は英仏の調停に乗り出し、一二九九年に英仏のあいだでモントルイユ協定が結ばれたが、対立は収まらなかった。一三〇〇年と一三〇二年にも、エドワード一世は教皇にフランスとの調停を依頼する。一三〇二年にフィリップ四世は教皇の調停を拒否したが、エドワード一世はその後もくり返し教皇のもとに使者を派遣し、調停を依頼した。教皇は、調停を拒否するフィリップ四世に破門を宣告し、フランス教会に聖務停止を命令する。フランドル諸都市の軍勢に敗退したフィリップ四世は一三〇三年にエドワード一世とパリ条約を結び、国王から奪った領地をすべて返還する。エドワード一世は教皇にくり返し働きかけ、教皇の権威によってフィリップ四世に圧力をかけた。ボニファティウス八世は英仏を巧みに調停し、教皇権の強化に努めた。

### †主権国家と普遍的権威の対立

「大空位時代」以後、神聖ローマ帝国の権威は低下し、フランス王権の権威が上昇した。一四世紀に入ると、教皇権のライバルはフランス王権であった。一二九四年フランスはイングランドと戦うための費用を得るために、聖職者に課税した。教皇ボニファティウス八世は、一二九六年二月に教書「クレリキス・ライコス」を公布して聖職者への課税に反対した。

パミエ司教ベルナール・セッセの当該司教管区に対する支配権をフィリップ四世が剝奪し、セッセを国王に対する大逆と異端の罪で監禁したことで争いは再燃し、教皇はフィリップ四世の罪を問う教会会議を一三〇二年一一月にローマで開催することを決定する。同年フィリップ四世は高位聖職者と貴族に都市の代表を加えた会議を開催した。この会議はフランスの三部会のはじまりであると歴史上位置づけられている。ボニファティウス八世は一三〇二年一一月に予定通りローマで教会会議を開催し、同年一一月一八日に教皇権の至上性を唱える「ウナム・サンクタム」と呼ばれる教書を発布した。一三〇三年九月七日に国王の側近のギョーム・ド・ノガレは、かつてボニファティウス八世の提唱した十字軍によって本拠を壊滅させられたコロンナ家のシアラとともに、アナーニに滞在していた教皇を襲撃し、教皇を監禁した。この事件は「アナーニ事件」といわれる。結局教皇はアナーニ市民に救出され、ローマに帰還し、一三〇四年一〇月一一日に死去した。この事件は自立化する「国民国家」と普遍的権威の対立を象徴する出来事として位置づけられている。

## †アヴィニョン捕囚時代の教皇権と英仏王権

ボニファティウス八世の後任としてベネディクトゥス一一世（在位一三〇四～一三〇五年）が即位したが、短命であった。教皇庁の所在地のローマではオルシニ家とコロンナ家とボニファティウス八世の出身家門のガエターニ家が対立していたが、彼らは一致してベネディクトゥス一一世の後任の教皇としてベルトラン・ド・ゴを推した。ベルトランはクレメンス五世（在位一三〇五～一三一四年）として即位した。以後、一三七八年まで七代にわたってフランス人が教皇位に就いた。しかしながら、カペー朝のヘゲモニーの下にある北フランス出身者ではなく、南フランス出身者が教皇に選ばれる傾向があった。ベルトランの前歴は、ボルドーの大司教であった。同教皇はローマの貴族の争いを避け、教皇庁を名目上神聖ローマ帝国に含まれるアヴィニョンに移した。

カペー朝の圧力はなかったのだろうか。たしかにカペー朝の圧力に屈して、クレメンス五世は、カペー朝が主張するボニファティウス八世の異端疑惑をはらす代償に、国王の側近でアナーニ事件を惹き起こしたギョーム・ド・ノガレを赦免せざるをえなかった。だが、教皇はアヴィニョンに移転後も、地域諸権力の勢力のバランスを利用して、外交のキャスティングボートを握る努力を続けた。クレメンス五世がカペー朝の王領の中心地から離れ、プランタジネット朝の影響を被りやすいボルドーの大司教出身であるのも、ヴィエンヌ公会議（一三一一年一〇月一六日～一三一二年五月六日）がフランスを避け、神聖ローマ帝国領で開催されたのも、ほかの地域諸権力の力を借りてフランス国王に対抗するためであろう。ボニファティウス八世が異端とされなかったこと、テンプル騎士団に対する有罪判決が下されずに同修道会の解散および財産の聖ヨハネ騎士団への移管という行政処分のみで済まされたこと、会議中にテンプル騎士団長ジャック・ド・モレーら同騎士団幹部に対して教皇の名において助命の嘆願がなされたことなどからわかるように、ヴィエンヌ公会議のこうした決議は、当時の教皇権のフランス王権からの自立の努力の現われと看做しうる。

クレメンス五世の後任の教皇ヨハンネス二二世（在位一三一六～三四年）、ベネディクトゥス一二世（在位一三三四～四二年）、クレメンス六世（在位一三四二～五二年）の時期にアヴィニョン教皇庁は財政と制度の両面から整備された。ローマから切り離され収入源に困ったヨハンネス二二世は、聖職禄授与権を掌握する努力を続け、多額の収入をえることに成功する。収入の多くはフランスから獲得した。[8] したがってアヴィニョン教皇庁はたしかにフランスの圧力を受け、さまざまな便宜をはかったが、収入源を見る限り一方的にフランス王の餌食にされていたとはいえないだろう。

## 第四節　教皇権と地域諸権力の関係の再編

### †百年戦争の開始前後の時期における教皇権とフランス・イングランド

エドワード二世治世の一三二六年にイングランドから教皇庁への一〇〇〇マルクの給付は打ち切られた。このレーン制的給付はかつてイングランド王ジョンが教皇インノケンティウス三世に服従を誓った際に取り決められたものであった。遅延や停止の年があったにせよ、約百年も続いたこの給付は教皇権とイングランド国王の友好関係のしるしとされていた。

フランスとイングランドの勢力の均衡の情勢の下で仲介者として外交上の有用性を保持していた教皇権は、一三三七年から始まる「百年戦争」を通じてイングランドからの支持を次第に失い、窮地に立たされる。イングランドの離反の原因は、教皇庁がフランスの対イングランド戦の戦費を間接的に負担していることがイングランド国内で問題視され、反聖職者主義が台頭したことによる。クレメンス六世期（一三四二～五二年）になるとイングランドでは国内の聖職禄を国外の聖職者が吸い上げる仕組みが問題視されるようになり、一三五一年以降は反教皇立法が次々と制定される。

### †大シスマ期の教皇権と地域諸権力

教皇ウルバヌス五世（在位一三六二～七〇年）は一時的に教皇庁をローマに戻した。次の教皇グレゴリウス一一世（在位一三七〇～七八年）は、一三七七年に教皇庁を完全にローマに戻した。アヴィニョン教皇庁はこの頃すでに国際政治センターとして、英仏の調停をする機能を低下させていた。イングランドからの一〇〇〇マルクの給付の打ち切りと反教皇立法の成立は、教皇権が以前のようなイングランドの強力な支持を期待できなくなったことを意味する。イングランド王の所領に近い南フランスに教皇庁を置くことの利点が見出せなくなっていた。教皇グレゴリウス一一世は、教皇庁を完全にローマに戻すとまもなく死去し、後任の教皇ウルバヌス六世（在位一三七八～八九年）が選ばれた。同教皇は、ローマ都市民が枢機卿団にイタリア人のなかから選ぶように強制して即位させた人物であったため、多数派のフランス人枢機卿は反発し、フランス人のクレメンス七世（在位一三七八～九四年）を教皇として立て、アヴィニョンに教皇庁を置き、ローマの教皇庁に対抗した。以後約四〇年間に及ぶ「大シスマ」（一三七八～一四一七年）という事態を迎える。

百年戦争の最中の英仏の対立は教会の分裂に拍車をかけた。ウルバヌス六世を支持したのは、イングランド、フランドル、イタリア都市国家、神聖ローマ皇帝カール五世、スウェーデン、ハンガリー、クレメンス七世を支持したのは、フランス、カスティーリャ、アラゴン、ナバラ、シチリア、サルディニヤ、スコットランド、ドイツの領邦などである。イタリアのローマの教皇庁と南フランスのアヴィニョンの教皇庁の対立がいつのまにか国際的な対立に結びついた。「大シスマ」の期間でさえも教皇の権威が直ちに失墜したわけではなく、利害関係だけで結びついていた地域諸権力を結び付けるシンボルとして、あるいは各地域諸権力の仲介者として教皇権は利用され続けた。

フランス国王は、アヴィニョン教皇庁の二代目の教皇ベネディクトゥス一二世の選出を妨害し、廃位の要求を行った。だが、アヴィニョン教皇庁はフランス国王の要求を拒否した。これはフランスの軛《くびき》の下にあると看做されがちなアヴィニョン教皇庁が、実際はフランス国王の完全な統制下には置かれなかったことを意味する。

中世を通じて教皇権と地域諸権力の駆け引きと相互依存は依然として国際政治の重要な要素として残された。「大シスマ」の最中の一三八二年にイングランド王は、ローマの教皇庁を支持し、フランス王に打撃を与えるためにアヴィニョン十字軍の計画を立てた。計画は一三八三年に実行に移されたが、早くもフランドルで挫折する。これは「大シスマ」の最中でさえ、教皇庁の所在地に依然として権威があると考えられていたことを証する事例である。同じく「大シスマ」の最中の一三九七年、イングランド王リチャード二世は神聖ローマ皇帝の候補として名を挙げられたことを喜び、選挙を有利に進めるべく教皇権に接近しているし、ヘンリ四世は、三つ目の教皇庁として設立されたピサ教皇庁の教皇ヨハンネス二三世の助力を得て、一四〇九年にオックスフォードの異端を鎮圧している。対立教皇が存在しなかったのは一三世紀から一四世紀にかけての一時期だけであり、グレゴリウス改革期などは恒常的に対立教皇が存在した。むしろ中世においては対立教皇が存在するのが常態であった。したがって、中世後期の教皇権については、教会の分裂を根拠にして、それが直ちに衰退したと結論付けることは難しい。確実にいえることは、一三世紀頃までは二つの普遍的権威を中心として西欧世界は動いていたが、一四世紀以降は多極化の時代をむかえたということであろう。

### †公会議主義時代の教皇権と地域諸権力

約四〇年間に及ぶ「大シスマ」（一三七八〜一四一七年）の末期から「公会議主義時代」（一四一四〜一四四九年）がはじまる。一四〇三年頃からボヘミアではウィクリフの著作から影響を受けたフス派の異端運動が広がった。同じ頃イングランドでは、ウィクリフとその追従者のロラード派異端が広がり、ワット・タイラーの農民反乱にも影響を与えた。教皇庁が複数存在すると、教説をひとつにまとめることができず、異端対策がままならぬことに地域諸権力は気づいた。その結果「大シスマ」を終結させるための公会議が一四一四年からシュヴァーベンのコンスタンツで開催され、公会議の決定に教皇は従うことが議決文「サクロ・サンクタ」（一四一六年）によって定められた。またこの公会議でローマ、アヴィニョン、ピサの三人の教皇の退位もしくは廃位が決定され、マルティヌス五世（在位一四一七～三一年）が唯一の教皇として認定された。このような妥協がすすめられた理由のひとつに、聖俗の貴顕の大半が、強力な異端の出現に恐れを感じていたことが挙げられる。神聖ローマ皇帝ジギスムントがコンスタンツ公会議で難業の地域諸権力の取りまとめ役を務めたのは、彼が異端運動に最も脅かされていた君主であったからにほかならない。帝国領のボヘミア王国では民族運動と異端が結びつき、異端が王国を丸ごと占拠しかねない危機的状況に陥っていた。この公会議に大学などの理論家・神学者が多数参加したのも異端対策が最重要課題であったからである。

フランスでは、一四三八年に「ブールジュ国事勅書」でガリカニスムの路線が打ち出された。国家は教会の問題に介入できるのと同時に、教皇は公会議の決定に従うことが宣言された。だが、一四四八年に神聖ローマ皇帝は教皇の至上権を再び承認する。以後公会議主義は衰退し、ほかの地域諸権力のあいだでも教皇の至上権はおおむね回復された。公会議主義を放棄するかわりに、地域諸権力は教皇権から大幅な譲歩を引き出した。[9] それでも教皇権は多極化のなかで一定の役割を果たした。結局教皇権と地域諸権力の相互依存は中世末まで続く。イングランドのロラード派とボヘミアのフス派が結びついていたように、異端運動は西欧全域で同時多発的に蔓延した。さらに異端運動は民族運動や農民反乱などと結びつき、しばしば地域的な対応では手に負えないものとなった。教皇権は、俗権に大幅に譲歩し、かつての威光はすでに失っていた。だが、君主の権威さえ脅かす強力な異端運動に地域の枠組みを超えて共同で立ち向かうために、地域諸権力は教皇の権威を依然として必要としていたのである。

⁂

西欧全域の知的世界はつながっており、そのなかで叙任権闘争を解決する理論は醸成された。当然のことながら教会史を一国史の視点で捉えることはできない。英仏の叙任権闘争においても、カンタベリ大司教座をめぐる争議においても、教皇と地域諸権力は必ずしも敵対していたわけではなく、交渉を重ねるうちに相互に依存する関係を強化していったといえよう。神聖ローマ皇帝権と対立を深めるなかで、英仏との協調路線を教皇権は採用した。それがのちに教皇権が積極的に西欧世界で多国間関係を築く端緒となった。グローバル化路線を採用することによって西欧全域で威信を高めた教皇権は、地域諸権力から神聖ローマ皇帝権と並ぶ、西欧中世の普遍的権威と看做されるに至る。

中世後期の教皇権は、民族運動や農民反乱の主体にとっては、疎《うと》ましい存在でしかなかったかもしれない。だが、中世の地域諸権力体にとって教皇権は相互に依存し合う不可欠の存在であった。教皇権は俗権に大幅に譲歩せざるをえなかったが、一五世紀半ばに地域諸権力から、名目的とはいえ至上権を再認させることに成功する。教皇権の衰退、それは中世の終焉を意味する。われわれは中世の俗権と教権の対立の歴史に目を奪われがちだが、むしろ教皇権と地域諸権力の相互依存と葛藤の関係史に目を向けなければならないだろう。

［註］

(1) 中世教会史の全体構造については、A.-M. Helvetius, J.-M. Matz, *Eglise et société au Moyen Age, V^e-XV^e siècle*, M. Soria-Audebert, C. Treffort, *Pouvoirs, église, société: Conflits d'intérêts et convergence sacrée (IX^e-XI^e siècle)*; C. Vincent, *Eglise et Société en Occident XIII^e-XV^e siècle* を参照。

(2) A. Fliche, La réforme grégorienne et la reconquête chrétienne, (L'Histoire de L'Eglise depuis les origines jusqu'à nos jours, (dir.) A. Fliche et e V. Martin), t.VIII.　野口洋二『グレゴリウス改革の研究』。

(3) A. Fliche, *Querelle des Investitures*, Paris, 1946.〈邦訳　オーギュスト・フリッシュ著（野口洋二訳）『叙任権闘争』〉

(4) 今野國雄『西洋中世世界の発展』岩波書店、一九七九年。

(5) 佐藤伊久男「一三世紀イングランドにおける教会と国家」、四七七〜五五一頁。

(6) 関口武彦「『一一三〇年のシスマ』と枢機卿団」、二四三〜二九〇頁。

(7) 今野國雄『西洋中世世界の発展』。

(8) フランツ・フェルテン（甚野尚志、小山寛之訳）『中世ヨーロッパの教会と俗世』。

(9) 堀米庸三『西洋中世世界の崩壊』。

# 第一一章　フランドルと英仏

中世フランドル伯領は、現在のベルギー北部から北フランスにかけて存在した領邦国家であり、その形成は九世紀後半、初代フランドル伯であるボードワン一世鉄腕の時代にはじまる。同伯領は、主として西フランク、ついでフランス王国の一部を形成し、君主であるフランドル伯はつねに王国で最も有力な諸侯の地位を保持していた。しかし、厳密には神聖ローマ帝国に属するスヘルデ川以東の一部が帝国領フランドルを形成していたので、フランドル伯はエノー伯やブラバント公といった隣接する帝国諸邦の君主とも頻繁に同盟あるいは敵対関係を結ぶなど、帝国政治の領域できわめて活発な動きをみせることもあった。

もっとも、二つの国家間での動きという点では、英仏間においてフランドル伯および伯領が占めた重要性は、独仏間におけるそれをはるかに凌駕する。英仏海峡を挟んで向かい合うイングランドとフランドルは、容易に船舶での行き来が可能であり、イングランド王が大陸に進出しようとする際に、最も手近な同盟相手がフランドル伯であった。また、一二世紀以降フランドル都市が毛織物工業で急速な発展を遂げると、原材料の羊毛の供給地であるイングランドとそれら諸都市のあいだで通商関係をめぐって深い結びつきが形成される。こうして君主・都市ともにイングランドと密接なかかわりをもったフランドルは、ときにイングランドの政治社会に深い影響を及ぼし、また逆に影響を及ぼされながら、英仏関係史において中心的な位置を占めていたのである。以下、フランドル伯が強力な指導力を発揮した一〇世紀から一二世紀まで、これに代わって都市が伯領政治のイニシアティヴを握った一三世紀から一四世紀前半まで、そして都市と向き合いつつブルゴーニュ公がフランドル伯として君臨した一四世紀後半から一五世紀までの三つの時代に分けて、イングランドとフランドルの関係を概観してゆこう。なお本章では、フランドル伯とフランス王のあいだの君臣関係を議論の前提とし、フランス・フランドル関係にまつわる言及は、基本的にそれら両者の関係が悪化した際のものに限定されることをお断りしておく。

## 第一節　フランドル伯の時代

### †ノルマン征服とフランドル

すでに一〇世紀以前から、イングランドとフランドルの君主家系や修道院のあいだには一定の関係が結ばれていた。しかし、両地域のあいだに真の意味で重要な政治的関係が見いだされるには、一〇六六年のノルマン征服前後の時期を待たねばならない。[1]

まず、征服前夜における英仏間の情勢を、フランドル伯を中心に眺めるならば、伯はフランス王、ノルマンディ公やゴドウィン家と婚姻関係を結んでおり、これらのネットワークにブーローニュ伯とイングランドのエドワード証聖王、神聖ローマ皇帝らが対立するという構図を描くことができる。この時期のフランドル伯ボードワン五世はフランス王アンリ一世の妹アデラを妻としており、同王の死（一〇六〇年）後、幼少のフィリップ一世の摂政として王国政治で重要な役割を担っていた。また彼はノルマンディ公ウィリアムに自身の娘マティルダを嫁がせると同時に、ノルマン征服の際ウィリアムと敵対するゴドウィン家とも密接な関係を有していた。たとえば、証聖王のあとイングランド王となったゴドウィン家のハロルドは弟のトスティイと対立するが、ボードワンの異母妹を妻に迎えていたトスティイは短期間ながらフランドルのサン・トメールに亡命している。これとは逆に、伯領南方のエノーや北方のホラントといった帝国領に干渉の手を伸ばすボードワンに皇帝は敵意を抱き、イングランドの対岸である北海沿岸地域を手中に収めんとする同伯には、やはりエドワード証聖王も警戒心を強めていた。さらに、伯の封建家臣でありながら独立的に振る舞うブーローニュ伯ユスタシュ二世はゴドウィン家と対立関係にあったが、ボードワンがノルマンディ公と関係を結んだのも、両者のあいだに存在するユスタシュをにらんでのことであった。[2]

さて、こうした国際関係のなか、エドワード証聖王が一〇六六年一月に死亡し、ノルマン征服が行われる。この際、フランドル伯ボードワン五世は義理の兄弟であるウィリアムに協力もしなければ敵対もしないという、あくまでも中立的な立場を貫いたように思われる。一二世紀イングランドの年代記作者マームズベリのウィリアムによれば、ノルマン征服後ウィリアムからボードワン五世に金銭封が支払われたというが、[3]これがウィリアムに敵対しないという消極的協力への報酬であったかどうかは明らかでない。その点はともかくも、ノルマン征服に積極的な関心を示したのは、伯領南部のフランドル貴族たちであった。なかでもゴドウィン家に激しい憎しみを抱いていたブーローニュ伯ユスタシュ二世はヘイスティングズの戦いで最も活躍した戦士であり、ハロルド殺害の立役者でもあった。その他の貴族たちも戦闘の過程で重要な働きをなし、征服後にはイングランド全域にわたって多くの所領を獲得することとなる。[4]ただし、ユスタシュの事例から明らかなように、これらの貴族はあくまでも個々の事情から征服に参加したのであって、フランドルの民族的まとまりのもと参加したわけではない。参加者の多くは、次・三男の立場で食い扶持をみつけねばならず、遠征への参加には伯領の事情ではなく個々の家の事情が強く反映されていたのである。伯にとっても、自身に反抗的であった南部の貴族たちの関心がイングランドに向けられることは、好ましいことであったに違いない。

### †フランドル伯とドーヴァー条約

では、フランドル伯とイングランド王の関係は、その後いかなる展開をたどるのか。この点でポイントとなるのが、一一〇一年を皮切りに、その後、複数回にわたって両者のあいだで締結されているドーヴァー条約である。

少し遡って説明しよう。一〇七一年、ロベール・フリゾンが甥のアルヌール三世から伯位を簒奪した際、この行為に不満をもつノルマン王家とフランドル伯の関係はいったん悪化していた。そしてフランドルは、征服王に反旗を翻したその息子ロベール・クルトゥーズの亡命先となり、最終的には頓挫の憂き目をみたものの、姻戚関係にあったデンマーク王によるイングランド遠征の拠点ともなっていた。しかし、一〇九二年に、伯の継娘とフランス王の離縁をきっかけとして、両家の関係が悪化すると、晩年のロベール・フリゾンはウィリアム二世赤顔と接近する。その翌年に伯位を継いだロベール二世のもと、こうした両者の関係を明文化したものが先述の一一〇一年のドーヴァー条約である。

ロベールは前年来、王位にあったヘンリ一世と同条約を締結するが、その内容は興味深い。そこには、ロベールがあくまでもフランス王フィリップの封建家臣としての立場と義務に抵触することなく、いかにヘンリ一世に奉仕し、その見返りとして何を得ることができるかが記されているからである。たとえば、ロベールは、フィリップへの封建的義務に違反しない限りでイングランドの防衛のためヘンリ一世を援助し、ヘンリが召集をかけた場合、騎兵を千人用意するという。そして、フィリップがイングランドを侵略しようとしたら、ロベールはあらゆる手段で彼を説得にあたるが、それでもこれが実行されようとする場合、ロベールは同王のもとにゆき二〇人の兵士を用意し、残りの九八〇人はヘンリの側で戦うとされている。また、フィリップが反対しない限り、ヘンリはノルマンディやメーヌでロベールの援助を頼みうるし、フィリップがノルマンディを侵略しようとした場合、イングランド侵略の時と同じ条件が適用される。これらに対する報酬としては、ヘンリ一世からロベールに年三回の分割払いで五百マルクの金銭封が支払われるだろう。先述のように、これ以前にボードワン五世以来の金銭封によって結ばれたイングランド・フランドル（以下、「英・フ」とする）間の関係がすでに存在した可能性はあるが、それにしても今回の条約によってその関係性が明示された点は重要だろう。[5]

ヘンリ一世がドーヴァー条約を結んだ際の意図は明確である。ヘンリは一一〇〇年にイングランド王に登位したものの、これを不服とする長兄のノルマンディ公ロベール・クルトゥーズが末弟である彼に陰謀を企んでいた。そこで、かつてフランドルで亡命生活を送っていたロベール・クルトゥーズとフランドル伯の関係を断ち切ることが、ヘンリにとって喫緊の課題だったのである。

ロベール二世は、その死に至るまで忠実にフランス王のために戦ったといわれており、これらの条項が現実にどの程度効力を持っていたのかは明らかでないが、条約自体は一一一〇年五月一七日に再び更新されている。この際、フランドル伯がイングランド王のために用意する兵は一〇〇〇人から五〇〇人に削減され、伯に対して支払われる金額も五〇〇マルクから四〇〇マルクに減らされているものの、おおよその中身に変化はない。更新の理由については、最初の条約における仮想敵フィリップが一一〇八年に没しており、条件に変化が生じたことがまず挙げられる。また、一一〇六年にはロベール・クルトゥーズがヘンリにより投獄されるが、その息子ギョーム・クリトの動向も条約更新に影響を及ぼしているだろう。彼は、ヘンリ一世によりアルク領主エリアスなる人物の後見下に置かれていたが、のちにこの後見人もろともフランドルに亡命してしまったのである。ロベール二世は条約更新後まもなく他界するが、フランドルがノルマン征服後の英仏関係においてきわめて重要な位置を占めていたことは間違いなかろう。[6]

## †一二世紀のフランドルとイングランド

一一一一年にロベール二世を継いだ伯ボードワン七世は、宮廷にギョーム・クリトを迎えており、激しくイングランド王と敵対した。そして、八年の統治のあと、世継ぎなく死亡したこの伯の後継者となったのは、かつてイングランド遠征を企てたデンマーク王カヌート四世の息子シャルル善良伯であった。ただし、彼は一一二〇年以降のヘンリ一世の後継問題をめぐる英仏間の複雑な情勢や、すでに毛織物工業で繁栄しはじめていたフランドル都市の意向を考慮に入れて、イングランド王と妥協せざるをえなかった。このシャルルもまた短い治世を経て、一一二七年、家臣に暗殺され突然世を去るが、その後、伯位継承をめぐって伯領は大混乱に陥る。この際、フランス王が傀儡としてフランドル貴族と都市に押し付けようとしたのがギョーム・クリトであった。ちなみに、デマではあったものの、イングランド王の支援を受けたと自ら吹聴した別の伯位候補者ギョーム・ディープルは、クリトに捕らえられフランドルから追放されたのち、内乱期のイングランドで国王のもと名うての戦士として知られる存在となる。[7]

さて、いったんは伯の地位に就いたギョーム・クリトであったが、まもなく自らの暴政により諸都市の反感を買い、それらの都市が推す伯位候補者ティエリ・ダルザスとの戦闘中に死亡する。その後、ティエリによりアルザス朝が開かれ、ようやく内乱は終結をみた。[8] この際に注目すべきなのは、ティエリがフランス王により新伯として承認されたのち、先代の伯シャルル同様にイングランド王によっても家臣として認められ封を受けたと、内乱期の史書に記されている点である。[9] ここでも、フランドル伯とイングランド王の君臣関係および金銭封の授与が示唆されているのである。ティエリは、長期政権のあいだ、シャルル善良伯同様に都市の利害を考慮に入れ、表立ってはフランス側に立ちつつも可能な限り英仏間での中立政策を貫くのだが、一一六三年にはドーヴァー条約が更新され、臣従礼《オマージュ》と引き換えにイングランド王ヘンリ二世から金銭封を授与されている。また、後継者のフィリップ・ダルザスも、一一七五年、一一八〇年、一一八二年の三度にわたってヘンリ二世と条約を締結している。しかも、一一八七年の英仏間の戦争においては、フィリップ・ダルザスがフランス王の側で戦うと同時に、数百のフランドル騎士をイングランドに派遣しており、条約の内容が現実のものとなることもあった。[10]

以上のプロセスは、ロベール二世期以降もフランドルが英仏両王家にとって戦略上重要な地であり続けたことを表している。それと同時に、歴代のフランドル伯たちが、外交および領邦統治の両面をにらみつつ、バランス感覚に富んだ政治を行っており、当時のヨーロッパ国際政治におけるキープレーヤーの一人であったことをも示しているだろう。

### †ブーヴィーヌの戦いと伯権力の衰退

以上のような英・フ関係に重要な変化が訪れるのは、一二世紀末である。アルザス家の比較的安定した支配ののち、伯位はフィリップの妹マルグリットとその夫エノー伯ボードワンの共同統治に委ねられるが、両者の息子ボードワン九世のもとで、明確に対フランス王を意識した英・フ関係の進展がみられるのである。のちに第四回十字軍に出征しラテン帝国皇帝となるボードワンが、一一九七年九月にイングランド王リチャード一世と結んだ同盟がそのメルクマールとなる。リチャード一世の身代金問題に起因する英・フ間の通商停滞や、フランスとの関係を強化しようとした伯に対するリチャードの経済的報復措置から、ボードワンはフランスとの関係を放棄し、イングランドとの同盟に走らざるをえなかった。またこの選択に関しては、より深層のレベルで、一一八〇年代に嫁資として伯からフランス王の手に渡ったアルトワ地方の帰属をめぐる、伯家と王家の微妙な緊張関係が影響していたのかもしれない。

いずれにせよ、この時、あからさまな対仏的姿勢を軸に、英・フ間に正式な同盟関係の成立をみた点は重要である。また、この同盟を機に、イングランド王から金銭封を授与されたフランドル貴族のなかに「イングランド党」が形成された点も注目すべき点である。ただし、この同盟は、一二〇二年のボードワン九世の十字軍出征とその後の死を経て、女伯ジャンヌとその摂政であるフィリップ・

図11-1　ブーヴィーヌの戦い

ド・ナミュールが再びフランス国王との関係を強めるなどして、骨抜きにされる。ボードワン九世死後の一二〇六年以降、フランドルでは再び親仏的傾向が強まり、貴族の多くも「フランス党」を形成していった。ちなみに、都市は通商関係から一貫してイングランド支持の姿勢を崩していない。一二〇八年には、特権付与と引き換えにヘント、ブルッヘ、イープル、リール、ドゥエ、サン・トメールの諸都市がイングランド王ジョンに忠誠を誓ってもいる。[11]

このような親仏的姿勢に変化をもたらす契機となったのは、ジャンヌとポルトガルのフェランとの結婚である。この結婚に際して、フランスの王太子ルイ（のちのルイ八世）がフランドルに向かう両者を捕え、伯領の一部の都市を占領するという事件が起こったのである。以後、フェランのフランスに対する不信は強まるが、一二一三年五月には、さらに追い打ちをかけるように国王フィリップ二世が教皇庁の動きを考慮に入れたうえで急遽イングランド遠征を取りやめ、フランドルに侵攻を開始する。この時、イープルやブルッヘといった都市が占領され、有力市民が人質として連れ去られた。フェランには、イングランドとの同盟を選択するよりほかに道はない。こうした状況下で生じたのが、一二一四年のブーヴィーヌの戦いである。この戦いで、イングランド王ジョン、神聖ローマ皇帝オットーとともに、フランス王フィリップに屈したフェランはその後も長年にわたって捕虜としての生活を余儀なくされ、一二二六年のムラン条約によりようやく解放される。[12]しかし、莫大な賠償金とフランス王への完全な服従が課されたこの条約によって、一三世紀中に伯権力の決定的な弱体化がもたらされることとなる。その過程で勃興するフランドル都市と伯の力関係は逆転し、以後しばらくの間、都市が伯領政治の主役の座を担うこととなるだろう。

## 第二節　都市の時代

### †フランドル都市の発展とイングランド

中世フランドルには、ヘントやブルッヘといった当時のヨーロッパを代表する大都市が存在した。これらの諸都市が本格的に発展しはじめたのは、イングランド産の羊毛の加工と輸出で富の蓄積が生じる一二世紀のことだが、そうした富が都市に政治的実力をももたらすであろうことは、いうまでもない。先述のように、一一二七年から二八年にかけて生じた伯位継承をめぐる内乱では、フランス王が傀儡政権を打ち立てようと試みたが、フランドル都市は「祖国の福利」や「公共善」を根拠に自らが伯を選出する権利を主張した。[13] さらに、いったん伯として受け入れられたギョーム・クリトが、暴政の結果諸都市により支配を拒絶され、彼らが選んだティエリ・ダルザスに敗れることさえあった。ただし、これらの都市が富と実力を蓄積していったのは確かであるにしても、一二世紀の時点において、それらはあくまでもフランドル伯の支配下で繁栄を享受していたに過ぎない。大都市、とりわけ「フランドルのエシュヴァン」と呼ばれる七大都市あるいは五大都市の連合体がフランドル伯に代わって伯領統治のイニシアティヴを握るようになるのは、伯権力が弱体化する一三世紀の過程においてである。[14]

国際的な面に目を向けるならば、これらのフランドル都市は羊毛の仕入れ先であるイングランドと友好的な関係を築くのに腐心したし、その都市の姿勢が伯に消極的ながらも英仏間での中立政策をとらせるに至っていたわけである。しかし、こうした状況は、フランドル伯を自己の側に引き込もうとするイングランド王に外交上の武器を提供することにもなった。一一九七年の英・フ同盟から一二一四年のブーヴィーヌの戦いに至る過程でフランドル伯や貴族の立場が英仏間を揺れ動いた様は先に記したとおりだが、彼らが親仏的立場をとるたびに、イングランド王はフランドル商人の商品や船舶を差し押さえ、イングランドで活動するための通行許可証の発行を拒否した。彼らは、フランドル都市に圧力をかけ、間接的に伯をコントロールしようとしたのである。一二世紀後半から一三世紀初頭にかけて本格的にみられるようになる、こうした通商外交の駆け引きは、都市が伯領の主役となる一三世紀後半以降も頻繁にくり返されることとなる。

さて、フランス商人とフランドル商人の区分がイングランド側に意識されるようになっていた一二三〇年代半ばから、一二五九年の英仏間でのパリ条約締結時まで、両王国の対立の影響を若干被ったとはいえ、英・フ関係は比較的平穏であったように思われる。とくに、この時期の通商発展に大きな意味をもった一二三六年の協定は注目すべきもので、これにより、フランドル商人にヘンリ三世治下の領土における半永久的な自由通行権が与えられ、英・フ両地における商業上の安全や権利が保障されている。さらに、フランドル伯がフランス王への封建的義務に従ってヘンリ三世を攻撃したとしても、これがイングランド王国に関係しない案件によるものであれば協定は破棄されないと取り決められるなど、君主間の紛争が家臣に波及することを防ぐ項目が設けられた点は重要である。しかし、一二七〇年、女伯マルグリットによりイングランド商人の商品差し押さえが、またその報復としてイングランド王エドワード一世によりフランドル商人の商品差し押さえが実施され、いよいよ激しい経済戦争がはじまる。両者の対立は一二七四年七月二八日にモントルイユの和が締結されてからもしばらく燻《くすぶ》りつづけ、フランドル経済に大きな影響を及ぼしてゆく。[15]

## †コルトレイクの戦いとその周辺

この一二七〇年の紛争勃発には、イングランド国内の情勢が深くかかわっている。一二六五年に生じたシモン・ド・モンフォールの乱は、英・フ間の通商に大きな打撃を与え、すでにフランドル側に大きな不満をもたらしていた。そして、この内乱は思わぬところにも影響を及ぼし、これが紛争の直接的な引き金となる。女伯マルグリットが、内乱のあいだ支払いが滞っていたイングランド王からの金銭封を要求したのである。これが実行されないとみるや、上記の経済的措置に踏み切ったのが紛争のはじまりであった。その後、両者の報復合戦を経て、最終的にはフランドル側がイングランド商人に損害賠償を行うことで決着が図られたが、マルグリットがこれらの支払いを都市に負担させることにしたため、伯領は大きな混乱に陥る。都市内では、折からの通商停止の影響を受け困窮の度合いと社会的緊張が高まりをみせていたが、賠償金の要求はこれに追い打ちをかけた。各都市での反応はさまざまだが、ブルッヘやイープルといった大都市では、一二八〇年頃に伯あるいは都市の指導層に対する大規模な民衆反乱が展開され、これらは反乱の世紀である一四世紀の先触となる。なお、英・フ間の経済戦争は一二九〇年にも再発し、一二九二年五月に伯がイングランドを訪問するまで持続した。[16]

一三〇二年のコルトレイク（クールトレ）の戦いに至る過程で、こうした都市内における社会的緊張が存在したことは十分に記憶されてしかるべきなのだが、同様に重要なのはやはり英仏とフランドルの周辺で錯綜した国際関係が築かれていた点である。従来、これら三者間の関係でのみ語られることの多いコルトレイクの戦い前後の歴史だが、周辺地域の動向にも十分目配りしておく必要があろう。一二九〇年代に入り、帝国に属するホラント伯やエノー伯と軍事的衝突に突入したフランドル伯ギィであるが、本来フランス王と手を結んでいたエノー伯のアヴェーヌ家のみならず、ホラント伯のフローリス五世までもが一二九六年に同王と同盟を結ぶことになる。イングランド王も一二九四年にホラント最大の都市ドルドレヒトに羊毛の指定取引所の設置を約束し、ホラント伯を同盟に引き込もうとしていたのだが、この努力が実を結ぶことはなかった。一二九七年に英・フ同盟が形成された背景にこうした周辺地域の動向が影響していたのは確実である。さらに、ホラント伯死亡後の一二九九年にはアヴェーヌ家のジャン二世が同伯の座を獲得し、アヴェーヌ家とフランス王によるフランドル包囲網が形成されていった。[17]

さて、伯領自体に目を向けてみよう。一二九〇年代半ばになると、フランス王フィリップ四世は、フランドルの王領化を狙って、パリ高等法院の法的管轄権を利用し、またイングランドとの通商禁止や、フランス貨幣の押し付け、戦時課税の創出といった手段をとるなど、伯領内部に干渉の手を伸ばすようになる。一二九六年には、五大都市も国王の保護下におかれている。たまりかねたフランドル伯ギィは、翌年一月二〇日、二人の修道院長をパリに送り、フランス王とフランドル伯のあいだにおけるあらゆる封建契約の解除を通告させた。同時に、ギィはイングランド王エドワード一世と同盟を結び、八月末にはエドワードがブルッヘ近郊のスロイスを経由してヘントに入った。が、同年一月にすでにフランドルに侵入していたフランス軍は九月までにコルトレイクやブルッヘを占領し、一〇月九日には、英仏両王のあいだで、ヴィヴ・サン・バヴォンの休戦協定が締結されるに至る。さらに一二九九年六月一九日のモントルイユ条約では、イングランド王太子とフランス王の娘の結婚までもが取り決められた。こうして王への降伏を余儀なくされたギィは、パリ、ついでコンピエーニュに監禁され、一三〇〇年にフランドルは王領に併合されてしまったのである。

その後、一三〇二年五月にブルッヘで早朝祈禱事件と呼ばれるフランス軍およびその支持者たちに対する虐殺が行われ、七月一一日にはブルッヘを中心としたフランドル市民の反乱軍がフランス軍をコルトレイクの戦いで打ち破る。この時、伯領内の都市ではフランス王権と結んだ百合党と、伯を支持する獅子爪党のあいだで対立が生じていたが、職人層を中心とした後者が、都市エリートを中心とする前者を都市から追放し、フランス軍を敗走させる原動力となった。ただし、その後都市の勢力拡大を恐れたフランドル伯ロベール・ド・ベテューンがフランス側に寝返るに至り、苦境に立たされた都市側は、一三〇五年アティス・シュル・オルジュ条約で重い処罰を科されることとなる。この条約による莫大な賠償金はフランドルの住民たちを圧迫し、一三二二年に親仏的な伯ルイ・ド・ヌヴェールが統治を開始すると、翌年以降、フランドルでは海岸部農村地域の蜂起をきっかけに、諸都市を巻き込んだ大反乱が生じる。事態の収拾が困難であるとみたルイはフランスに逃れ、王の援助を仰いだ。結局、この反乱は一三二八年に鎮圧されることになるが、イングランドとの関係をめぐり生じる次なる反乱は、その間、伯に忠実であった都市ヘントから生じる。[18] フランドル、そして英仏は、すでに百年戦争の時代を迎えつつある。

### †ヤーコプ・ファン・アルテフェルデと百年戦争の開始

一三二七年にイングランド王エドワード二世が廃位され、幼少のエドワード三世が即位する。彼が親政を開始する一三三〇年代は、再び英・フ関係に重大な転換がもたらされる時期であり、百年戦争はまさにこのフランドルの地で開始されるのである

ところで、一三世紀後半にフランドルの毛織物工業は発展のピークを迎えるが、徐々に衰退に向かいつつある一四世紀前半でも依然としてこれが同地域の主要産業であることに違いはない。とりわけ、一三世紀末以降イタリア商人とハンザ商人を仲介する国際商業都市として急速な発展をみせるブルッヘとは異なり、就労人口の約六割を毛織物工業関連の住民が占めるヘントにおいて、同産業の重要性は著しく高かった。そのヘントにとって、一三三六年八月一二日、エドワード三世が命じたフランドルとの通商停止とこれに伴う羊毛の不足はきわめて深刻な事態を招き、街には失業者が溢れた。事態を打開すべくヘントでは、一三三八年一月三日、都市エリートのヤーコプ・ファン・アルテフェルデが指導者に選ばれ、都市の命運が彼に託されることとなる。彼は、ヘント、ブルッヘ、イープルの三大都市からなる同盟を抱き込み、一三三九年後半まではフランドルのほぼ全域をその指揮下に置いた。また、当初は中立を維持していたものの、フランドル伯ルイが、同年一二月にフランスに亡命すると、ついにはイングランドとの同盟へと走るようになる。一三四〇年一月にはエドワードがヘントに入り、翌月、彼はとうとうこの地でフランス王への即位を宣言する。

エドワードとも親交を深めたアルテフェルデだが、その独裁的な指導体制はしだいに多くの敵対者を生み、とりわけヘントの圧政下に置かれたブルッヘでは彼への憎悪が深かった。また、外部のみならず、ヘントの内部にも穀物の供給先であるフランスとの和解を望み、アルテフェルデを快く思わぬ集団が存在した。そうして三大都市が伯ルイを呼び戻す決議をなした一三四五年三月下旬、彼は指導者の地位を解任され、織布工と縮絨工のあいだで生じた激しい対立の余波のなか七月に暗殺される。なお、翌年には、フランドル伯ルイ・ド・ヌヴェールもフランス王の側に立ち参戦したクレシーの戦いで戦死を遂げている。

このように君主権力と都市側の双方が政治的転換点を迎えるなか、一六歳で伯に即位したルイ・ド・マルは、都市が推奨したエドワード三世の娘との結婚を避けたものの、一三四八年一一月二五日にはダンケルク条約でエドワードと一定の関係を確保した。さらに翌年一月一三日にはアルテフェルデ死後にヘントの都市内部で生じていた反乱を鎮圧し、フランス派の多い食糧関係ギルドの支持を受けつつ、先代の伯たちにはみられなかったバランス感覚に富む政治的手腕を発揮してみせた。[19]

## 第三節　ブルゴーニュ公の時代

### †ブルゴーニュ公の登場

一四世紀で最も卓越した君主の一人であるルイは、巧みに英仏間でフランドルの位置を確保した。その彼が伯の地位に就いてはじめに行ったのは、数百人を下らないアルテフェルデ一族とその支持者たちの追放であった。その多くはイングランドに渡り、ケントやサフォークに移住した。さらに、一三五一年にはフランス側とフォンテーヌブロー条約を結び、イングランド王とのあいだで締結された先のダンケルク条約の効力をも認めさせた。こうして巧妙に立ち振る舞うルイに対し、エドワード三世はアルテフェルデの一族を支援しつつ、ルイの後継者である娘のマルグリットに狙いを定めてもいた。マルグリットは、いったんカペー家のブルゴーニュ公フィリップ・ド・ルーヴルと結婚していたが、一三六一年のフィリップ死後、寡婦となっている。やがては五つの伯領（フランドル、アルトワ、ルテル、ヌヴェール、ブルグント）を受け継ぐであろうマルグリットは、当時のヨーロッパで最も豊かな相続者とみなされていた。しかしそれゆえにこそ、フランス王権の側でも、新たにイングランド王の大規模な拠点が大陸に形成されるのを黙って見過ごすわけにはいかない。ここに、英仏両陣営のあいだで婚姻戦争とでもいうべき激しい外交戦がくり広げられる。まずイングランドの側では、エドワードがドーヴァー条約（一三六四年一〇月一九日）にいて自身の四男とマルグリットを婚約させ、この四親等以内の近親婚に対して教皇から婚姻の許可も得た。これに対し、ブレティニ条約により表立って強硬な対英外交を展開しえないフランス側は、はじめフランドル周辺の諸侯と手を組むことで揺さぶりをかけようとしたが、最終的にはアヴィニョン教皇庁に働きかけることで、翌年にこの婚姻許可を撤回させるのに成功した。その後、マルグリットは、国王ジャン二世の末子であり、同王を継いだシャルル五世（一三六四年即位）の弟であるブルゴーニュ公フィリップと一三六九年にヘントで結婚し、この婚姻戦争はフランス側の勝利に終わる。[20] イングランド側の失望と憤慨は大きく、一三七一年から翌年にかけてイングランド側によるフランドル船の襲撃や商品の差し押さえと、フランドル側によるこれへの報復がくり返された。独自に外交を展開する三大都市は、伯とは立場が異なることを弁明し、イングランド側の動きに抗議したが、事態がさほど改善されることはなかった。[21]

そうしたなか、一三七九年にヘント戦争が勃発する。伯により、ヘントの勢力圏を侵食する運河の開削がブルッヘに認められたが、これに憤慨した同市が反乱を起こしたのである。ヘントは、ブルッヘやイープルの都市内部からも同調勢力を得てフランドルを制圧し、ルイを亡命に追いやることさえあった。また、長らくイングランドからの支援を受けていたヤーコプ・ファン・アルテフェルデの息子フィリップが指導者となり、反乱の勢いが強まる時期もあった。しかし、ルイは娘婿のフィリップから援助を受けることで、結局は優位を確保しえたのである。なお、その過程で一三八二年の上半期には、ヘントからロンドンへ、リチャード二世をフランス王として承認する見返りに軍事援助が要請されていたが、議会は財源不足を理由にこれを承認しなかった。イングランド側が介入を試みるのは、ようやく一三八三年に入ってからのことである。この年の五月、ノリッジ司教ヘンリ・ディスペンサーがカレーに上陸し、「十字軍」の名のもとに海岸地域を侵攻する。しかし、当初は華々しい戦果を挙げたこの遠征も、やがてじり貧状態に陥ってゆく。イープルの包囲戦に失敗したヘンリは、その後各地でフランス側の反撃に屈し、九月にはブリテン島へと逃げ帰らざるをえなかった。翌年の一月三〇日にはルイが死去し、フィリップがフランドル伯としての統治を開始する。その後もイングランドからまともな援助を得ることができず、市民に厭戦ムードの漂うヘントは、フィリップからの和解案を受け入れ、一三八五年一二月一八日、トゥルネの和によって戦争は終結を迎えた[22]。

このトゥルネの和で反乱者たちに提示された処罰は、穏便なものであった。もっとも、それはイングランドとの関係を一切断つべし、との要求と背中合わせのものであった点を忘れてはならない。同国との通商が経済の死活的に重要である都市民にとって、この要求が厳しいものであったのはいうまでもない。そもそも、一三八〇年に伯がフランドルにおける国際取引を禁止し、ついで八二年にヘントを除くフランドルが伯とこれを援助するフランス王権の手に落ちて以来、英・フ間の通商は停止され、フランドル経済はすでに大きな打撃を受けていた。反乱終結後、一三八七年にフィリップが外国商人の権利を回復し、国際商業が復興して以降も、イングランド商人だけはここから排除されている。ただし、その直後からフランドル四者会議（三大都市にブルッヘ周辺の農村地区ブルフセ・フレイエを含めた合議機関）は、英仏間の戦争に左右されない英・フ間の独立的な通商関係を望み、イングランドおよびブルゴーニュ君主と粘り強い交渉を継続させてゆく。フランス王家に属する身でありながらも、自らの財政的基盤を潤すフランドルに対するフィリップの配慮もあって、こうした通商上の断絶は一三九六年に結ばれた英仏間での二八年間の長期休戦条約により改善されることとなった。それでも、かねてより懸案となっていた北海における私掠船問題が、依然として両者の関係に影を落とし続ける。これらは、君主家系の命による商船の拿捕から報復としての領内における商品差し押さえにまで至ることもあり、とくに一四〇二年以降、問題は深刻化した。恒久的な解決を望む四者会議に説得されるかたちで君主もかかわり、英・フ間の商業や商人の安全を保障する協定がようやく一四〇七年に成立する。この協定は、以後も両君主権力と四者会議による継続審議の末、順次延長されてゆくこととなる[23]。

時計の針を少し巻き戻そう。フィリップは一四〇四年に世を去るが、その跡を継いだのはジャン無畏公である。フランドルに関していえば、領内の諸勢力に対し巧妙な手綱捌きをみせ、四者会議の依頼にしばしば耳を傾けた彼の治世は比較的平穏なものであった。しかし、父同様にフランス王家内部の権力闘争に深くコミットしたジャンは、パリの政界では激しいアクションを起こし、一四〇七年にライバルであったオルレアン公ルイを手下に暗殺させてもいる。[24] これを契機に生じたアルマニャック派との闘争は、英・フ関係にも微妙な影響を与えた。イングランド王は、時期によりブルゴーニュ派とアルマニャック派のいずれとも手を組んだが、同王が後者と同盟関係にあるとき、上記の協定にもかかわらずフランドルはやはり通商の危機に曝されたのである。ジャンはこうした問題を回避するため一四一六年七月にヘンリ五世と休戦協定を結ぶなど、フランドルの中立性を確保しようと努めた。[25] ところが、一四一九年、ほかならぬジャン自らがモントローの橋上で王太子シャルル（のちのシャルル七世）とアルマニャック派の凶刃に倒れ、英・フ関係は重大な転換点を迎える。

## †最盛期のブルゴーニュ公国と英仏

この時、ジャンの息子、シャロレ伯フィリップはヘントにいた。彼はすでに一四一一年以来ネーデルラント統治を受けもっていたが、直ちに公位を継承し、ここにフィリップ善良公が誕生する。そして、この新たな君主はシャルルを糾弾すべく、一四二〇年五月二一日、イングランド王ヘンリ五世とトロワ条約を結び、イングランドとブルゴーニュの同盟が成立したのである。これは、フランドル経済にとっても重要な意味をもっていた。この和約により、将来的にヘンリ五世の息子が英仏両国の国王の座に就くと、フランドルの人びとは自動的にイングランド王の家臣となるのであり、通商関係にもまったく支障をきたすことがなくなるからである。一四二二年にヘンリ五世とフランス王シャルル六世が相次いで死亡し、幼少のヘンリ六世がイングランド、フランス両王国の国王となることで、そのプランは現実のものとなる。そして、イングランドとブルゴーニュの同盟関係も、一四三五年のアラスの和でフランス王家とブルゴーニュ公の間に和解が成立するまで続く。ただし、だからといってイングランドとブルゴーニュの関係は一貫して良好なものというわけではなかった。一四二〇年代中頃以降、フィリップはエノー、ホラント、ゼーラントの領有をめぐるネーデルラント継承戦争に精力を注ぎ、これらの諸邦を獲得することになるが、この間、フィリップの敵ジャクリーヌ・ド・バヴィエールと結婚したイングランド護国卿のグロスター公ハンフリー（ヘンリ五世の末弟）が敵対勢力として立ちふさがることもあった。また、すでに一四二三年ごろから、サヴォワ伯らの仲立ちのもと王太子シャルルとフィリップのあいだにも和解が模索されていた。[26] こうした流れのなか、一四三五年九月二一日、ついにアラスの和でフランス王家とブルゴーニュ公家は和解し、イングランドは再びブルゴーニュ家、そしてフランドルの敵となったのである。その一週間前には、かつてフィリップの盟友であったフランス摂政・ベドフォード公ジョン（ヘンリ五世の弟）が死去しており、アラスの和以後、グロスター公ハンフリーを中心にドイツ皇帝ジギスムントやヘルレ伯たちのあいだで、ブルゴーニュ包囲網が形成されつつあった。こうした情勢下で、フィリップは直ちにイングランドから大陸への入り口にあたるカレーの包囲戦を開始する。フランドルへの羊毛の供給に決定的な重要性をもつこの都市を包囲するにあたって、一四三六年三月、フィリップは四者会議に貨幣政策や内政について大幅な譲歩を申し出、市民軍の提供を引きだすのに成功した。しかし、四者会議内部での分裂もあって、七月九日に開始された包囲戦の現場に市民軍が到着したのは同月二五日のことであった。強固に守られたカレーの街は容易には陥落せず、逆にイングランド軍の襲撃の前にヘントとブルッヘの市民軍は返り討ちにあってしまう。彼らは二八日には戦線を放棄し、包囲戦は完全な失敗に終わる。八月一五日にはグロスター公がフランドル南部の小都市ポーペリンゲに到着し、市民がフランドル伯としてこれを迎えるというおまけつきであった。[27]

この君主と都市の両者に禍根を残した失敗は、不満を抱いたブルッヘ市民軍による反乱へとつながる。反乱は長期にわたり、一度はフィリップ自身が罠にはまり都市から命からがら逃げ延びる事件も起こったが、最終的には一四三八年二月にブルッヘの降伏で幕を閉じた。同市は莫大な賠償金を負い、周辺の都市や農村地域への影響力も大きく削減されることとなる。[28]

ブルッヘへの一件はこうして片が付けられた。ただし、反乱には至らずとも不穏な空気は各地に漂っており、ブルゴーニュ公は、自身を媒介とした英仏の全面的な和解を視野に入れながら、イングランドとの手打ちを早急に模索する必要があった。この時、親英派の顧問ユーグ・ド・ランノワが対英交渉で活躍したほか、母を通じてランカスター家の血を引く公妃イザベルも、自身の叔父であるイングランドの枢機卿ヘンリ・ボーフォートとのコネクションを生かし、英仏の仲介役として大きな役割を果たした。最終的な英仏間の和はならなかったものの、交渉の成果は一四三九年九月二九日にカレーの協定に結実し、両者の休戦と、英・フ間の商業活動に関する安全が保障されることになった。[29]

英仏間における独自の地位をフィリップに提供したこのイングランドとの協定は、若干の紛争を経由したものの、その後も継続されてゆく。ただし、このような対英関係から対仏関係に目を移すならば、アラスの和以降、条約の諸項目を履行せず、しばしば公国周辺部に攻勢をかけるシャルル七世に対し、フィリップの穏健主義および守勢が目立つ。また、こうしたなか親仏派のクロワ家を重用するなど父フィリップの姿勢に不満を感じた、対仏強硬派のシャロレ伯シャルル（のちのシャルル突進公）は、一四五七年以降、父の宮廷を去り、親子は冷戦状態に陥った。興味深いことに、こうした両者の見解の相違は、翻ってバラ戦争期のイングランドとの関係にも反映されており、ヨーク家との関係を重視したフィリップに対し、シャルルはランカスター家支持という路線をとっている。このシャルルの選択には、ほぼ時を同じくしてフィリップと疎遠になった、ランカスター家の子孫、公妃イザベルの影響があった可能性を付け加えておこう。[30]

しかし、その後、フランス諸侯による公益同盟戦争の時期にはシャルルもヨーク家との同盟を模索するようになる。この戦争の前後から、ルイ一一世自身がヨーク家の国王エドワード四世との反ブルゴーニュ同盟の形成を画策しはじめたからである。こうした動きは、逆にブルゴーニュ側を刺激した。ルイの懸命の妨害活動も実らず、一四六六年にはシャルルとエドワードの同盟が秘密協定により取り決められ、翌年のフィリップ死後、程なくしてこの事実は公表された。イングランドとブルゴーニュの同盟関係は、英仏とブルゴーニュ公をめぐる、約半世紀前とは異なる政治的布置のもと、再び実現されたのである。[31]

このようなイングランドとブルゴーニュの同盟は、当然フランドル都市にとっても好ましいものであった。事実、この同盟が成立するまでにも、四者会議はしばしばブルゴーニュ宮廷やロンドンに使者を派遣し、両君主間の交渉に参加している。ただし、この時期にはフランドル都市の経済事情もそれ以前とは異なる様相を呈しはじめていた。ブルッヘの国際商業都市としての繁栄は、次第にブラバントのアントウェルペンに取って代わられつつあったし、海外輸出に活路をみいだしていた毛織物工業も、徐々に領内へと販路を拡大させていった。また、中世末になって自国の毛織物産業を推進するイングランドから原材料の供給が減少すると、フランドル都市ではスペイン産の安価な羊毛が用いられるようにもなってゆく。さらには、公国内でブラバントやホラント、ゼーラントといった地域が毛織物工業で躍進し、イングランドとブルゴーニュ間の通商をめぐる交渉においても、フランドルのみが大きな発言権を有する時代ではなくなっていたのである。[32]

さて、一四七七年に突然の戦死で終わりを迎えるシャルル突進公の統治期間は約一〇年と短いが、その治世をどう評価すべきだろうか。この点について簡単に言及し、本章の叙述を締めくくろう。シャルルのもとから、そのライバルであるフランス王ルイ一一世のもとに逃亡した歴史家フィリップ・ド・コミーヌは、旧約聖書を念頭に、フィリップ善良公治下のネーデルラントを君主の善政により豊かに繁栄した「約束の地（terres de promission）」と表現し、荒廃したシャルルの時代と対比的な時代像を描きだしている。[33] しかし、こうした対比は、少なくとも現代のわれわれが統治制度や政治文化の領域に目を向けるならば、適当なものとはいえない。シャルルは、メヘレンに高等法院を設置しネーデルラントを一括統治するための行財政機構を整備するなど、父の中央集権政策をより強固に推進し、のちの近世的なハプスブルク支配の礎を築いた。さらに、大規模な宮廷組織を整備し、入市式などの儀礼を都市支配に有効に活用するなど、シャルルは先代から引き継いだ政治文化を大いに発展・洗練させ、やはりハプスブルク家にこれを引き渡す役目を果たした。本章の文脈では、とりわけ後者の宮廷的政治文化が、一四六八年のシャルルとヨーク家マーガレットの結婚などを通じてイングランドに流入し、テューダー朝下のルネサンス文化にも大きな影響を与えた点は重要である。[34] シャルルの治世は、北ヨーロッパ世界における近世的統治と政治文化の礎を築いたとみてよいのである。

シャルル突進公がナンシーで戦死したあと、公国の命運は娘のマリー・ド・ブルゴーニュに託された。しかし、南部のブルゴーニュや北仏のピカルディ、アルトワといった地方は早々にフランス王ルイ一一世の手に落ち、マリーに残されたのはネーデルラントのみであった。そのマリーもまた一四八二年に落馬事故がもとで世を去り、結局、この地は彼女の夫マクシミリアンが属するハプスブルク家に継承されてゆくこととなる。とはいえ、やがて間もなく、ネーデルラントもまた南北でその運命を異にするだろう。北ネーデルラントは、一六世紀後半の宗教紛争でハプスブルクの支配を脱し、のちにオランダ共和国として独立を果たす。一方、フランドルを含む南ネーデルラントは、一八世紀後半まで（スペイン、そしてオーストリア）ハプスブルク家の支配下にとどまり、その後フランスやオランダによる短期間の支配も経験する。ようやくこの地にベルギー国家が樹立されるのは、一八三〇年のことである。

こうして、フランドルの歴史は、イングランドはいうに及ばずフランスのそれとも異なる道をたどることとなった。近現代の歴史家たちのなかには、このフランドル伯領を中心とした中世の南ネーデルラント、とくにブルゴーニュ公支配下のそれに後の近代ベルギー国家の礎をみる者も少なくない。過度に近代を中世に投影する見方は退けねばならないが、フランス王国に属しつつも、そうした議論が成り立つほどに独自の歴史的展開をみせたのが中世フランドル伯領であった点は間違いない。中世の英仏の歴史を一国史観の枠から逃れて眺めようとする際、フランドル史が提供するものは決して少なくないはずである。

❦　❦　❦

［註］

(1) D. Nicholas, *Medieval Flanders*, pp.16-20; K. Ugé, *Creating the Monastic Past in Medieval Flanders*. Ph. Grierson, "The Relations between

England and Flanders before the Norman Conquest", pp. 71-112.

(2) R. Nip, "The Political Relations between England and Flanders", pp. 145-168.

(3) William of Malmesbury, *Gesta Regum Anglorum*, c. 403, ed. And trans. R.A.B. Mynors, R.M. Thomson, and M. Winterbottom, c. 403, pp. 728-731. この点については次節を参照。

(4) R. H. George, "The Contribution of Flanders to the Conquest of England, 1065-1086", pp. 81-99; J. Verberckmoes, "Flemish Tenants-in-Chief in Domesday England", pp.725-756.

(5) *Diplomatic Documents Preserved in the Public Record,* no.1, pp.1-4. これには、英訳が存在する。"The Anglo-Flemish Treaty of 1101", pp.169-174; E. Oksanen, "The Anglo-Flemish Treaties and Flemish Soldiers in England," pp. 260-274, とくに pp. 260f. 同著者による以下の未刊行博士論文が存在するが、筆者は未見である。*The Relations between England and Flanders, 1066-c.1200, with Special Reference to the Anglo-Flemish Treaties* (University of Cambridge, 2007).

(6) Nicholas, *Medieval Flanders*, p.58; Nip, "The Political Relations between England and Flanders"

(7) Oksanen, "The Anglo-Flemish Treaties and Flemish Soldiers in England," pp.267f. このギヨームに代表されるフランドル兵士は、一一世紀のイングランドで数多く活躍していたのである

(8) 西村由美子「一二世紀フランドルの政治的転換期」、六四〜八二頁、青谷秀紀『記憶のなかのベルギー中世』、八三〜一一六頁。

(9) Galbert de Bruges, *De Multro, Traditione, et Occisione Gloriosi Karolicomitis Flandriarum*, p. 169.

(10) Nicholas, *Medieval Flanders*, p.72; E. Oksanen, "The Anglo-Flemish Treaties and Flemish Soldiers in England," pp.261-273; E. Varenbergh, *Histoire des relations diplomatiques entre le comté de Flandre et l'Angleterre*, p. 87.

(11) T. H. Lloyd, *The English Wool Trade in the Middle Ages*, pp. 7-13; G. Dept, *Les influence anglaises et francaises dans le comté de Flandre au debut du XIIIe siècle*, pp.28-32. 高橋陽子「フランドル都市の『ブーヴィーヌの戦い』」、二五一〜二六八頁。

(12) 高橋「フランドル都市の『ブーヴィーヌの戦い』」。

(13) 青谷『記憶のなかのベルギー中世』、八三〜一一六頁。

(14) 斎藤絅子「中世フランドル伯領」一〇一〜一一三頁。

(15) Lloyd, *The English Wool Trade*, pp.18-24; Idem, Alien Merchants in England in the High Middle Ages, pp.98-100. なお、一三世紀に英・フ間の取引で重要な役割を担ったとされる「フランドルのロンドン・ハンザ」と呼ばれる組織については史料が乏しく、実態がさほど明らかではないので、ここでは言及しない。この点では、以下の文献を参照のこと。H. Van Werveke, "<Hansa>in

Vlaanderen en aangrenzende gebieden", pp. 5-42; C. Wyffels, "De Vlaamse Hanze van Londen op het einde van de XIIIe eeuw", pp. 5-30.

(16) Lloyd, The English Wool Trade, pp.25-59.

(17) M. Boone, "Une société urbanisée sous tension", pp. 27-78.

(18) J. Sabbe, *Vlaanderen in opstand 1323-1328*; W. H. TeBrake, *A Plague of Insurrection. Popular Politics and Peasant Revolt in Flanders, 1323-1328*.

(19) D. Nicholas, *The van Arteveldes of Ghent: the Varieties of Vendetta and the Hero in History*, pp. 1-71; Nicholas, *Medieval Flanders*, pp. 217-224.

(20) R. Vaughan, *Philip the Bold*, pp. 1-6 ; J. J. M. Palmer, "England, France, the Papacy, and the Flemish Succession, 1361-1369", pp. 339-364; W. Blockmans and W. Prevenier, *The Promised Lands*, pp. 13. ルイは、この婚姻により、一三〇五年以来フランスに奪われていたリールやサン・トメールを回復した。

(21) Nicholas, *Medieval Flanders*, p. 227.

(22) M. Haegeman, *De anglofilie in het graafschap Vlaanderen tussen 1379-1435*, pp. 114-130, 133-142; Vaughan, *Philip the Bold*, pp.16-38; Blockmans and Prevenier, *The Promised Lands*, pp. 22-24.

(23) Haegeman, *De anglofilie in het graafschapVlaanderen tussen 1379-1435*, pp. 89-91, 154-171, 183-228; R. Vaughan, *John the Fearless*, pp.14-24, 158-172.

(24) B・グネ（佐藤彰一・畑奈保美訳）『オルレアン大公の暗殺』。

(25) Haegeman, *De anglofilie in het graafschap Vlaanderen tussen 1379-1435*, pp. 238-240.

(26) R. Vaughan, *Philip the Good*, 1970, pp. 1-53; Blockmans and Prevenier, *The Promised Lands*, pp. 86-91; J. H. Munro, "Spanish Merino Wools and the Nouvelles Draperies: an Industrial Transformation in the Late-Medieval Low Countries," pp. 431-484. 城戸毅『百年戦争』、一五三—一八六頁。

(27) Blockmans and Prevenier, *The Promised Lands*, pp. 82-83.

(28) Nicholas, *Medieval Flanders*, pp. 327-329.

(29) M.-R. Thielemans, *Bourgogne et Angleterre. Relations politiques et economiques entre les Pays-Bas Bourguignons et l'Angleterre 1435-1467*, pp. 109-163.

(30) Blockmans and Prevenier, *The Promised Lands*, pp. 114-116; Vaughan, *Philip the Good*, pp. 334-372.

(31) Thielemans, *Bourgogne et Angleterre. Relations politiques et economiques entre les Pays-Bas Bourguignons et l'Angleterre 1435-1467*, pp. 365-424.

(32) Blockmans and Prevenier, *The Promised Lands*, pp. 159-163; Munro, "Spanish Merino Wools and the Nouvelles Draperies: an Industrial Transformation in the Late-Medieval Low Countries". 藤井美男『中世後期南ネーデルラント毛織物工業史の研究』、とくに七〜七六頁。

(33) Philippe de Commynes, *Mémoires*, p.104.

(34) A.-L. Van Bruaene, "Habsburg Theatre Atate. Court, City and the Performance of Identity in the Early Southern Low Countries", pp. 131-150; C. A. J. Armstrong, *England, France and Burgundy in the Fifteenth Century*, pp. 403-417; E. Tabri, *Political Culture in the Early Northern Renaissance*, pp. 29-48, とくに pp. 47-48. 河原温「ブルゴーニュ公国における地域統合と都市――ブルゴーニュ公とブルッヘの儀礼的関係を中心に」、一七二、一八一頁。

# 第一二章　アイルランドと英仏

アイルランドとほかの地域との関係は、主にイングランドとのものに集約される。一二世紀後半の、イングランド勢力による征服以来、アイルランドの対外関係は、イングランドの動向抜きにして語ることはできないからである。

## 第一節　征服と服従（一二世紀）

### †レンスター王の亡命とアングロ・ノルマンの侵入

アイルランドとイングランドとの関わりは、アイルランドを追われたレンスター地方を治めていた王ディアルミド・マク・ムルハダ（ダーモット・マクマロー）の要請を受けて、「ストロングボウ」の通称で知られるアングロ・ノルマン貴族で、ウェールズのペンブルックのストリガルの領主であるリチャード・フィッツ・ギルバート・ド・クレアが一一六九年にアイルランドに侵入したことにはじまる。

なぜ、ストロングボウがアイルランドにやってくることになったのか。それは、複数の有力な勢力が割拠していた、当時のアイルランドの特殊な事情による。アイルランドでは、全体を統べる王が存在しておらず、各地に二千人から三千人くらいの規模の部族単位の小さな勢力が散在しており、そのような部族がアイルランドに一五〇から一八〇ほどあったと考えられている。そして、主に血縁に基づいていくつかの小勢力を地方ごとにまとめる勢力が存在していた。それら、小さな部族ごと、もしくはそれらをまとめる勢力の首長は、「リー」と呼ばれ、王と訳されている。そのために、アイルランドには小さな勢力から、大きな勢力まで多数の王がいたことになる。また、アイルランドでは八世紀末頃から、ヴァイキングの侵入に悩まされていたが、当初は港湾部、もしくは川沿いに掠奪を行っていたヴァイキングは、やがて、ダブリンをはじめとする港湾部に定住するようになっていき、

地図12-1　アイルランド主要地名

一二世紀にはアイルランド系の王たちと、時に争い、時に手を結ぶような勢力のひとつになっていた。それらは、アルスター、マンスター、レンスター、コナハトの4つの大きな地方に分かれて、時には争い、時には互いに手を結んで、一一世紀以降には、アイルランド全土の覇権を視野に入れた争いをくり返していた。一一六〇年代には、アイルランド北東部から中央部のアルスターからミーズを勢力範囲とするイー・ネール（オニール）王ムルヘルタハ・マク・ロフリンと、北西部のコナハト王ルアドリー・ウア・コンホヴァル（ローリー・オコナー）のふたつの勢力が優勢であった。当時、

南東部のレンスター王ディアルミド・マク・ムルハダは、イー・ネール王ムルヘルタハ・マク・ロフリンと同盟を結んでいた。

しかし、一一六六年にムルヘルタハ・マク・ロフリンが死ぬと、情勢はコナハト王ルアドリーの優位に傾き、破れたディアルミドはアイルランドを追われて大陸に亡命することになる。その際にディアルミドはアキテーヌでヘンリ二世への援助を要請し、その結果としてストロングボウがアイルランドへ上陸することになったのである。

## †ディアルミドとヘンリ二世の同盟

この、ディアルミドとヘンリ二世との関係については二、三の説明が必要であろう。かつては、大陸に亡命したディアルミドが、放浪の末にヘンリとの面会がかなったとの説明がなされていた。しかし、現在では、それ以前からディアルミドとヘンリのあいだには密接な関係があったことが指摘されている。それは、ヘンリがイングランド王として戴冠する前、遅くとも一一四四年頃までには、当時はアンジュー伯のヘンリと、スコットランド王デイヴィッド一世、そして、レンスター王ディアルミドとが、同盟関係にあった、というものである。これは、おそらく、時のイングランド王スティーヴンを包囲し、牽制するためのものであったろう。

その後、一一五三年にスコットランド王デイヴィッド一世が死去し、一一五四年にはヘンリがイングランド王ヘンリ二世として戴冠すると、今度は新たなスコットランド王マルカムを牽制するためにスコットランドのアーガイル伯や、レンスター王ディアルミドおよび、イー・ネール王ムルヘルタハ・マク・ロフリンと同盟を結ぶことになる。[1] このような、ディアルミドとヘンリとの関係を考えると、アイルランドから追われたディアルミドがヘンリ二世に援助を請うたのは至極当然であるといえよう。また、このことは、一二世紀半ばの時点で、アイルランドの各勢力が、互いに覇を競いながらも、アンジュー伯やイングランド王、スコットランド王との外交関係に巻き込まれざるをえなかったことを示している。

## †ヘンリ二世の親征とウィンザー条約

かくして、ヘンリ二世の援助を得ることができたディアルミドは、彼に協力するアングロ・ノルマン貴族であるストロングボウとともにアイルランドに侵攻し、一一六九年にはコナハト王ルアドリーを破って、アイルランド南東部を席巻し、一一七〇年には、ルアドリーと同盟を結んでいたダブリンのヴァイキングを破って、ダブリンを占拠するに至った。

この過程で、ストロングボウはディアルミドの娘を娶り、その後継者として振る舞うようになる。そして、一一七一年五月にディアルミドが死亡すると、ストロングボウがその後を継いでレンスター王となった。ストロングボウは、レンスターの支配者としての足がかりを築いたかに見えた。しかし、ストロングボウがアイルランドで独立した勢力を築くことを警戒したヘンリ二世が、一一七一年一〇月に自ら軍勢を率いてアイルランドに上陸すると、ストロングボウは、アイルランドで獲得した領地をヘンリに献上することになったのである。

ヘンリ二世が、自ら軍勢を率いてアイルランドに上陸したあと、アイルランドの諸勢力は、あるいは戦闘で敗れて屈服し、また、自ら進んでヘンリに服従するなどして、アイルランドにおけるヘンリの勢力範囲は次第に拡大していった。当初はヘンリと敵対していたコナハト王ルアドリーもヘンリに協力する姿勢を見せるようになる。

一一七三年に、ルアドリーは、三名の使者をヘンリのもとに派遣して、条約締結の折衝をはじめる。その結果、一一七五年六月に、レンスターおよび、ミーズを除いた地域において、ルアドリーをアイルランド王として認めることになる。ただし、これはあくまでも名目的なものであり、アイルランドの有力な勢力が必ずしもルアドリーに従ったわけではない。また、一方でルアドリーはヘンリを上級領主として認め、アイルランドから徴収した税をヘンリに納めるというウィンザー条約が締結されたのである。

## 第二節　同化と反乱（一三～一四世紀）

### †ジョン以後のアイルランド統治とゲールの反乱

上に述べたように、ウィンザー条約によってヘンリ二世のアイルランドにおける立場は認められたものの、アイルランドにおけるルアドリーのアイルランド王としての立場も認められており、アイルランドにおけるヘンリの支配領域はアイルランド南東部のレンスターと、中東部のミーズだけであった。しかし、ヘンリ二世と、その後にアイルランドを統治することになるジョンが、しばしばウィンザー条約に反して、レンスターとミーズ以外の地域の領地をゲール系の領主から没収し、アングロ・ノルマン貴族に与えたために、ゲール系の領主のあいだには慢性的に不満がくすぶっていた。ただ、ゲール系領主は、少なくともヘンリ二世と、その後のジョンの治世には反乱を起こすことは少なく、また、その行動すべてが、反アングロ・ノルマンで一致していたわけではなかった。

ただ、イングランドによるアイルランド統治は、ジョン王以降は、アイルランドが対仏戦争の戦費を捻出する財源としてしか見なされず、統治のたがが緩んだために、ゲール系領主の反乱が頻発するようになる。なかでも一二六一年には、マンスター南西部のデズモンドで、マッカーシー家が反乱を起こしてアングロ・ノルマンのフィッツ・トーマス家に勝利し、この地域でのアングロ・ノルマン貴族の支配を後退させている。その北方のソーモンドでは、一二七〇年代にオブライエン家がこの地方での支配を回復している。同じ頃、アイルランド北西部コナハトの豪族オコナー家が反乱を起こして、一二七〇年にアングロ・ノルマン勢を打ち破っている。このように、一三世紀後半には、アイルランドでの反乱がイングランドの軍勢を打ち破ることがしばしばみられたのである。

これは、決してゲール系の勢力がアングロ・ノルマン勢力より強かったということを示すものではない。というのも、これらの反乱に対処していたのは、アイルランドに残っていたアングロ・ノルマン貴族であって、その数は決して多くはなかった。なぜなら、アイルランドに領地を与えられたアングロ・ノルマン人領主は、大半がイングランドや大陸の所領にいたまま、アイルランドにはほとんどいない不在領主となっていたからである。また、肝心の王の方針も、アイルランドからはある程度順調に税がとれれば良いという程度の対応で、大規模な戦力をアイルランドに投入して徹底的に反乱を鎮圧することがなかったのである。

## †アングロ・ノルマン貴族のゲール化

また、アイルランドに定着したアングロ・ノルマン人領主は、ゲール系の有力者と積極的に婚姻を結んで急速にゲール化が進むという問題も起きていた。

この、アングロ・ノルマン貴族とのゲール化が急速に進むのは一四世紀になってからである。この時期は、エドワード一世治世の末期からエドワード二世治世のはじめであるが、イングランド王は、スコットランド勢力との戦争状態にあった。そのため、アイルランドは対スコットランド戦争の戦費のための税や、糧秣の供給を課されていた。また、アイルランド人兵士も対スコットランド戦争に投入されていた。この、アイルランドに課された負担ゆえに、一四世紀はじめ頃から、アングロ・ノルマン貴族の反乱がしばしば起こるようになる。そして、この時期の反乱の特徴は、それが、ゲール系の領主と結んだアングロ・ノルマン貴族によって引き起こされたということである。レンスターではハロルド家やアーチボルド家が、オバーン家やオトゥール家などのゲール系の領主と結んで反乱を起こし、デズモンドでは、アングロ・ノルマン系の名家フィッツ・ジェラルド家の一族、モリス・フィッツ・トーマスがオブライエン家やマッカーシー家と結んで反乱を起こしている。象徴的なのは、このデズモンドのフィッツ・トーマス家とマッカーシー家との関係である。一二六〇年代には互いに争っていたゲール系のマッカーシー家とアングロ・ノルマン系のフィッツ・トーマス家が、その五〇年後には同盟を結ぶまでになっているのである。このように、アイルランドに定着したアングロ・ノルマン貴族がゲール系領主と親密な関係を築く傾向は、一三〇〇年代はじめ頃からアイルランド全体で広く見られるようになる。

### †スコットランド王弟エドワード・ブルースのアイルランド侵入

そして、そのような時期にスコットランド軍がアイルランドに侵入してくる。一三一四年に、スコットランド王ロバート・ブルース一世がバノックバーンの戦いでイングランド軍に勝利を収めたのち、実弟のエドワードをアイルランドに派遣してきたのである。ロバートとしては、アイルランド人のイングランド王への反感を利用して、アイルランドのゲール系勢力を糾合しようという意図があったことが窺える。しかし、ロバートの思惑に反して、エドワードに協力したのはアルスターのオニール家だけであった。しかも、そのオニール家も、一部は反エドワードの立場に立ったのである。それでも、当初エドワードは勝利を重ね、一時はマンスターにまで攻め込んだ。しかし、やがて、エドワード・ブルースの軍勢は、アングロ・ノルマン貴族のバトラー家を中心としたアングロ・ノルマンとゲール系の勢力に巻き返され、一三一八年に敗死するにいたる。

それまで対スコットランド戦争のための税の徴収に苦しんでいたにもかかわらず、アイルランドの勢力がスコットランド側につかなかったのは、なぜであろうか。

この時、アイルランドのアングロ・アイリッシュ貴族を中心として、ゲール系の領主がそれに協力するかたちでエドワード・ブルースに対抗している。彼らにとって、エドワード・ブルースは反イングランド王の盟主ではなく、アイルランド支配に乗り込んできた外国人にすぎなかったのではなかっただろうか。だから、ゲール系の領主は、イングランド王を支持してではなく、自分たちの権益を守るためにアングロ・ノルマン貴族と結んでスコットランド人と戦ったのである。自らの弟をアイルランドに送り込んできたスコットランド王の行為は、アイルランドを直接支配しようとするものに見えたのであろう。それは、自らアイルランドに乗り込むことなく、間接的に支配するだけのイングランド王と比べて、アングロ・ノルマンはもちろん、ゲール系の領主にとっても好ましくないものに映ったに違いない。

ともあれ、この動乱において、アングロ・ノルマン貴族とゲール系の領主の協力関係が明らかになった。以降、婚姻などを通じて、一部の有力なアングロ・ノルマン貴族が急速にゲール系の領主との親密さを増していく。

このように、アイルランドに定着したアングロ・ノルマン人領主は、婚姻を通じてゲール化していき、アングロ－アイリッシュと呼ばれることになる。そして、この後、彼らアングロ－アイリッシュ貴族が、アイルランドにおいて主要な役割を担うことになるのである。

## †イングランド王のアイルランド統治の方針

では、この時期、名目上のアイルランドの支配者としてのイングランド王の対応はどうであったのだろうか。イングランドは、ジョン王以来、しばしばアイルランド支配の強化を目論み、一二九七年以降、議会も開かれた。この議会によって一三六六年に制定されたキルケニー法は、ゲール語の使用やゲールの風習を禁止したものとして、のちに独立の気運が高まると、植民地化の象徴と見なされるようになる。しかし、この法が頻繁に再確認され、また、ゲール系領主の没落も見られないことから、この法がイングランドのアイルランド支配を強化したものとはいえない。実際には、イングランドの直轄地は、ペイルと呼ばれるダブリンを中心とした範囲に限られ、アイルランド議会も、アングロ・アイリッシュ貴族に牛耳られるようになっていった状況であった。

イングランド王としては、アイルランドから税が徴収できれば、間接統治でも構わなかったし、王が、税収増などのために統治を強化しない限りにおいては、アイルランドでも反乱は少なく、むしろ関係は良好であったといえるだろう。

たとえば、エドワード三世治世期は、一三六〇年代に王が息子のクラレンス公ライオネルをアイルランドに派遣した時期を除いてはアイルランドとの関係は平穏であった。エドワード三世は、戦費を調達する場としてだけでなく、戦力としてのアイルランド人兵士を重視しており、一三三五年の対スコットランド戦争や、一三四六年のクレシーの戦いとそれに続くカレー包囲戦にアイルランド人兵士を動員している。アイルランド人も、少なくとも給料が滞りなく支払われるあいだはむしろ進んでイングランド王に従って従軍していた。エドワード一世も対スコットランド戦争にアイルランドからの兵を動員していたことは先にも述べたが、この時は兵士への給料が滞ったことが問題になっている。また、ヘンリ五世治世の一四一九年のルーアン包囲戦においてもアイルランドから兵士が動員されており、イングランド軍の編成にアイルランドの兵士が重要であったことが窺える。

むしろ、アイルランドへの軍事行動はリスクの方がいかに大きかったかは、一四世紀末にアイルランドで起きた大規模な反乱を自ら大軍を率いて鎮圧に赴いたものの失敗に終わり、そればかりか結果として王位をも失うことになったリチャード二世のアイルランド親征にも見ることができる。

## 第三節　アングロ・アイリッシュの時代（一五世紀）

### †ヨーク公リチャードのアイルランド赴任

一五世紀になると、明らかにイングランド王家のアイルランドに対する方針に変化が見られるようになる。むろん、それはイングランド本国での混乱から、イングランド王に本格的に対アイルランド政策に取り組む余裕がなかったのが最大の理由ではある。しかし、一五世紀後半に、ヨーク公リチャードによってアイルランドがヨーク派の勢力基盤のひとつとなっていく過程は、イングランド王家のアイルランド統治のあり方の変化を如実に示すものであるといえよう。

ヨーク公リチャードがアイルランドの総督代理に任じられたのは、一四四七年のことである。それまで大陸で対仏戦争に従事していたリチャードにとって、アイルランドへ赴くことは一見左遷のようにも見える。しかし、実際にリチャードがアイルランドに赴く一四四九年までのあいだ、アイルランドを治めるための資金面などでの準備を入念に行っていることから、リチャードのアイルランド行は明確な意図をもって行われたことが窺える。[2]
また、リチャードはアイルランドと縁もゆかりもない人物というわけではなかった。リチャードは、アルスター伯の娘と結婚していたエドワード三世の息子のクラレンス公を通じて、アルスター伯領とコナハトの領主の継承権を有していたのである。

ダブリンに入ったリチャードは、まず、アルスターでの権益を確保するべく、北方に向けて遠征を行う。しかし、それはわずか半世紀ほど前に、イングランド王リチャード二世が行った反乱鎮圧のための親征とはまったく様相が異なるものであった。リチャードは、アルスターにおける最大のゲール系領主オニール家と交渉し、オニール家の所領の安堵と、アルスターにおけるほかのゲール系領主に対するオニール家の権益を保証する代わりに、オニール家の自分への忠誠誓約と軍役奉仕を約束させることに成功したのである。さらに、オニール家とアーマー大司教とのあいだの紛争を解決することによって、調停者としての役割をも果たすことになった。同様のことは、アイルランド南東部のレンスターでも行われ、リチャードがアイルランドに滞在していた一年ほどのあいだに、オブロイン家や、かつてリチャード二世に対して頑強に抵抗したマクマロー家もリチャードに従うことになったのである。さらに、リチャードは、ゲール系領主だけでなく、アングロ・アイリッシュの支持を集めることにも努め、デズモンドとキルデアの、両フィッツ・ジェラルド家の支持を得ることにも成功している。

このようにして、リチャードは、征服者としてではなく懐柔者として、統治者としてではなく、調停者として立ち現れることで、アイルランドに強力な勢力基盤を築くことになるのである。

## †バラ戦争の混乱とキルデア伯家の台頭

しかし、アイルランドがヨーク公の勢力基盤になることで、すぐあとに引き起こされるランカスター家とヨーク家によるバラ戦争にアイルランドが巻き込まれてしまうことは必然の成り行きであった。

一四五九年にリチャードは、ヘンリ六世からアイルランド総督の地位を剥奪されることになる。しかし、翌一四六〇年にリチャードは、独自にアイルランド議会を招集し、アイルランドの領主の支持を取り付けることに成功する。このことからも、アイルランドにおけるリチャードの支持がいかに根強かったかが窺える。リチャードは同年のウェイクフィールドの戦いでイングランド王ヘンリ六世の王妃マーガレット・オブ・アンジューの軍に敗れ、戦死してしまうが、一四六一年に、その息子エドワードがランカスター家のヘンリ六世から王位を奪い、エドワード四世として即位することになる。するとアイルランドでは、アングロ・アイリッシュの名門である、オーモンド伯ジョン・バトラーがランカスター派と結んで反乱を起こすことになる。この反乱はデズモンド伯トーマス・フィッツ・ジェラルドによって鎮圧され、その結果、オーモンド伯は亡命して、バトラー家は没落することとなり、デズモンド伯トーマス・フィッツ・ジェラルドがアイルランド総督代理に任じられることになった。

アングロ・アイリッシュとしてのフィッツ・ジェラルド家は、ゲール系の領主との婚姻を進め、その関係を深めており、ゲール系の領主からの支持は集めることができたが、他方で、それがイングランド系住民の反感を買うことになった。イングランド人のミーズ司教ウィリアム・シャーウッドが、デズモンド伯がゲール系の住民と親しく、イングランド系の住民に対して公平でないと弾劾したのである。そのため一四六四年にはデズモンド伯、シャーウッドともに、イングランドに赴き、エドワード四世の御前で陳述をする仕儀にいたった。

そして、一四六七年、デズモンド伯は突如アイルランド総督代理を解任され、イングランドから、ウスター伯ジョン・ティップトフトがアイルランド総督代理に任じられて派遣されたのである。ウスター伯は、直ちにデズモンド伯を捕らえ、翌一四六八年にデズモンド伯を処刑するという暴挙に出た。アングロ・アイリッシュおよびゲール系の領主に人気のあったデズモンド伯の処刑を受けて、デズモンド伯の勢力圏であったマンスターでアングロ・アイリッシュとゲール系領主による大規模な反乱が起こり、状況は混迷の度を深めていくことになる。結局、アイルランドにいられなくなったウスター伯は、一四七〇年にイングランドに退去することになる。しかし、アイルランドの混乱はしばらく続き、一四七八年にデズモンド伯と同族のキルデア伯ジェラルド・フィッツ・ジェラルドがアイルランド総督代理に任じられてようやく混乱は収まることになった。この後、アイルランドではキルデア伯に統治が委ねられるかたちでしばらく安定した状態が続く。

だが、イングランドでテューダー朝が成立すると、アイルランド統治の強化が図られることになる。ヘンリ七世治世の一四九四年に、エドワード・ポイニングズによってイングランド王の認可なしの議会開催や法の制定を禁ずることが決定された、のちにいうポイニングズ法である。さらに、ヘンリ八世治世に反乱を起こしたキルデア伯家が一五三七年に処刑されて、アングロ・アイリッシュの時代は終わりを告げ、イングランドによる直接統治の時代がはじまるのである。

このように、中世を通じて、アイルランドでは反乱が絶えなかった。名目上のアイルランドの領主たるイングランドの王たちは、戦費の調達地、また、時には戦力そのものの調達地としてのアイルランドの有用性は認めながら、本格的に反乱を鎮圧しようとはしなかった。それは、つねに、大陸と、あるいはスコットランドとの戦闘があった当時の状況では、大規模な軍を動員して反乱を鎮圧するだけのメリットも、戦力上の余裕もイングランドの王家にはなかったためといえる。イングランドとしては、反乱の発生や、その鎮圧というリスクやコストを避けて、安定した租税収入を得られる統治のあり方を模索していたといえよう。その回答の一つが、懐柔者、調停者としてのヨーク公リチャードの領有権者としての政策であり、もうひとつが、現地のアングロ・アイリッシュ貴族であるキルデア伯家に統治を委ねる間接統治であったといえる。

［註］

(1) F. X. Martin, "Diarmart Mac Murchada and The Coming of The Anglo-Normans", pp.43-66.

(2) A. Cosgrove, "Anglo-Ireland and The Yorkist Cause, 1447-60", pp.557-568.

# 第一三章　スコットランドと英仏

本章は、いわゆる「ノルマン征服」の結果、拡大していくアングロ・フレンチ世界に吸収されたスコットランドが、イングランド王権と対決するなかで王国の枠組みを確立し、フランスとの同盟関係を構築しつつ独立王国として存続していく道筋について概観する。

## 第一節　スコットランド王国の成立

### †「スコットランド」と「スコットランド人たちの王国」

まずは地理的なスコットランドと王国の領域との関係をながめることからはじめよう。一一世紀末の時点でのスコットランドは、現在のスコットランドよりもはるかに小さな地域を示す言葉にすぎなかった。用語法として指示対象の範囲が完全に固定化されていたわけではなかったが、おおよそフォース湾とグランピアン山脈に囲まれた地域が、限定的な意味でのスコットランドであった。ときにフォース湾以北の地域全体が漠然とスコットランドとみなされることもあったが、少なくともフォース湾以南はスコットランドには含まれていなかった。その一方で、王国の領域は、ほぼ現在のイングランドとの国境まで及んでおり、おおよそトゥウィード川とソルウェイ湾とを結ぶ線まで広がっていた。つまり、軍事的にも政治的にも重要な拠点であったエディンバラや、宗教上の中心地のひとつであった司教座都市グラスゴーも含めて、王国の領域のうちの南部は、スコットランドとはみなされていなかったということである。当時のスコットランドはあくまで一地域名にすぎず、王国名ではない。王の公式の名称は「スコットランドの王」ではなく、「スコットランド人たちの王」であった。もっとも、国民国家ではない当時の王国においては、当然ながらすべての王国民がスコットランド人だったわけでもない。スコットランド人たちの王が、アイデンティティの異なる多様な人びとを従えるかたちで王国を構成していたのである。

地図13-1　11世紀のスコットランドをとりまく状況

スコットランドには含まれない南部地域のうち、西側にはクライド川流域を中心にカンブリアが南方に延び、その西にはギャロウェイが広がっていた。注目すべきは東側で、フォース湾を境にしてすぐ南はイングランドとみなされていた。たとえば、一二世紀後半にグラスゴー司教ジョスリンが作成させた『聖ケンティゲルン伝』では、イングランドとスコットランドがフォース湾に至るローマ人の防壁（いわゆるアントニヌスの長城）によって分け隔てられているという認識が、明確に示されている。トゥウィード川からフォース湾までの地域は、アングロ・サクソン時代にはノーサンブリアの勢力範囲であり、現地の人びとは基本的に英語を話し、イングランド人と自認していた。その後、スコットランド人たちの王の支配下に組み込まれてからも、同地域がスコットランドになることはなく、住民もイングランド人のままであった。したがって、スコットランド人たちの王国は、イングランド人の住むイングランドの一部を含んだ状態で存在していたのである。

スコットランド人たちの王が支配する王国の領域とスコットランドという名称とのずれが解消されるには、長い時間を要した。一二～一三世紀のあいだに、徐々にスコットランドが王国の枠組みと一致していったのである。王の公式の名称は変わらなかったが、文字通り「スコットランドの王」が統治する「スコットランド王国」は、一三世紀に成立する。この認識を前提として、以下では煩雑さを避けるために、一貫して「スコットランド王」、「スコットランド王国」という表現を使用する。

## †イングランド王国における所領の保有と喪失

一二・一三世紀のスコットランド王は、スコットランドを越えた王国の領域を支配する王であったと同時に、さらに王国の枠組みをも越えた地域の領有者でもあった。ノルマン征服以降のイングランド王が、ノルマンディ公やアンジュー伯などとしてフランスに所領を保有していたのと同様に、スコットランド王もまた、イングランド王の封臣としてイングランド王国内に所領を保有していた。

スコットランド王によるイングランド王国内の封土の獲得は、デイヴィッド一世（在位一一二四～五三年）にはじまる。父であるメイル・コルム三世（在位一〇五八～九三年）亡きあとの王位継承争いの過程で、少年期よりイングランド王の宮廷で亡命生活を送ることとなったデイヴィッドは、一一一三年にヘンリ一世よりイングランド中部のハンティンドン伯領の女子相続人モード・ド・サンリスを与えられ、彼女の権利を通して同伯領の領主となった。ハンティンドン伯領は、ハンティンドン、ノーサンプトン、ケンブリッジ、ベドフォードの四州を中心に広がる広大な所領で、デイヴィッドは一躍イングランド諸侯のトップクラスに肩を並べる存在となった。一一二四年に兄アレグザンダー一世（在位一一〇七～二四年）の跡を継いで王となったあとも同伯領を保持し続けた結果、スコットランド王かつイングランドの一領主としてのデイヴィッドが誕生した。さらに、一一三五年のヘンリ一世の死後、イングランドでスティーヴンとマティルダの王位継承争いの内乱が生じると、姪であるマティルダの王位継承を支持して参戦し、イングランド北部地域を占領した。その後、スティーヴン王との交渉の結果、マティルダに忠誠を誓っていた自身の代わりに、王太子ヘンリがハンティンドン伯領および北英のノーサンバランド伯領を保有することとなった。スティーヴンとの争いが再燃すると、ハンティンドン伯領は没収されたが、イングランド北部に関しては、ヘンリがノーサンバランド伯領を保持し、カーライルを中心としたイングランド北東部もスコットランドの実効支配下におかれた。王太子ヘンリは実質的にデイヴィッドと共同統治の体制をとったため、スコットランド王国とイングランド北部地域は両者によって一体的に統治された。

一一五四年にスティーヴンの跡を継いだプランタジネット朝ヘンリ二世は、即位前の一一四九年にカーライルでデイヴィッドから騎士叙任を受け、イングランド王即位ののちもスコットランド王家による北英三州（ノーサンバランド、カンバランド、ウェストマランド）の領有を認めることを約束していた。ところが、一一五二年、五三年に王太子ヘンリとデイヴィッド一世が相次いで死去し、スコットランド王位を幼少のメイル・コルム四世（在位一一五三～六五年）が継ぐのをみて、ヘンリ二世はタインデイルの領主権を除いて北英三州を接収し、代わりにハンティンドン伯領をメイル・コルムに返還した。一一六五年にメイル・コルムの跡を継いで国王ならびにハンティンドン伯となったウィリアム一世（在位一一六五～一二一四年）は、一一七三年に伯位を弟のデイヴィッドに譲り、翌七四年にヘンリ二世に対するイングランド諸侯の反乱に加担して北英三州の奪還を試みた。しかし、反乱は失敗に終わり、逆にハンティンドン伯領を没収されてしまう。同伯領は一一八四年に返還されるが、ウィリアムは即座に弟のデイヴィッドに与えた。

ウィリアムの跡を継いだアレグザンダー二世（在位一二一四～四九年）も、即位直後にイングランドにおけるマグナ・カルタ闘争に乗じて、北英三州の奪還を試みた。一二一五年、反国王派の中心だった北英の諸侯と結び、北英三州の領有者をアレグザンダーと認めることで合意する。翌一二一六年には反国王派がイングランド王に迎えようとしていたフランス王太子ルイとドーヴァーで会見し、ハンティンドン伯領と北英三州に関してルイに忠誠誓約を行った。しかし、ヘンリ三世のイングランド王即位と同時に内乱は急速に収束に向かい、ルイは撤退、アレグザンダーの主張は退けられ、結局、ハンティンドン伯領とタインデイルの所領をヘンリ三世から受領することで決着した。

ハンティンドン伯領はもう一度デイヴィッドに与えられ、彼の死後はその息子ジョンが継承した。継嗣のなかったジョンのあとは、伯領は複数の女子相続人たちのあいだで分割され、それぞれの結婚相手の手に渡るかたちで一時的にスコットランド王家の直接の統治から離れていった。ところが、デイヴィッドの長女マーガレットの相続権は、ギャロウェイの領主アランを経てベイリオル家に継承され、同家のジョンがカンモア朝断絶後の一二九二年にスコットランド王位に就くことで、再度スコットランド王家の手に戻った。また、ブルース家に嫁いだデイヴィッドの次女イザベルの曾孫ロバートもまた、ベイリオル家のあとの一三〇六年にスコットランド王位を継ぐのである。両王とも一三世紀末からの独立戦争の過程でイングランド王エドワード一世に敵対したため、その時点でイングランドの所領は没収された。

一方、北英三州をめぐる問題については、一二三七年のヨーク条約において、スコットランド王がノーサンバランド、カンバランド、ウェストマランドへの権利主張を放棄する代わりに、北英に二〇〇ポンドの価値の所領を約束され、実際に一二四二年までにペンリスを中心とした所領をカンバランドに授封されて決着した。ウィリアム一世時代から保有するタインデイルの所領とこのカンバランドの所領は、一三世紀末にカンモア朝が断絶した時点でイングランド王の手に戻ることになる。

以上のように、スコットランド王は一二・一三世紀を通じてイングランドにおける一領主でもあった。しかし、一三世紀末のカンモア朝断絶をきっかけに、スコットランドを直接支配しようとするイングランド王権との対決が不可避となる。その結果、スコットランド王のイングランドにおける所領保有の可能性はなくなり、王ははじめてスコットランド王国のみを統治する存在となるのである。

## †イングランド王権からの独立

スコットランド王は、イングランド王から所領を有する限り、イングランド王の封臣としての務めを果たさねばならなかった。たとえば、デイヴィッド一世は、一一二七年にロンドンでのヘンリ一世の後継者指名に立ち会い、他の諸侯と並んで王女マティルダへの忠誠を誓約しているほか、一一三〇年にはウッドストックのヘンリ一世の宮廷で、ジェフリ・クリントンの国王に対する反逆罪を審議している。スティーヴン王の内乱期に入ると、マティルダ側の諸侯の筆頭として内乱に参戦した。つづくメイル・コルム四世も、一一五七年にチェスターでヘンリ二世に忠誠を誓約、一一五九年にはフランスに渡り、ヘンリ二世のトゥールーズ遠征に参加している。その際に、ヘンリ二世から弟ウィリアム（のちの一世）と共に騎士叙任を受けた。カンモア朝の残りの王であるアレグザンダー二世とアレグザンダー三世（在位一二四九～八六年）も、それぞれイングランド王ジョン、ヘンリ三世から騎士叙任を受けることになる。

ウィリアム一世は、一一六六年にノルマンディに渡ってモン・サン・ミッシェルでヘンリ二世と会い、九年前に取り上げられた北英三州の再保有を要求するが、受け入れられなかった。その後、一一七〇年にヘンリ二世が王太子ヘンリのために挙行した戴冠式に参列して忠誠誓約を行うが、一一七四年にその王太子が反乱を起こすと、ウィリアムは北英三州の奪回を狙って反乱に加担した。しかし、その目論見は悲劇的な結果を招くこととなった。戦闘の過程で捕虜になったウィリアムは、解放の条件として、スコットランド王国自体に関してヘンリ二世に忠誠誓約を強要されたのである。

スコットランドとイングランドの両王のあいだで主従関係が明確に表明されるのは、はじめてのことであった。ノルマン征服の直後に征服王ウィリアムがスコットランドに侵攻した時、メイル・コルム三世はウィリアムに屈服して和平を求めた。イングランド側の史料はメイル・コルムがウィリアムの「人《マン》となった」と伝え、いわゆる封建的臣従を示唆しているが、当時封建社会の外にあったメイル・コルムにとっては、単なる一時的服従以上の意味は持ちえなかった。しかし、一一七四年のウィリアム一世の臣従は、スコットランド王国が明瞭なかたちでイングランド王から授封されたことを意味していた。もっとも、ウィリアム一世はまもなく臣従状態からは解放される。一一八九年にイングランド王に即位したリチャード一世が、十字軍遠征の戦費調達のために、一万マルクでウィリアムを解放したのである。

その後、スコットランド王は、イングランド王国内の所領のみに関して臣従する状態に戻ったが、スコットランド王国自体の封土化の問題は、一三世紀を通じて継続的に両王の間で議論されることとなった。アレグザンダー二世は、一二一七年にハンティンドン伯領とタインデイルに関してヘンリ三世に忠誠誓約をなし、一二二三年と一二二九年にもヘンリの宮廷を訪れている。しかし、一二三五年にイングランド王の要請によって、教皇グレゴリウス九世がアレグザンダー二世にヘンリ三世への臣従を命じた時には、アレグザンダーは拒絶を示した。つづくアレグザンダー三世も、一二五一年にヘンリ三世の手で騎士叙任を受けたあとでヘンリの娘マーガレットと結婚し、イングランドの所領に関して忠誠誓約を行うが、つづいて王国に関する忠誠誓約を求められても拒絶している。さらに一二七四年にも、王太子エドワード（のちの一世）の戴冠式にイングランドの諸侯の一人として参列し、イングランドの所領に関して忠誠誓約をするが、王国に関する同様の要求には応じていない。

一二世紀の後半から両王のあいだで幾度か緊張関係が生じ、とくに一一七四年にいったんウィリアム一世の臣従が明白になされたあとには、スコットランド王の臣従問題はくり返し議論されるようになった。ウィリアム一世やアレグザンダー二世がハンティンドン伯領を自身で保有せずデイヴィッドに委ねた理由のひとつも、ここにあるかもしれない。イングランド中部の大諸侯である限りは、イングランド王の宮廷で封臣として務めを果たす機会が多くなる。特定の所領に関してとはいえ、イングランド王の宮廷で奉仕する姿を衆目にさらすことは好ましくなかったであろう。一二三七年の北英三州への要求の取り下げも、同じ文脈で理解されるかもしれない。

一三世紀前半から、スコットランド王は王権の独立性を確実にするために、積極的に教皇への働きかけをはじめる。当時の西欧カトリック世界において、公式に認められた王となるためには、塗油と戴冠の儀式を行う必要があった。スコットランド王権の最大の弱点は、古来のゲールの伝統に則った即位式を継承していたため、この二つの儀式を行っていなかったことにある。アレグザンダー二世は一二二一年頃に教皇特使による塗油と戴冠を求めるが認められず、一二三三年頃の試みも失敗する。背後でイングランドが妨害工作を行っていたのである。続くアレグザンダー三世も一二五〇年代に教皇の認可を求める運動を行うが、イングランドによって阻止された。

結局、カンモア朝のスコットランド王家は、王権の独立性の問題を解決できぬまま、一二九〇年に女王マーガレット（在位一二八六～九〇年）の死をもって断絶の運命を迎えた。その後、王位を継いだベイリオル家のジョン（在位一二九二～九六年）は、エドワード一世の圧力を受けて短命のうちに廃位され、スコットランドは一時イングランド王の直接の支配下におかれる。しかし、一三世紀にスコットランドが王国の枠組みと一致していくことに象徴されるように、王権の独立性を追求していく過程において、スコットランドは王家を中心に結束してイングランドに対抗するだけの力と意識を備えていた。イングランドの支配に対する独立戦争を率いたロバート一世（在位一三〇六～二九年）は、一三二八年にイングランド王エドワード三世とエディンバラ条約を締結し、スコットランドを正式に独立王国として承認させることに成功した。また、翌一三二九年には、教皇ヨハンネス二二世からスコットランド王の塗油と戴冠を認める教書が届くことになる。

こうして正式に独立した王国として名実ともに認められたスコットランドは、さらに一三〇年あまりをかけて、イングランドに占領されていた王国南部の領域を取り返していく。占領地を残しているという意味においては、まだ国境は明確に定まってはいなかったが、他者としてのイングランドを仕切る意識はもはや明確であった。

## 第二節 「ノルマン征服」から「古き同盟」へ

### †スコットランドの「ノルマン征服」

スコットランドは、イングランドのようにノルマン人による軍事的な征服は被らなかった。しかし、一二世紀以降、多くのノルマン人たちがスコットランド王国にやってきて、王国の発展に決定的ともいえる影響を及ぼした。そのため、スコットランド史のなかでも、比喩的に「ノルマン征服」という言葉が使われる。もっとも、実際にスコットランドにやってきた者たちは、必ずしもノルマンディ出身とは限らず、ブルターニュなども含めた北フランスが中心であるため、フランス人と表現される場合も少なくない。ただし、スコットランドにやってきたフランス起源の家系の者たちの多くはイングランドを経由してきており、世代が進むにつれてフランス人と表現するには不具合が生じる。したがって、以下では総じてアングロ・フレンチ系という言葉を使って表現する。

スコットランドにおける本格的なアングロ・フレンチ系の人材登用は、一二世紀前半のデイヴィッド一世治世にはじまる。少年期よりイングランド王の宮廷で育ち、ハンティンドン伯領を受領して、イングランド王の有力諸侯の一人として経験を積んでいたデイヴィッドは、一一二四年に約四〇歳で王位に就くと王国の大改革に乗り出した。デイヴィッドの基本方針は、自らが熟知したアングロ・ノルマン王国の統治体制をスコットランド王国に融和的に導入することであり、具体的には、騎士役奉仕による封建所領の形成、宮廷内官職の創設に伴う中央統治体制の確立、州組織の整備、城砦や都市の建設、ローマ式の教会や修道院の創設および組織化などの政策を断行していった。こうした改革の主たる担い手となったのが、デイヴィッドがアングロ・ノルマン王国から招聘したアングロ・フレンチ系の者たちであり、彼らはスコットランド王国に所領を与えられ、デイヴィッドの封臣として王国の改革に取り組んだ。カンモア朝断絶後に王位を継承するブルース家やステュワート家も、それぞれノルマンディとブルターニュの出身であり、デイヴィッド一世の治世から重要な家臣として国政に参加している。

一三世紀末までのカンモア朝の政策は、デイヴィッドの定めた方向性に従って、伝統的なゲール人社会とアングロ・ノルマン式の統治体制を発展的に統合していくことであった。当初は王領地や没収地を封建所領として分け与えるかたちでアングロ・フレンチ系の人材を登用していたが、土地の分配が進むにつれて、その数は減っていった。一方で、男系の絶えた家系の女子相続人を与える方法での登用が、継続的に進められた。結果として、一三世紀の末までに、アングロ・フレンチ系の家系の割合は相当な率に及ぶこととなった。

王国のなかで最上級の諸侯である伯の場合では、デイヴィッド一世の治世に存在した九つの伯領は、すべて在地の有力者によって治められていたが、そのうちバハン伯領とアンガス伯領が、それぞれ一二一二年頃と一二三六〜四二年に女子相続人を通してカミン家の手に渡り、後者はその後一二四三年にステュワート家に移った。さらに、一二世紀後半につくられた四つの伯領のうち、メンティース伯領も一二二三〜三四年に女子相続人を通してカミン家の手に渡り、その後一二六〇年にステュワート家に移っている。また、キャリック伯領も同様に一二七二年頃にブルース家の手に渡った。加えて、サザーランド伯領の場合は、デイヴィッド一世治世のフランドル出身のフレスキンを祖とするマリー家が、ウィリアム一世治世にサザーランドを与えられ、それが一二二三〜四五年の間に伯領に昇格するという経緯をたどった。

伯領以上にアングロ・フレンチ系の影響力が顕著なのは、一ランク下の中級所領の保有者たちである。王国の東南部を拠点とする王権が、北方と西方に支配権を浸透させていく際に、状況に応じて伯領に匹敵するほどのまとまった所領がつくられた。そうした所領は一三世紀の末の時点で一九数えることができ、そのうち三つを除いた一六をアングロ・フレンチ系の家系が占めているのである。[1] これより下級の領主たちのアングロ・フレンチ系の比率を数量的に示すことは困難であり、地域的な偏差もあるが、とくに王国の中部から南部にかけては、確実にアングロ・フレンチ系が優勢となった。

土地を求めて移動する諸侯たちの視点からすれば、イングランドとスコットランドの国境はそれほど大きな障壁ではなかった。しかも、スコットランドに所領を獲得することは、必ずしもスコットランドに根付いてスコットランド人となることを意味してはいなかった。このことを明確に示すのが、国境を跨いでイングランドとスコットランドの双方に所領を有する諸侯たちの存在である。

### †クロス・ボーダー・バロン——国境を跨ぐ諸侯たち

スコットランド王が自身の王国のみならず、イングランド王の封臣としてハンティンドン伯領やイングランド北部の所領を保有していたように、ほかの多くの諸侯たちも国境を跨いで両王国に所領を保有していた。一二世紀から一三世紀にかけて、スコットランドとイングランドの双方に所領を有する諸侯（クロス・ボーダー・バロン）の数は急速に増大した。最初はスコットランド王がイングランドの有力家系に土地を与えるかたちで進展したが、次第に結婚を通じた土地の授与がクロス・ボーダー・バロンの増大に拍車をかけた。当時は長子一括相続が確立しておらず、所領が分割されることや女子相続人が継承する場合も頻繁に生じたため、所領獲得の実態はきわめて複雑な様相を呈した。さらに、時が進むにつれて、王が直接関与しないかたちで土地の分割や相続が行われるようになると、クロス・ボーダー・バロンの形成はいっそう進展した。彼らが保有する所領は、スコットランドでは地域的に中部から南部に多い。一方のイングランドでは、中部のハンティンドン伯領や北部に多いものの、イングランド南東部やウェールズ辺境など広範囲に及んでいる。一例としてブルース家の場合をみると、時の経過とともに保有する所領は変わるものの、スコットランドでは南西部国境付近のアナンデイルを中心に、西部のキャリック伯領や北東部のゲイリーなどを保有し、イングランドでは中部のハンティンドン伯領の諸州やイングランド北東部のヨークシャの所領、さらに南東部のエセックスや北西部にも所領を保有していた。スコットランドの諸侯のうちで、故郷のフランスの所領を保持しているケースは少ないが、ベイリオル家の場合にはフランスでの出身地のピカルディーの所領も保持していた。

所領獲得の方向性としては、イングランドの諸侯がスコットランドに所領を求めていくケースの方が圧倒的に多かったが、逆にアソル伯やファイフ伯、ギャロウェイの領主など、スコットランドの諸侯がイングランドに土地を獲得するケースもめずらしくはなかった。

クロス・ボーダー・バロンの率を数量的に正確に示すことは難しいものの、K・ストリンガーが参考となる具体的な数字を算出している。[2] それによると、たとえば一二〇〇～九六年のあいだに、スコットランドの一三の伯領のうちの九つがクロス・ボーダー・バロンに保有される期間をもっていた。また、法の監督を主たる任務とする司法長官についてみた場合には、一一七〇年頃～一二九六年のあいだに、フォース湾以北を管轄する司法長官の一二人のうちの五人、フォース湾以南のロジアンを管轄する司法長官では一七人のうちの一二人がクロス・ボーダー・バロンであった。これらの数字は、とくに上層の諸侯のなかでは国境を跨いで所領を有する家系が少なくなかったことを示している。

王国の諸侯のなかには、アングロ・フレンチ系と交わらない古来のゲール系の諸侯や、スコットランドに根付いて土着化していくアングロ・フレンチ系の諸侯もいたが、スコットランドは拡大する一つのアングロ・フレンチ世界の波に着実に飲み込まれていった。その一体的な世界のなかでは、フランスを起源とする数多の諸侯たちが、フランス語と騎士文化を携えて、国境を飛び越えながら土地を求めて行き来したのである。土地獲得の手段として女子相続人との結婚が有力であったことから、諸侯のあいだでの通婚も進み、血縁関係が複雑に絡み合うアングロ・フレンチ家系のネットワークが形成された。スコットランドの諸侯を個別に見た場合には、世代を経るごとにフランスと直接的な関係を保持する家系は確実に減少していったが、アングロ・フレンチ世界に属しているという意味において、スコットランドは強力なフランスの影響を受けていたのである。

ところで、容易に超えられる国境が維持されるためには、スコットランド王とイングランド王のあいだの関係が平和に保たれていなければならなかった。両王のあいだで戦争が生じた場合には、クロス・ボーダー・バロンはどちらに味方するかを選択せねばならず、いずれにしても忠誠を守れなかった王から所領を没収される危険性が生じた。主君を二人抱えることから生じる忠誠のジレンマの問題は、「ノルマン征服」当初から存在していた。スティーヴン王の内乱期の一一三八年に、デイヴィッド一世がイングランドに侵攻しようとした時、クロス・ボーダー・バロンであったブルース家は、デイヴィッドの挙兵を必死に思いとどまらせようと試みた。結局、説得がかなわないとなると、一族が二つに分かれて片方ずつにつくことで、所領の喪失を防がなければならなかった。こうしたことから、クロス・ボーダー・バロンたちは、両国間の平和をつねに希求していた。一二〜一三世紀にイングランドとスコットランドのあいだの関係が比較的平穏に保たれた背景には、クロス・ボーダー・バロンを中心に一体的な世界を維持しようとするアングロ・フレンチ系の諸侯たちの存在があったのである。しかし、一三世紀末のカンモア朝断絶後のエドワード一世によるスコットランド直接支配の試みと、それに対する独立をかけたスコットランド諸侯の抗戦は、こうした国境の在り方に終止符を打つこととなった。戦争状態が継続するなかで、一人の諸侯が敵対する二人の君主の下で封土を保持することは不可能となったのである。その結果、一体的なアングロ・フレンチ世界の分裂は決定的となり、スコットランドを選択した諸侯たちは、スコットランド人となっていった。

### †フランスとの「古き同盟」

一体的なアングロ＝フレンチ世界を形成する諸侯たちの一方で、とくに一二世紀以降にイングランド王権からの独立性の確立を希求していたスコットランド王家の目には、フランスは特別な存在として映るようになっていた。一二三九年にアレグザンダー二世は、再婚相手としてフランス王家の血を引くピカルディーのクーシー家の娘マリーを妻に迎えるが、彼女は一二世紀以降のスコットランド王がはじめて自ら選んだ王妃であった。それまでのスコットランド王妃の選択にはイングランド王の意向が反映されており、一二三八年に亡くなったアレグザンダー二世の先妻ジョーンは、ヘンリ三世の妹であった。アレグザンダーの選択は、一二一六年の彼とルイ八世（当時は王太子）の協力関係（ドーヴァーでの忠誠誓約）を想起させ、ヘンリ三世とのあいだに一触即発の緊張関係を生んだ。アレグザンダー二世の王子アレグザンダー（のちの三世）とヘンリ三世の娘マーガレットとの婚約を伴う和平条約によって戦争は回避されたが、そのアレグザンダー三世もまた、マーガレットと死別したあとにフランス王家の血を引くドゥリュ伯ロベールの娘ヨランドを妻としている。

カンモア朝断絶後に即位したジョン・ベイリオル王が、イングランド王エドワード一世の抑圧的な宗主権の行使に耐えかねた時、フランスに目を向けたのは自然の成り行きであった。一二九五年の秋にスコットランドからの使節がパリに派遣され、同年一〇月二三日に軍事同盟としてのパリ条約が締結された。当時のフランス王フィリップ四世は、一二九四年にガスコーニュ統治をめぐってエドワード一世との戦争に突入したところであり、イングランドの背後を襲えるスコットランドとの同盟は望むところであった。相互的な軍事援助を目的とするパリ条約においては、スコットランドがイングランドに宣戦し、フランスがイングランドと戦争しているあいだは戦争を継続すること、その一方で、イングランドがスコットランドに侵攻した場合には、フランスが抗戦を支援することが定められた。また、同盟国を抜きにして単独でイングランドと和平を結ばないことも同意された。

この軍事同盟は、一時のものにとどまらず、その後一五六〇年まで約二六五年にわたって、多少内容を変更しつつも断続的に更新されていき、「古き同盟（Auld Alliance）」と呼ばれるようになる。ジョン王以降、歴代すべてのスコットランド王が同盟を結び直しており、フランス王の方も、唯一ルイ一一世（在位一四六一～八三年）を除いて、すべての王が同盟を更新している。

「古き同盟」の船出は決して順風ではなかった。一二九六年にジョン王はイングランド軍との戦いに敗れ、パリ条約を破棄したうえでの退位を余儀なくされた。その結果、スコットランドはイングランド王の直接支配下におかれることとなったのである。一方のフランス王も、一三〇二年にはクールトレ（コルトレイク）の戦いでフランドル都市軍に敗北し、イングランド王と和平条約を締結するに至る。その際、スコットランドは条約には含まれず、単独でイングランド王に対する独立戦争を戦わなくてはならなくなった。しかし、同盟再開の機会はすぐに訪れた。対英戦争の過程で王位に就いたロバート一世は、イングランド王の支配からの脱却を達成しつつもイングランド王からも教皇からも独立を認められない状況のなかで、再びフランス王との同盟を画策する。フランス側も一三一四年のフィリップ四世の死後、短命の王が続き、アキテーヌをめぐるイングランド王との争いにあるなかで、スコットランド王と手を結ぶことに傾いた。その結果、一三二六年四月にスコットランド・フランス両国間で再び相互軍事援助同盟が締結されたのである。その後、スコットランド王国はイングランド王からの独立を勝ち取り、占領下の領地を取り戻すための戦争を一四六一年まで断続的に続けることになる。一方のフランス王家も一三三七年から百年戦争に突入し、イングランド王家と長期にわたる戦争状態に入る。こうしたなかで、スコットランド王家とフランス王家とのあいだの同盟は、状況に応じて条件を変化させながらも、重要な協力関係として継続されたのである。スコットランド王国にとっては、フランス王国からの実際的な支援に加えて、フランス王国との対等な同盟関係を継続できたことも重要であった。恒常的な対仏同盟と対英戦争の文脈のなかで、一体性を弱めていくアングロ・フレンチ世界を三つの自立した王権が分有する構図が確立していったのである。

## †スコットランドと英仏百年戦争

イングランドに占領された王国南部地域の奪回のためにスコットランドが断続的にくり広げた対英戦争は、フランスとの同盟関係に基づいて百年戦争と並行するかたちで行われた。両者が必ずしもつねに同調しているとは限らなかったが、くり返し挟撃の体制が組まれた。たとえば、一三四六年一〇月にスコットランド王デイヴィッド二世（在位一三二九～七一年）が大敗して捕虜となる結果を招いたネヴィルズ・クロスの戦いは、同年八月にクレシーの戦いに敗れて苦境に陥っていたフランス王フィリップ六世の求めに応じて実施されたイングランド侵攻の結果であった。

スコットランドとフランスは、相互にイングランドの背後を襲うだけではなく、双方の対英戦争にも直接援軍を提供している。フランス軍がスコットランドまで来て戦うケースは多くはなかったが、一方で、多くのスコットランド人がフランスに渡って百年戦争を戦った。スコットランド軍の最も顕著な貢献は、ウィグトン伯アーチバルドとバハン伯ジョン・ステュワートが率いてフランス軍と共同で勝利した一四二一年のボージェの戦いである。彼らはイングランド軍の総司令官であったクラレンス伯トマスをはじめ多数の首級をあげ、イングランド軍の進撃を食い止めた。こうした戦果をあげる一方で、惨敗を喫することも稀ではなく、一四二四年八月のヴェルヌイユの戦いでは、先のアーチバルドやジョン・ステュワートをはじめ、約六〇〇〇のスコットランド兵がほぼ全滅している。百年戦争中にフランスで戦死したスコットランド人は多数にのぼり、フランスで戦うリスクは高かった。しかし、一方で、戦功をあげればフランス王から魅力的な褒美を期待することができた。フランスに渡ったスコットランド人には、傭兵もいれば、同盟に基づいて援軍に赴いた諸侯たちもいた。しかし、スコットランド軍としての側面をもつ後者の場合も、一方で、フランス王に奉仕する一諸侯としての私的な側面も有していた。彼らは個人的な見返りを期待していたのであり、フランスに所領を与えられることを望んでいた。アーチバルドはトゥーレーヌ公に封じられ、スコットランド王ジェイムズ一世（在位一四〇六〜三七年）でさえサントンジュ伯領を得る可能性があった。所領獲得競争の場としてのアングロ・フレンチ世界は存続していたのであり、百年戦争は本家フランスに所領を獲得する可能性を拓くものでもあった。

古き同盟は、つねに互いを忠実に援助し続けるような関係ではなく、時期によって対応は多様に変化し、一方がイングランドと和平を結ぶこともありえた。スコットランド側の同盟に対する姿勢が一貫しなかった要因の一つに、イングランドに長期にわたって囚われていた王の存在があった。デイヴィッド二世は一三四六年のネヴィルズ・クロスの戦いでイングランド王の捕虜となり、一三五七年までの約一一年間、イングランドで囚われの生活を送った。ジェイムズ一世も、王家の内紛から逃れるために一四〇六年にフランスへ亡命する途中でイングランドに捕まり、一四二四年に解放されるまでの約一八年間、捕囚の身で過ごした。彼らは王個人の利害に基づいて解放交渉を行おうとしたため、フランスとの同盟関係にも多大な影響を及ぼした。たとえば、デイヴィッド二世が一三五七年に解放された時の条件には、身代金支払い期間中の対イングランド戦争の休戦が含まれていた。実際には身代金が当初の予定通りに支払われなかったため、休戦状態は一三八四年まで継続することとなる。

王の解放時の影響はとくに大きかったが、一方で、それまでの捕囚期間が長期に及んだ背景には、諸侯たちのあいだに王個人の自由よりも王国の利益を優先させようとする「スコットランドの諸侯」としての意識の成長があった。諸侯たちも個別のケースでは、必ずしも王国の利益を個人の利益に優先させていたわけではなかったが、総体的には国益を守るために、対イングランド戦争を継続して占領された領土を完全に取り戻す道を選択した。それはすなわち古き同盟の継続であった。ジェイムズ一世帰国後の外交方針決定のプロセスには、このことが典型的に表れている。ジェイムズ一世は少年時から捕囚の身としてイングランドで育ち、イングランド王ヘンリ五世の従姉妹ジョーン・ボーフォートを妻に迎えて、親英的な傾向をもって帰国した。その後、イングランドから使節として派遣されたエドマンド・ボーフォートは、イングランドが占領しているロクスバラとベリックの返還とイングランド・スコットランド間の恒久的な和平という魅力的な条約案を提示し、対仏同盟の破棄を促した。しかし、ジェイムズ一世がパースに招集した会議において、諸侯が議論の末に下した結論は、古き同盟の堅持だったのである。

❦　❦　❦

一二世紀以降のノルマン征服によって、一度は一体性をもったアングロ・フレンチ世界に組み込まれたスコットランドは、イングランド王権との対決を通して、イングランド王国とは明確に分かたれる独立したスコットランド王国として、新たに一四世紀に公式に誕生した。新生スコットランド王国の歩みを支えたのはフランスとの「古き同盟」であり、また中世末まで継続的にくり広げられた「古き敵」たるイングランドとの戦いが、スコットランドの結束を固めていったのである。

［註］

(1) Peter G.B. McNeill & Hector L. MacQueen eds., *Atlas of Scottish History to 1707*, pp. 183-186.

(2) K.J. Stringer, *Earl David of Huntingdon, 1152-1219: A Study in Anglo-Scottish History*, p. 190.

# 第一四章　イベリア半島と英仏

イベリア半島においてイスラーム勢力と対峙したキリスト教君主国であるナバラ、アラゴン、カスティーリャ、ポルトガルの諸関係は、王家間の婚姻や半島内外の政治状況が複雑に絡み合い、さながら万華鏡のように変化する。本章では英仏との関係を軸に、一一世紀後半から一五世紀初頭までのイベリア半島諸国の変遷を、一三世紀初頭と一四世紀初頭を区切りとして、三つの時期に分けて叙述する。

## 第一節　一一世紀後半から一三世紀初頭までのイベリア半島諸勢力

イングランド王にイベリア半島の政治情勢への関心が生じたのは、ヘンリ二世がアキテーヌを獲得した一一三七年以降のことで、ガスコーニュに接した諸君主国であるナバラ、カスティーリャ、アラゴンに対してであった。他方、イベリア半島勢力の南仏への進出は、それ以前からの通婚関係を足がかりとした一一世紀のバルセロナ伯家を嚆矢とするが、北フランスのカペー王権との直接の接触の機会は一三世紀初頭のアルビジョワ十字軍まで待つ必要があった。

### †ナバラ王国

ナバラ王国は、一一世紀前半のサンチョ・ガルセス三世（在位一〇〇四～三五年）がガスコーニュにまで影響を及ぼし、隆盛を誇ったものの、その死後は徐々にアラゴン王国やカスティーリャ王国の後塵を拝することとなる。同国はガスコーニュと長い境界線で接するため、イングランド王国はとくに重視すべき相手であった。一一九一年、サンチョ六世（在位一一五〇～九四年）は娘ベレンガリアをイングランド王リチャード一世と結婚させた。翌年、リチャードの十字軍遠征中にアキテーヌで起こった反乱は、サンチョ六世が鎮圧に協力した。一二世紀末には、カスティーリャ王アルフォンソ八世（在位一一五八～一二一四年）に、アラバ、ビスカーヤ、ギプスコア地方を奪われる。これらの地域の獲得で、今度はカスティーリャ王国がガスコーニュと接することとなる。一二〇一年、ナバラ王サンチョ七世（在位一一九四～一二三四年）はリチャード一世と同盟を結び、アルフォンソ八世とアラゴン王ペドロ二世（在位一一九六～一二一三年）に対抗した。リチャードの跡を継いだジョンも引き続きサンチョ七世との同盟を維持した。[1]

### †バルセロナ伯領とアラゴン王国

バルセロナ伯ラモン・バランゲー一世（在位一〇三五～七六年）は、ムスリムからの貢納金で、一〇六七～七〇年にカルカソンヌとラゼスの両副伯領を購入し、南仏への支配権を拡大した。同伯ラモン・バランゲー三世（在位一〇九六～一一三一年）は、一一一二年に結婚によりプロヴァンス伯領を獲得したが、上述の両副伯領をベジエ副伯のトランカヴェルに奪われ、トゥールーズ伯とも対立した。その後、異父兄弟ナルボンヌ副伯とトランカヴェル家が臣従したことにより、バルセロナ伯はラングドックとプロヴァンスでの権威を確立した。

ムラービト朝に対抗するアラゴン王アルフォンソ一世（在位一一〇四～三四年）は、ベアルン副伯ガストン四世らの支援で、一一一八年一二月にサラゴーサを攻略した。その見返りとして、一一三〇年にバイヨンヌを包囲し、アキテーヌ公ギョームと対立していたベアルン副伯を支援した。[2]

## †カスティーリャ王国とレオン王国

一〇八六年のサグラハスの戦いでムラービト朝に敗北したカスティーリャ・レオン王アルフォンソ六世（在位一〇六五～一一〇九年）は、ピレネーの北側にも軍事援助を要請した。それに応じたブルゴーニュ公オドン、リュジニャン家のユーグ四世、そしておそらくトゥールーズ伯レモン四世らの軍隊が、一〇八七年冬にトゥデラを包囲したものの戦果は上がらなかった。この援助の背景には、一〇七九年にアルフォンソ六世とブルゴーニュ公オドンの叔母コンスタンスの婚姻により生じたブルゴーニュ家との同盟関係があった。さらに、一〇九四年頃にはアルフォンソの娘エルビラがトゥールーズ伯レモン四世と結婚した。王家が推進したフランスの諸侯との婚姻政策は、同王家の権威付けには一役買ったが、トゥデラ包囲戦の例が示すように、軍事同盟としては不十分なものにとどまった。

カスティーリャ・レオン王アルフォンソ七世（在位一一二六～五七年）は、一一三五年五月に「皇帝」を称した。バルセロナ伯ラモン・バランゲー四世、トゥールーズ伯アルフォンス・ジュルダン、ナバラ王は彼に臣従礼《オマージュ》を行い、ポワトゥやガスコーニュの貴族の子弟の多くが彼から貨幣封を受けた。名目上、アルフォンソ七世は「大西洋からローヌ河」へ至る、イベリア半島と南仏地域で最大の君主となった。一一五七年のアルフォンソ七世の死後、レオン王国はフェルナンド二世（在位一一五七～八八年）に、カスティーリャ王国はサンチョ三世（在位一一五七～五八年）にそれぞれ分け与えられた。

一一六九年、カスティーリャ王アルフォンソ八世は、イングランド王ヘンリ二世の娘エレノア（レオノール）と結婚し、ガスコーニュを嫁資として受領した。その後、アルフォンソはフランスの援助を受け、前述のようにナバラ王国からバスク地方の一部を奪い、ガスコーニュへの通過点を確保した。一二〇五年、アルフォンソはイングランド王ジョンの大陸所領没収に乗じてガスコーニュに侵入したが、都市の抵抗に遭い、撤退した。[3]

一二一二年、アルフォンソ八世は、アラゴン王ペドロ二世やナバラ王サンチョ七世と共にナバス・デ・トロサの戦いでムワッヒド朝勢力を破り、以後、イベリア半島のイスラーム勢力は衰退に向かうことになる。

## †アラゴン連合王国の南仏への進出

バルセロナ伯ラモン・バランゲー四世とアラゴン王女ペトロニーラの結婚により、一一三七年にアラゴン連合王国が成立する。一一五〇年頃、ラモン・バランゲー四世は、甥のプロヴァンス伯ラモン・バランゲー三世と協力し、同伯領貴族の反乱を鎮圧するとともに、トランカヴェル家への上級領主権を強化し、カルカソンヌ、ナルボンヌ、モンペリエに同盟関係を拡大した。さらに、一一五九年、イングランド王ヘンリ二世と同盟し、カペー王権と結んだトゥールーズ伯を孤立させることに成功した。

アラゴン王アルフォンソ二世（バルセロナ伯アルフォンス一世。在位一一六二〜九六年）は、プロヴァンス伯ラモン・バランゲー三世が相続人を残さずに没すると、一一六六年に同伯領を併合してプロヴァンス伯を称し、トゥールーズ伯と断続的な紛争を続けた。一一七六年、両者のあいだに平和協定が成立し、アラゴン王はラングドックの諸伯領・副伯領への上級領主権の放棄を認めたものの、ベアルン副伯、ビゴール伯、フォワ伯からの忠誠を確保し続けた。その後、一一七九年の第三ラテラノ公会議で異端とされたカタリ派の擁護者であったトランカヴェル家を支援して、再びトゥールーズ伯と対立した。「南仏大戦争」と呼ばれるこの両家の紛争は一二世紀末まで継続する。なお、アラゴン王は、ラングドックの領邦君主およびバルセロナ伯としてはフランス王の封臣であった。

つづくペドロ二世（バルセロナ伯ペラ一世）は当初、平和的な手段を模索した。まず、一二〇四年にモンペリエの継承権を持つマリアと結婚して同地域を確保した。さらに、一二一一年に妹サンサをトゥールーズ伯レモン六世の息子レモンに嫁がせ、南仏の諸侯たちに対抗する同盟を結んだ。その結果、ペドロはラングドック地方の封臣を保護する義務を負った。南仏の封臣はカタリ派異端の保護者であったが、ペドロ自身は異端を憎んでおり、自らをアラゴン王に加冠した教皇インノケンティウス三世との敵対も望んでいなかった。また、一二一一年にペドロは、息子ハイメ（のちのハイメ一世）をシモン・ド・モンフォールの娘と婚約させ、三歳のハイメをシモンの元に預けている。にもかかわらず所領を没収された封臣のために、シモン指揮下のアルビジョワ十字軍士と戦うことを余儀なくされ、一二一三年にミュレの戦いで戦死した（第三章参照）。このようにしてアルビジョワ十字軍は、南仏におけるアラゴン王家の覇権の終焉と、それと入れ替わるかたちでのカペー王権による進出の画期となった。[4]

## 第二節 一三世紀中頃から一四世紀初頭までのイベリア半島諸勢力

### †カスティーリャ王国とナバラ王国

一二三〇年、カスティーリャ王フェルナンド三世（カスティーリャ王在位一二一七〜五二年。レオン王在位一二三〇〜五二年）がレオン王国を統合し、以後両国が分裂することはなくなる。同王の下では、イングランド王ヘンリ三世との関係は良好であったが、続くアルフォンソ一〇世（在位一二五二〜八四年）統治期の対英関係は緊張を孕むものとなった。アルフォンソ一〇世は、ベアルン副伯ガストン七世との個人的な紐帯を頼みにして、敬愛する曾祖父アルフォンソ八世によるガスコーニュへの主張を復活させた。しかし、一二五三年にヘンリ三世がガスコーニュでガストンを破ると、翌年にトレド条約が成立、アルフォンソ一〇世によるガスコーニュ反乱への支援停止とアキテーヌへの主張の放棄、イングランド王太子エドワード（のちのエドワード一世）とアルフォンソの異母妹レオノールの婚約が取り決められた。同年、エドワードはブルゴスにおいてアルフォンソによって騎士叙任されている。一方、ヘンリ三世の弟コーンウォル伯リチャードとアルフォンソが同時に神聖ローマ皇帝位を狙ったことが、一二七二年にヘンリ三世とリチャードが死亡するまで、イングランド・カスティーリャ関係に影を落とし続けた。[5]

ナバラ王国では、嫡子のなかったサンチョ七世の死後、一二三四年に甥のシャンパーニュ伯ティボー四世（ナバラ王テオバルド一世。在位一二三四〜五三年）が王位に推戴されたが、一二七四年には同家の男系も断絶し、フアナ一世（在位一二七四〜一三〇五年）が女王に即位した。一二八四年にフアナはフランス王太子フィリップ（のちのフィリップ四世）と結婚し、翌年からフランス王がナバラ王を兼ねた。同王は代官を通じてナバラを統治したため、イベリア半島情勢への介入は限定され、また以後のイングランドとナバラの関係は英仏関係によって左右されることとなった。

なお、イングランド王ヘンリ三世は自身で着用していたベルトをシャンパーニュ伯ティボー五世（ナバラ王テオバルド二世。在位一二五三～七〇年）に贈り、一二六二年にティボーはそのベルトをアルフォンソ一〇世の長子フェルナンド・デ・ラ・セルダに贈っている。ティボーとフェルナンドがともにフランス王ルイ九世の娘婿であることを想起するならば、このベルトの授受は英仏西の王家間の緊密な結びつきを示す重要な証左といえる。[6]

### †コルベイユ条約

ペドロ二世の敗死によって、アラゴン王家が南仏への野心を完全に放棄したわけではない。新王ハイメ一世（ジャウマ一世。在位一二一三～七六年）がモンペリエを保持し、プロヴァンスの帝国伯領も一二三〇年代前半までアラゴン傍系の支配下にあるなど、一三世紀前半を通じて、ラングドックはアラゴンの利害関心の焦点であり続けた。

アルビジョワ十字軍後のパリ条約により、アルフォンス・ド・ポワティエがトゥールーズ伯領を獲得すると、アラゴン王のラングドックにおける勢力拡大は妨げられた。しかしながら、南西フランス地域における新たな紛争の可能性が払拭できないため、ルイ九世は外交的解決を模索し、一二五八年五月一一日のコルベイユ条約でアラゴン王ハイメ一世と合意に達した。フランス側は、バルセロナ、ウルジェイ、ベザルー、ルシヨン、アンプリアス、セルダーニュ、コンフラン、ジローナやほかの境界地域への宗主権の主張を放棄し、同様にアラゴン側もプロヴァンス、カルカソンヌ、ロデズ、ミヨー、ベジエ、アグド、アルビ、ナルボンヌ、ミネルヴ、ニーム、トゥールーズやフォワ伯領やそれらの従属地域への主張を放棄した。さらに、フランス王太子フィリップ（のちのフィリップ三世）が、ハイメの娘イサベルと結婚することが定められた。こうしてハイメ一世の統治期に、アラゴンとフランスの両王家の関係は改善に向かう。もっとも、一二七一年にイサベルが死去したため、この同盟の効果は薄れ、一二七四年のフランスのナバラ支配により、アラゴン連合王国に新たな脅威が出現することとなった。

## †アラゴン王家の地中海への進出

一二四三年のアラゴン王家傍系のプロヴァンス伯家断絶後、一二四六年に同伯家の女相続人と結婚したアンジュー・メーヌ伯シャルルは地中海政策へ乗り出す。一方、アラゴン王ペドロ三世（ペラ二世。在位一二七六〜八五年）は、一二六二年にシチリア王を称したマンフレートの娘コスタンツァと結婚し、地中海諸地域をめぐるアラゴン王家とアンジュー家の対立が表面化した。フランス王家とアンジュー家はローマ教皇と結んで地中海に進出し、ナポリとシチリアを占領した。

しかし、一二八二年三月にパレルモで起きた反アンジュー家暴動（シチリアの晩鐘事件）を機に、ペドロ三世は彼の妻の権利を主張し、シチリアを支配下に収めた。それに対し、フランス人教皇マルティヌス四世（在位一二八一〜八五年）は、ペドロを破門・廃位し、アラゴン王位をフランス王フィリップ三世の息子シャルル・ド・ヴァロワへ与えることを宣言した。一二八五年、フランス軍はペドロの弟でマジョルカ国王のジャウマ二世（在位一二七六〜一三一一年）と連携してカタルーニャに侵攻するが、カタルーニャ・シチリア連合艦隊の反撃に遭って敗走、陣中の病気の蔓延も追い打ちをかけ、撤退途中にフィリップ三世も病没した（アラゴン十字軍）。

同年には、シャルル・ダンジュー、マルティヌス四世、ペドロ三世ら主要関係者が相次いで亡くなったが、アラゴン王家とアンジュー家・ローマ教皇のシチリア領有をめぐる紛争がようやく終結したのは、一二九五年のアナーニ条約を経た一三〇二年のカルタベロッタ条約によってであった。[8]

## 第三節　百年戦争期のイベリア半島と英仏

### †ナバラ王国とカルロス二世

一三〇五年のファナ一世の死後、寡夫となったフィリップ四世は、コルテス（議会）によるナバラ独立の要求を斥けて、自らがフランスとナバラの両王であることを宣言し、ナバラ王国を事実上フランス王国に併合した。一三〇七年には息子のフランス王太子ルイ（のちのルイ一〇世）がナバラで戴冠する。しかし、一三一六年にルイ一〇世と息子のジャン一世が相次いで死去すると、パンプローナのコルテスは、ファナ二世（ルイ一〇世の娘。在位一三二八～四九年）を女王と宣言した。ファナは一三二八年に、エヴルー伯フィリップ（のちのフェリペ三世）と結婚し、王国を共同統治したため、カペー朝直系の君主によるナバラの支配は終わる。

一三四九年から統治を引き継いだ息子カルロス二世（在位一三四九～八七年）は、一三五二年にフランス王ジャン二世の娘ジャンヌを娶ったが、その後の彼の行動は、英仏関係を複雑化させることになる。一三五四年一月、アングレーム伯領継承問題に端を発し、カルロスの教唆とされるシャルル・ド・ラ・セルダの暗殺事件が起こると、寵臣シャルルを殺害されたジャン二世はエヴルーとナバラに侵攻した。カルロスはイングランド王太子エドワード（黒太子）と同盟して反撃し、一三五四年に結ばれたマント条約で、カルロスはジャンからノルマンディ地方の半分を獲得することが決められた。しかし、この条約は履行されず、カルロスはエドワードの弟ランカスター公ジョン・オブ・ゴーントと同盟を結び、一三五五年八月にイングランド・ナバラ連合軍がシェルブールに集結した。その傍らで、カルロスはジャン二世との和解を試みるが、一三五六年四月にルーアン城で逮捕され、パリに幽閉された。九月のポワティエの戦いでジャンが捕虜になると、翌年一一月にカルロスは釈放され、一三五九年八月、ポントワーズ条約により、王太子シャルル（のちのシャルル五世）との同盟が成立した。この条約は、同時にイングランドとナバラの同盟の破綻を意味した。[9]

### †カスティーリャ継承戦争と英仏

一三六一年にカルロス二世がナバラに戻る頃、全スペインの君主はカスティーリャの継承戦争と英仏の対立に巻き込まれていた。

フランスとの同盟のため、カスティーリャ王ペドロ一世（在位一三五〇～六六、六七～六九年）は一三五三年にブルボン公ピエール一世の娘ブランシュと結婚したものの、ブランシュを冷遇し、王権強化策の追求と併せ、国内に様々な敵を作ることとなった。一三六六年には、ペドロの異母兄弟エンリケ・デ・トラスタマラを中心に、内乱が勃発した。アラゴン王ペドロ四世（ペラ三世。在位一三三六～八七年）、フランス王シャルル五世、アヴィニョン教皇庁と提携したエンリケの元には、ガスコーニュ人隊長の率いる「自由傭兵団」が派遣されてきた。劣勢に立たされたペドロ一世は、エドワード黒太子とナバラ王カルロス二世に助力を求めた。一三六六年九月にリブルヌで援助の条件が合意され、ペドロは戦費を全額負担し、ビスカーヤをエドワードに、ギプスコアとアラバをカルロスに割譲することが決められた。エドワードらは一三六七年にナヘラの戦いでエンリケとベルトラン・デュ・ゲクラン指揮下のフランス人傭兵隊を破るが、ペドロが戦費負担と領土割譲を渋ったため、エドワードは離脱し、一三六九年、エンリケの巻き返しにあったペドロ一世はモンティエルの戦いで戦死した。

一三六九年、エンリケはエンリケ二世（在位一三六九～七九年）として即位し、トラスタマラ朝を創始すると、フランスとの同盟を対外関係の基軸に据え、同年一一月にフランス王シャルル五世とトレド条約を締結した。他方、一三七一年九月にカスティーリャ王ペドロ一世の長女コンスタンサと結婚し、カスティーリャの王位継承権を主張したランカスター公ジョン・オブ・ゴーントが、エンリケにとって脅威となった。なお、ジョンの弟ケンブリッジ伯エドマンドも、翌年にコンスタンサの妹イサベラと結婚している。イングランドとの関係悪化により、カスティーリャ船の英仏海峡通行が妨げられ、フランドル貿易の障害になっていたが、一三七二年六月に、エンリケはトレド条約に基づいてシャルル五世を援助し、カスティーリャ艦隊をラ・ロシェル港に派遣、イングランド艦隊を破った。この結果、カスティーリャがビスケー湾と英仏海峡の制海権を掌握し、フランドル地方への羊毛輸出ルートを確保した。翌年、ジョンがカスティーリャ遠征を試みるも、途中のボルドーで断念した。一三七四年には、逆にエンリケ二世がバイヨンヌに侵攻するが、フランスの支援を得られず、失敗に終わっている[10]。

なお、アラゴン連合王国はカスティーリャとの紛争において限定的な役割を果たしたに過ぎず、得た利益も少なかったが、両国の最終的な和平合意の達成は一三七五年と遅かった[11]。

## †シャルル五世とナバラ王カルロス二世

ナバラ王カルロス二世は、今度はブルゴーニュ公領の継承をめぐって、フランス王シャルル五世に対して反乱を起こすが、一三六四年五月にイングランドとの連合軍がコシュレルでベルトラン・デュ・ゲクランに敗れたあと、一三六五年のサン・ドニ条約でフランス王位請求権を放棄した。また、一三六五年三月のアヴィニョン条約でブルゴーニュへの要求も放棄した。さらに、一三七一年三月、シャルル五世とヴェルノン条約を締結し、カルロスはノルマンディの所領について、シャルルに臣従礼を行った。

こうして両者の紛争は収まったかに見えたが、一三七八年三月に、カルロスによるイングランドとの密約が発覚した。この密約にはカスティーリャとフランスの両王の暗殺計画が含まれていたため、シャルル五世はカルロスの全フランス所領を没収し、王太子カルロス（のちのカルロス三世）らを拘留した。カスティーリャ軍はナバラを占領し、一三七九年三月のブリオレス条約で、フランスとカスティーリャは恒久的な対イングランド軍事同盟をナバラに課した。

一三八七年一月のカルロス二世の死後、ナバラ王位を継いだ息子のカルロス三世（在位一三八七〜一四二五年）は、フランス王シャルル六世を頻繁に訪問し、関係修復に努めた。一四〇四年に、父親の代に没収された所領であるシャンパーニュ、エヴルー、アヴランシュの各伯領を、新設のヌムール公領と交換し、フランス王との対立の大元を取り除いたのである。[12]

### †ジョン・オブ・ゴーントとポルトガル戦争

一三八三～八五年のポルトガル戦争の原因は、前述のカスティーリャ継承戦争の際に、ポルトガル王フェルナンド一世（在位一三六七～八三年）が、カスティーリャ王位の継承を要求し、エンリケ二世と対立したことにある。エンリケ軍に首都リスボンまで攻め込まれたフェルナンドは、一三七三年三月にサンタレン条約を結び、イングランドに対抗するカスティーリャ・フランス陣営への加担を強いられた。しかし、そのわずか三ヵ月後にフェルナンドは、ロンドンのセント・ポールでイングランドと同盟を結ぶ。さらに、一三八一年、ジョン・オブ・ゴーントと同盟を結び、カスティーリャへ侵攻したが敗北した。この時の講和で、カスティーリャ王ファン一世（エンリケ二世の息子。在位一三七九～九〇年）に、王女ベアトリスを嫁がせることに同意した。フェルナンドにかわってカスティーリャ王位を請求したランカスター公ジョン・オブ・ゴーントは、ローマ教皇ウルバヌス六世（在位一三七八～八九年）と同盟すると、ファン一世は、フランス王シャルル六世および対立教皇であるアヴィニョン教皇クレメンス七世（在位一三七八～九四年）と提携して対抗した。

フェルナンド一世の死後、カスティーリャ王ファン一世が侵攻したことで始まるポルトガル戦争で、ペドロ一世の非嫡出子でアヴィシュ騎士団長のジョアンはカスティーリャ軍を撃退し、ポルトガル王に推戴され、ジョアン一世（在位一三八五～一四三三年）として即位した。一三八五年に再度侵攻したファン一世はアルジュバロータの戦いで再び敗れた。

ジョアン一世はカスティーリャと対抗するためにイングランドとの同盟を選択し、一三八六年五月のウィンザー条約で、ランカスター公の娘フィリッパとの結婚に同意した。同年、ガリシア地方に侵攻したランカスター公は、フランス軍と同盟したカスティーリャ軍を攻めあぐねた結果、一三八八年のバイヨンヌ条約や一三八九年のリュランガン条約といったファン一世との条約で、金銭的補償と引き替えにカスティーリャ王位への請求を放棄し、自身の娘キャサリン（カスティーリャ王ペドロ一世の孫娘）をカスティーリャ王太子エンリケ（のちのエンリケ三世）と結婚させることに合意した。[13]

こうしてイングランドとの和平がなり、カスティーリャは百年戦争への関わりから離脱し、英仏海峡の安全航行を保障されたのである。

✾　✾　✾

イベリア半島諸国にとって隣接するフランスとの関係は最重要課題であった。アラゴン連合王国は、一二世紀から南仏に本格的に進出し、一二八二年のシチリア領有問題以降、西地中海やイタリア半島においてフランスと衝突した。他方、イングランドとイベリア半島諸国の関係の基調は一三世紀においてはカスティーリャ王国との同盟の確立であり、一四世紀から一五世紀初頭ではその破綻と再構築の模索であった。[14]カスティーリャ王国は一三六九年のトレド条約以来、フランスとの友好関係を維持し続けた。紆余曲折を経て、イベリア半島諸国は一四世紀末以降、英仏間の百年戦争から事実上離脱することになった。

また、ランカスター公ジョン・オブ・ゴーントとナバラ王カルロス二世はそれぞれ英仏王家の傍系に連なり、婚姻によってイベリア半島の王家とも密接な関係にあった。彼らのような有力諸侯が、英仏王家の思惑を離れて、それぞれの利害を追求することで、当時のイベリア半島諸国や英仏の関係にも多大な影響を及ぼしえたことは、近代的な国家間関係の枠組みとは異質なすぐれて中世的な特色であろう。

［註］

(1) M. Bull, *Knightly Piety and the Lay Response to the First Crusade*, pp. 90-92; A. E. Goodman, “England and Iberia in the Middle Ages”, p. 74; J. F. O'Callaghan, *A History of Medieval Spain*, pp. 242-243; P. A. Linehan, “Spain in the twelfth century”, p. 505; P. Bonnassie, *La Catalogne du milieu du Xe à la fin du XIe siècle* t. II, pp. 860-863.

(2) 関哲行、立石博高、中塚次郎編『世界歴史大系　スペイン史1』、二〇三～二〇四、二一〇～二一一、二一四、二二四～二二五頁。Linehan, "Spain in the twelfth century", pp. 481-482; B. F. Reilly, *The Kingdom of Léon-Castilla under Queen Urraca 1109-1126*, pp. 87-204.

(3) Bull, *Knightly Piety and the Lay Response to the First Crusade*, pp. 83-86; S. Barton, "Spain in the eleventh century", p. 187; Bonnassie, *La Catalogne du milieu du Xe à la fin du XIe siècle*, t. II, pp. 38-39; Linehan, "Spain in the twelfth century", p. 505; Goodman, "England and Iberia in the Middle Ages", p. 74.『世界歴史大系　スペイン史1』、二一二～二一三頁。Ch. Higounet, "Un grand chapitre de l'histoire du XII^e siècle," pp. 313-322; D. S. H. Abulafia, "The rise of Aragon-Catalonia", p. 645.

(5) Goodman, "England and Iberia in the Middle Ages", pp. 75-76; J.-P. Trabut-Cussac, *L'administration anglaise en Gascogne sous Henry III et Edouard I^er de 1254 à 1307*, 1pp. xxviff, 4, 7.

(6) B. J. Wild, "Emblems and enigmas: Revisiting the 'sword' belt of Fernando de la Cerda", pp. 378-396.

(7) Abulafia, "The rise of Aragon-Catalonia", pp. 645, 653-655; Abulafia, *A Mediterranean emporium*, pp. 38-39.

(8)『世界歴史大系　スペイン史1』、二二四～二二五頁。Abulafia, "The rise of Aragon-Catalonia", pp. 653, 664.

(9) P. A. Linehan, "Castille, Navarre and Portugal", pp. 631-632; M. C. E. Jones, "The last Capetians and early Valois kings, 1314-1364", p. 407.

(10)『世界歴史大系　スペイン史1』、一七四頁。P. E. Russell, *English intervention in Spain and Portugal in the time of Edward III and Richard II*, pp. 13-148; Linehan, "Castille, Navarre and Portugal", pp. 638-640, 642; R. Delachenal, *Histoire de Charles V*, t. III, pp. 419-440, 467-486.

(11) A. J. Forey, "The Crown of Aragon", p. 600.

(12) F. Autrand, "France under Charles V and Charles VI", p. 427; Delachenal, *Histoire de Charles V*, t. IV, pp. 407-416, 467-486; Russell, *English intervention in Spain and Portugal*, p. 139; Linehan, "Castille, Navarre and Portugal", pp. 642-643, 648.

(13)『世界史大系　スペイン史』、一七六～一七八頁。Russell, *English intervention in Spain and Portugal*, pp. 151-203; Linehan, "Castille, Navarre and Portugal", pp. 645-646.

(14) Goodman, "England and Iberia in the Middle Ages", p. 73.

# 終章　帝国的国制とは何か

## 第一節　中世世界の皇帝権の成立

### †ドイツ王と神聖ローマ皇帝

一九世紀国民国家ドイツのイメージで、中世の王国や帝国を理解することはできない。九六二年ザクセン朝のオットーが教皇ヨハンネス一二世によってローマ皇帝として加冠された時、彼は「フランク人民」の統治者の名において教皇とのあいだに協約を結び「朕の至高なる祖」ピピンの寄進を更新し、またローマとローマ教会の保護というカロリング的支配者の伝統的任務を引き受けた。これに先立ってオットーがドイツ王に選出された時の事情は、異なっている。ヴィドキントの叙述に従えば、大公その他の世俗有力者がオットーを王座につけ、彼らは王に対して臣従・忠誠・助力誓約を為す。次いで選ばれた国王は、マインツ大司教から王として宣旨され、人民は歓呼を以て応えたという。父ハインリヒの場合とは異なり、単に諸有力者間の第一人者としてではなく、神意に基づく特別な神的権力の執行者として支配を開始した。ドイツ王としてはドイツ内の諸有力者の合意にもとづいて戴冠した。一方皇帝としてはカール大帝の後継者であり、西方キリスト教世界の指導者として、教皇を通して神の権威が授けられた。

マジャール人などの外敵を撃退して権威を獲得したオットー・ザリアー朝時代の神聖ローマ皇帝は、ドイツや北イタリアを直接統治していたのではなかった。皇帝家の直轄領域は限られており、その他の諸侯とは臣従契約を結んで、彼らとその支配領域を帝国という名の、神から授けられた皇帝の権威に帰属する諸権力者が構成する権力構造のなかに取り込んでいた。帝国教会制によって皇帝の権威を高めたのちも、叙任権闘争時代の皇帝が、教皇と対立した時、ドイツ内の諸侯の皇帝への帰属心と敵対性に絶えず配慮しなければならなかったのは、このあいだの事情を裏書きしている。一二世紀後半の皇帝フリードリヒ・バルバロッサは、この不安定な帝国の構造を封建契約の強化によって安定させようとした。

## 第二節　フランス王権の成立

### †カペー家フランス王国

カロリング朝フランク帝国の西フランク王ルイ五世が九八七年に死んだ時、新王選出のための会議がサンリスで行われ、ランス大司教アダルベロンは、ドイツ国王すなわち東フランク国王との宥和策を標榜するフランキア大公ユーグを選出させる演説を行い、西フランクの聖俗貴族を説得した結果、ユーグがフランス国王に選出された。その戴冠式において彼は、「フランキア人、ブルトン人、ノルマン人、アキテーヌ人、ゴート人、スペイン人、ガスコーニュ人の王と宣せられた」という。[2] 国王は神から権威を授けられると同時に、諸侯によって選出されたのである。一〇世紀末においては、国王選挙の出席者からは、フランス国王は狭い意味のフランスだけでなく、イベリア半島をも支配するものと見なされていたことになる。他方、イングランド人の代表はその場にはいなかった。[3] 一二世紀前半までのカペー家の諸王は神聖ローマ皇帝に臣従を要求されることはなかった。このことは、一〇世紀末の時点ではカペー家のフランス王国は、実際には西フランク人の王国であり、神聖ローマ帝国構成メンバーとは見なされていないことを示す。

この状況が一変するのは一二世紀後半、神聖ローマ皇帝フリードリヒ・バルバロッサが、イタリア遠征を行い、西ヨーロッパの諸王に対して臣従や奉仕を要求しはじめた時であり[4]、ほぼ同時期にアンジュー伯家のアンリがイングランド王位を相続してヘンリ二世となり、フランス西半分を支配下に置き、スコットランド王に臣従を要求し、アイルランドにも遠征軍を送る、いわゆるアンジュー帝国が成立した時代のことである。二つの帝国のあいだに位置する地域を支配するカペー家は、この時以後、単なるフランス人の王であるだけではなく、イベリア半島にも、ブリテン島にも、地中海周辺地域にも支配を及ぼす、いわば「帝国」を目指す王家とならざるをえなくなった。

## 第三節　アングロ・サクソンの王権からアンジュー帝国の帝権へ

### †アングロ・サクソン王国

イングランドではウェセックス王エドガー平和王（在位九四三〜九七五年）が、九七三年の戴冠式で、賢人会議によってアングロ・サクソン人の王であると認められただけではなく、デーン人からも王と認められた。このことは、中央行政機関が未発達であるという指摘と共に考えるとき、イングランド王国のまとまりの弱さを示す。スコットランド、ウェールズの現地小王たちからも宗主と見なされたが、直接それらの地域を統治したわけではない。したがって、諸王国の連合体の代表としての王という称号であったといえる。帝国の理念はイングランド王にも知られていたと思われるが[5]、たとえばウェセックス王がほかの諸王を服属させるという国制ではない。さらにこの時点ではイングランド王国が神聖ローマ帝国に属す国とはみなされてはいない。諸王国は半ば自立し同時に連合して、存立し得ていた。

しかしその後、イングランドはデンマーク王子カヌートによって征服され、彼のいわゆる北海帝国にくみこまれたが、それは短期間で潰えた。エゼルレッド二世は一〇〇二年にデーン人の攻撃に対抗するために、ノルマンディ公との連携をはかり、彼の妹エマを結婚させた。このことはイングランド人にとって、北海帝国の一部であることのメリットが少なかったことを示すとともに、ノルマンディとの連携がこの時点では望まれていたことを示す。結果的には一〇六六年にノルマン征服によって、ノルマンディ公国とイングランド王国をともに一人の支配者ウィリアム一世が統治する、アングロ・ノルマン王国が成立した。デーン人のイングランド襲撃はその後も続いたが（一〇六九～七〇、一〇七五年）、撃退された。軍事的にはノルマンの強さが示され、イングランドはノルマンの支配下に入った。サクソン人の聖職者が一部とりたてられたものの、支配階級の大半はノルマン人にとって代わられた。その意味ではノルマン人のためのイングランド王国であった。征服が王国民の運命を変えたという意味では、アングロ・サクソン人の王国は軍事力においては、ヨーロッパの他地域に対抗する強さを備えておらず、より強力な権力構造に組み込まれる必要があったといえよう。しかしこのノルマン人の王国も四代で潰えた。

イングランドはその後、一一五四年にアンジュー伯家が領有するいわゆるアンジュー帝国のなかに組み込まれた。以下主としてアンジュー帝国を軸として西欧の権力構造を説明する。アンジュー伯家はフランス内の一地域の伯であり、フランス王の封臣として臣従義務を負っているという意味では、王国の構成員であろう。しかし一二世紀半ばまでにトゥーレーヌとメーヌを併合し、域内の城主を軍事力で平定して封建家臣とした。伯ジョフロワがイングランド王位継承権をもつマティルダと結婚した結果、その息子アンリは一一五四年に実際にイングランド王位を相続した（ヘンリ二世）。ジョフロワはカペー家のルイ七世とその妻アキテーヌ公の女相続人アリエノールとの不仲が伝えられると、すかさず息子との結婚交渉に入り、ジョフロワの死（一一五一年）後、一一五二年に両者は結婚した。その結果広大なアキテーヌ公領はアンジュー伯の支配下に入った。アンリは息子ジョフロワをブルターニュ公の女子相続人と結婚させて、その地の支配権を手に入れた。こうしてカペー家フランス王国の隣に、イングランド北部からピレネー山脈に至る地域をアンジュー伯家が支配する、いわゆるアンジュー帝国が、相続と結婚によって誕生した。当時のカペー家の直轄地はイル・ド・フランスとその他の小地のみであり、支配領域の広さではハリエニシダを紋章とするヘンリ二世のプランタジネット（アンジュー伯）家が勝っていた。

## 第四節　アンジュー帝国とフランス王国の関係史

### †カペー家フランス王国の権力構造

ところでアンジュー帝国とカペー家のフランス王国の権力構造には、類似点と相違点があった。共通点はどちらも直轄地を軍事力で支配、統治し得ていたことである。フィリップ二世時代のカペー家は直轄地は少なかったが、王家に臣従する諸侯家はフランスの東半分に集まっていた。とくに王領地を挟むブロワ＝シャンパーニュ伯家との結婚は、統治の安定と支配領域の拡大に大いに貢献した。相違点は王家と諸侯とのつながり方である。カペー家は優先的臣従関係（liege homage）を通じて、フランス東部諸侯たちを臣従させ、王国会議では彼らの宗主としての地位を果たしていた。すなわちそれぞれの諸侯家の領地領民の統治の自主性を尊重して、直接介入せず、王家の代理人であるバイイやセネシャルという名の役人を派遣して王家と諸侯領とのつながりを維持した。諸侯領内の紛争を仲裁する際には介入し、諸侯間の紛争解決にも積極的に乗り出した。これは王国領有者の仕事である。同時に、諸侯領内の有力都市にも特許状を与えて、国王に直接臣従させ財源とした。王領地を増やしたのは、結婚と相続である。王の親族に王領地を下封して親族封（アパナージュ）とする方法は、王領を減らす可能性があったが、断絶の際には王家に帰属するので、結局は王の支配領域の確保につながり、パリから離れた地方を王の支配領域化する際には有効な手段であった。王家がいわゆる有能な行政官僚を抱え、彼らの狡猾さが王国統合の要であるという議論もあるが、最近の諸侯領に関する詳細な研究は、むしろ彼らの為しえた業績が、現地の官僚の業績に比べて少なかったことを裏付けている。[6] いわばカペー家のフランス王国は諸侯領や有力都市を王の宗主権で統合するような、モザイク状の王国であった。王家の制度が王国全体に行き渡っていたわけではなく、対外防衛、域内平和の維持や経済利害の追求といった、諸侯に共通する利害を維持する要として王家が機能していた。それは王家を権力の核とし、諸侯に諸侯領の統治を委ね、王家は諸侯と優先的臣従契約を結ぶという間接統治方式で王国を維持する権力構造であった。

**†アンジュー帝国の権力構造**

一方、アンジュー帝国の構造はこれとは異なっていた。アンジュー伯アンリ（ヘンリ）はイングランド、アイルランド、ノルマンディ、メーヌ、トゥーレーヌ、ポワトゥ、ガスコーニュ（アキテーヌの一部）、ブルターニュなど彼の支配領域（ドミニオン）を直接支配することはなく、ノルマンディ、ブルターニュ、アキテーヌはそれぞれ息子たちヘンリ、ジェフリ、リチャードに委ね、ジョンにもアイルランド領有者の称号を与えた。[7] 息子たちは現地を直接統治したのではなく、現地の領主たちのあいだには領主共同体による現地人政府のようなものはできていなかったから、間接統治も存在しなかった。イングランドを領有したのはヘンリ自身であったが、ヘンリがイングランドに滞在した時間は短く、実際にはイングランドに居住するノルマン人諸侯の会議や、現地人から取りたてた官僚の統治に委ねた。国王としてのヘンリは会議の宗主 suzerain として振る舞い、在イングランド諸侯は彼の権威を利用した。イングランドには一二世紀の後半に諸侯たちのあいだに王国共同体（community of the realm）のような仲間意識に基づく現地諸侯権力団体ができつつあった。ヘンリはアンジューにもセネシャルを置いて統治させた。個々のドミニオンのなかでは諸侯は共同体を形成せず、個々の領主が、核としてのプランタジネット家の当主に個別に臣従していた。カペー家のフランス王国に比べれば結びつきのゆるい権力構造に思えるが、これを統合していたのは、ヘンリの強力な軍事力が息子たちの反乱を鎮めるだけの紛争解決力を示したことと、それぞれのドミニオンが期待する対カペー防衛力が、ドミニオンの統合によって果たされるには、核となる権力体に各ドミニオンが帰属することが得策であるという、ポワトゥやガスコーニュの現地領主たちの一部に見られたような判断である。ノルマンディでは一二〇四年までに、現地領主はカペーかプランタジネットかどちらかへの臣従を選択させられた。フランドルでは諸侯と都市が異なる帰属心をもつ場合もあり、その結果戦争になると複雑な政治関係が生じた。ポワトゥ貴族のリュジニャン家が現地貴族間での支持を失い、イングランド王に招かれる一二四七年までは、現地諸侯や都市からヘンリへの個別の帰属心が、アンジュー帝国の一体性を維持していた。その後一二五九年のパリ条約の際、ヘンリ三世が北仏のドミニオンを手放すことを、ほかの親族よりも厭わなかったのは、その帰属心がその時までに失われていたという事情を踏まえていたからである。[8]

アンジュー帝国という通称は、アンジュー伯家が多くの支配地をもっていたところから名づけられたようであるが、[9]最近の研究は、各ドミニオンがなぜ核となる権力者（家系）に帰属したのかの理由を解明することに主眼を置いている。[10]現地領主や都市のアンジュー伯家への帰属心が解明課題である。このことから、アンジュー帝国の帝国的権力構造とは、強い支配者が武力で周辺諸国を征服して植民地として統治する構造ではなく、神聖ローマ帝国とカペー家の王国という二つの広域的な権力構造と如何に対峙するかという課題への、一つの回答として、西フランスに形成された権力構造であるといえる。アンジュー帝国の核となる権力はヘンリ二世時にはフランスのアンジュー伯領にあったが、一二〇四年のノルマンディの喪失以後はプランタジネット家の当主がイングランドに居住するようになったので、そこが核権力の存在地となった。しかし、権力の主体はプランタジネット家であり、イングランド国王ではない。イングランド国王としてのヘンリ二世はイングランドの土地と住民を統治する義務を負い、そこから軍役やその代納金を取り立てる資格を得た。彼はその資金を大陸での戦役に利用したが、その戦役はイングランド王国の利益のために戦われたのではなく、カペー家フランス王に敵対して、プランタジネット家の領有する土地を確保するために行われた。

### †フランス王国の帝国的権力構造

カペー家フランス王国も、アンジュー帝国や神聖ローマ帝国と同じく、帝国的権力構造をもっていたといってよいであろう。上記のようにフランスの東半分の土地については、国王が直接統治する領地、親族に下賜され、将来的には王家に帰属する親族封、国王と諸侯との封建契約によって王国に結びついている諸侯領からなり、王権は諸侯領内の統治には事実上関与しえていなかった。西半分については一三世紀半ばまでは、現地領主や都市のうちアンジュー家に帰属する者たちの臣従を確保しえず、個別の臣従契約による結びつきを確保する方針をとらざるをえなかった。なぜならアンジュー家当主が一二〇四年以後もポワトゥ、ガスコーニュ、一二七九年以後はポンテュ伯領をも領有し、現地領主との個別封建契約を結んでいたからである。フランス以外の地、シチリア、聖地に対しては、カペー家は統治はできず、領有するに留まった。フランス王権は比較的小さな国王直轄地を根拠にして、その他の領域を統治する諸侯との緩やかな結びつきを維持することによって、フランス王国という名の帝国的権力構造を維持する役割を果たしていた。なおプランタジネット家は、アイルランド、ウェールズ、スコットランドの上級支配権（overlordship）を主張することによって、同じように帝国的権力構造を維持していた。

一一五四年のアンジュー帝国成立以後一二五九年のパリ条約に至るまで、カペー家とプランタジネット家とのあいだでたたかわれた戦争は、従来はイングランド王国と、フランス王国とのあいだの領土争い、あるいはプランタジネット家が父祖の故地を奪還する戦い、と見なされてきたが、見方を変えれば実際にはプランタジネット家に帰属心を抱くイングランド、フランス、フランドル、その他の地域の諸侯や都市と、カペー家に帰属心を抱くフランス諸侯や都市・都市民勢力とのあいだの地域ごとの不和、対立の結果生じたものであったともいえる。戦闘に参加した戦士の大半はフランス出身者、あるいはフランスにおける利害関係者であった。一二五九年の条約の交渉でイングランド王の代理人としてフランス王の役人と対面したのは、フランス出身のイングランド諸侯であるレスター伯シモン・ド・モンフォールと、英王妃の叔父でサヴォワ貴族のピーター・オブ・サヴォワであった。フランス人であるプランタジネット家の当主が、一二〇四年以後にはイングランドを本拠地にしえたのは、諸ドミニオンのうちではここにだけ支配階級のあいだに王国共同体が形成されつつあり、当主はその団体との交渉の結果、その地の国王として王国共同体から協力を取り付けることによって、帰属心を確保しえたからである。

## 第五節　領有と統治の違い

### †ブーヴィーヌの戦いの意義

領有すること（proprietorship）は結婚、相続によって、老若男女を問わず可能であるが、統治（government）するには上記のように、被治者の共同体の同意が不可欠であり、それを確保するには当主の能力と人材と資源が必要である。一二～一三世紀の歴史状況のなかで被治者である自力救済能力者たちは、生命、財産、平和を維持し利益を確保する権力構造を構築するために、帝国の核権力と交渉する努力をした。

一二一四年のブーヴィーヌの戦いを例に、領有権と統治権の違いを説明する。一一九九年にジョンはリチャードからアンジュー帝国をほぼ、兄リチャードが父ヘンリ二世から相続した時の状態で相続した。そのうちイングランドを領有する権利も同様に相続によって獲得した。一二〇四年にカペー家のフィリップ二世がノルマンディ、メーヌを攻め、現地領主がフィリップに臣従した時、ジョンはアンジュー帝国の内これらのドミニオンの領有権を失った。一二〇六年までにはアンジューも同じ運命をたどった。これを回復するためにイングランドから軍事力や金銭を動員しようとしたジョンは、封建軍を召集し、参加しない封臣から軍役代納金を取り立てた。イングランド諸侯の一部は、海外での戦役への動員は規定外であると主張して参加を拒んだ。ジョンは教皇の支持を取り付け、神聖ローマ皇帝オットー四世と結び、フランドル伯の支持を取り付けて、ポワトゥで有利に戦ったが、アンジューの諸侯は彼に従わずカペー家になびいた。フランドルのブーヴィーヌでの戦いでジョン側の軍は敗れて、イングランドへ引き上げた。

## †マグナ・カルタとイングランド王国の統治権

翌一二一五年、イングランド諸侯は彼らの封建的既得権を維持する旨の主張を列挙してジョンに示し、ロンドンを占拠した。交渉の結果六月一五日にラニミードでジョンから諸侯の団体に対して大憲章（マグナ・カルタ）が与えられた。イングランド封建諸侯の既得権を承認した大憲章は、末尾に付けられたいわゆる保証条項で、国王が大憲章の規定に違反したときには、諸侯の団体が国王への忠誠を破棄してよいと明言している。一か月後、ジョンは大憲章を破棄し戦闘準備をはじめたので、諸侯の団体は忠誠を破棄し、戦闘態勢に入り、カペー家の王子ルイ（のちのルイ八世）に、諸侯軍に協力してイングランド王位を取得してはどうかと申し出た。この事件は重要な意味をもっている。ジョンがイングランド国王として諸侯を軍事動員するには彼らの同意が必要であり、一二一五年には諸侯の団体がジョンへの封建契約を集団で破棄し、ジョンを国王とは認めず、別の権力者であるフランス王の息子を新たに自分たちの国王に迎えることを彼らだけで決めたからである。ジョンが統治権を行使するには、国王直属封臣である諸侯の、団体としての同意が必要であることを示している。もしジョンが大憲章を守り、諸侯の既得権を侵害しなければ、諸侯団は引き続きジョンを国王と認め、両者は協力して国政を指揮したであろう。国王は相続によって領有権を得ることができ、同時に統治権を掌握することもできるが、その場合には被治者の集団的同意を確保する必要がある。一方、領有者に止まって、統治を現地人の団体に委ね、いわゆる間接支配をすることもできる。彼の父も兄もその方針をとってきた。北仏ドミニオンズをフィリップに奪われたジョンはイングランドに住まざるをえなくなり、現地諸侯の支持を取り付ける必要があった。いったん大憲章で合意ができたのに、それを破棄したため、統治権を失うことにならざるをえなかった。

ルイは初戦ではジョンの軍に対して勝利し、ロンドンで歓呼に応えてイングランド王を称した。スコットランド王アレグザンダー二世はルイへの臣従を誓った。その後ルイはリンカンの戦いで敗北し、ジョンが病死したため、王位継承問題が突然生じた。さまざまな交渉ののち、ルイに一万マルクの金を支払い、イングランド王位請求権を放棄して離英してもらうラムベス条約が結ばれ、ルイは帰仏した。ジョンの息子で九才のヘンリが大憲章を再版すると約束し、諸侯団がヘンリの王位継承に同意したからである。諸侯団と国王の同意に基づく協力しての王国運営という国制が再度確認されたので、国王は統治権の一部を行使する資格を得た。こうして王位継承したヘンリ三世は、アンジュー帝国の領有権と、イングランド王国の統治権の一部を手に入れた。被治者の同意が、統治者の資格をヘンリに与えた。

イングランド諸侯団がルイに王位を提供すると申し出た時点では、彼らは国王の家系がアンジュー伯家かカペー家かにはこだわってはいない。もしルイが勝利して、ジョンが廃位されればイングランド王国はカペー家の王が領有することになっていたであろう。そのときこそアンジュー帝国が崩壊し、カペー家がフランス王国とイングランド王国を領有したときであろう。西欧世界に、神聖ローマ帝国と並んで、別の帝国的権力構造ができていたかもしれない。しかし実際には、そうはならなかった。イングランド諸侯団が大憲章によって保証されたヘンリ三世との統治協力体制を選んだことにより、ルイには統治権が与えられる余地が消滅した。その時点では父フィリップ二世にフランス王国領有権があり、息子ルイはその一部になる可能性のあるイングランド王国の統治権を獲得するチャンスがあったが、それが消滅したのである。ルイはこのことを理解して、王位請求権を放棄した。[11]

## †帝国と王国

一九世紀以後の国民国家においては、国政の最高決定権は有権者が選出した議員からなる議会にあるが、一三世紀のイングランドでは、自力救済能力のある武装者で、かつ国王から直接封土を保有する直臣のみが国政に関与しえた。彼らの同意なくしては、最高封主である国王は封建的軍事義務を強制しえない。それらの直臣たちは彼らの支配下に多くの下級保有者を抱えていたから、その限りにおいて王国の大半の封臣を代表していた。ジョンがイングランドの直臣に対外遠征への封建軍の動員を命じたことが契機となって、直臣たちは反発し、封建的軍事義務と付帯義務に関する彼らの不満を列挙し、直臣以外のイングランド臣民の不満をも含意した改善要望書を国王に提出した。やり取りののち、国王はこれを承認して大憲章を公布した。その意味では大憲章は封建的義務の履行に関するルールを定めた文書であるが、そのなかには、自由人一般や、聖職者、商人に関する規定もある。このように国王が封臣全体に与えた特許状のなかに、王国の自由人、聖職者、商人の権利に関する規定が含まれているということは、王権はそれらの権利を統括する権力として、要望書を提出した人びとによって認識されていたことを示す。とすれば大憲章の公布を通じて、これらの人びとは団体として、国王とのあいだで、王国統治に関するルールについて合意を形成したことになる。

## †領有と統治

一二一五年六月一五日、国王と彼が統治の対象とみなす臣民とのあいだに合意が成立したことに基づき、イングランド王国では、国王と諸侯の団体の代表とが、王国の統治権を分有する状況が生じた。その結果ジョンは王国統治権の一部を獲得した。しかしその一ヵ月後彼がその前提となる大憲章を一方的に破棄したため、統治権を失い、王と直臣共同体とは、戦闘で決着をつけることになった。その渦中でジョンが病死し、後継権者のヘンリが大憲章を再確認したので、再びプランタジネット家の当主がイングランド王国の統治権の一部を獲得した。

統治に対して、領有の場合には、領有者は被領有者の団体としての同意を前提とする必要はない。帝国領有者の場合には彼の権威を必要とする、領邦や都市、団体や個人の帰属心があれば、それらを領有することができる。一一五四年以後のプランタジネット家の当主も、カペー家の当主も、彼に帰属するブリテン島、アイルランド、フランス、イベリア半島、地中海各地の住民に、平和と生命財産を保護する権威の体系の要の役を果たせれば、それぞれの帝国の領有者たりうる。被領有者が権威に帰属する方法を選ぶ状況は、それらの人びとのあいだに権力に関する集団的合意が形成されず、彼ら自身だけでは平和を維持し、生命財産を守ることが困難な場合である。一二〇六年までに故地アンジューの諸侯がプランタジネット家を見捨てて、カペー家の権威に帰属したため、ジョンは領有権者の新たな自領地としてイングランドを選ばざるをえなかったのである。そこを自領地にするために、領有するだけではなく、統治しなければ軍事力も金銭も入手しえない状況が、こうして生まれた。

一二〇四年いわゆる「ノルマンディの喪失」を以てアンジュー帝国は崩壊したという理解の仕方もあるが、[12] その後もプランタジネット家はポワトゥやガスコーニュの諸侯や都市の帰属心を繋ぎとめていた。ヘンリ二世時に成立した帝国的権力構造は、一三世紀後半になってもかたちを変えつつ維持されていた。いわゆるアンジュー帝国の遺産（Angevin Legacy）である。

［註］

(1) 成瀬治ほか編『体系ドイツ史Ⅰ』、一一九〜一二三頁。
(2) 福井憲彦編『世界各国史フランス史』、八二頁。アダルベロンの意図は、その限りでは、過去のフランク帝国の再建を目指している。
(3) 柴田三千雄ほか編『フランス史Ⅰ』一八五、二〇四頁。
(4) D.Abulafia, *Frederick II*, London, 1988, p.69. カール・ヨルダン（瀬原義生訳）『ザクセン大公ハインリヒ獅子公』、二一七、二四〇頁。
(5) 彼の父方の祖父エドワード長兄王の娘エディスは神聖ローマ皇帝オットー一世妃である。Richard Fletcher, *Who's Who in Roman Britain and Anglo-Saxon England*, 1989, London, p.168.
(6) Aurel, *The Plantagent Empire, 1154-1224*, pp.163-218
(7) Patourell, *The Plantagent Dominions*, ch.VIII.
(8) 王子エドワードや王妹イリナーやその夫シモン・ド・モンフォールは反対した。将来その地の領主の帰属心を、回復しうる別策をもっていたからであろう。
(9) Ramsey, J.H., *The Angevin Empire, 1154-1216*, London, 1903.
(10) Vale, M., *The Angevin Legacy and the Hundred Years War, 1250-1340*.
(11) 朝治啓三『シモン・ド・モンフォールの乱』、第三章。
(12) 佐藤伊久男「プランタジネット・ドミニオンズ」、七七〜一〇四頁。

# あとがき

本書は、これまで一国史的に研究を進めてきた各研究者が、三ヵ年にわたり研究会での報告と意見交換を重ね、視野を英・仏双方に拡げることにより、出来上がったものである。全体は二部構成となっており、第一部では時代を区分してそれぞれの政治過程を説明し、第二部では都市、教会、文化、家系と権力など分野ごとに記述されている。このため若干の重複は避けられないが、逆に英仏関係を、単なるクロノロジーに終わることなく、より構造的に説明することができたものと思われる。

ところで、中世において「〝イギリス〟が〝フランス〟に領土を持っていたこと」、また、「そのスタート点がノルマン・コンクエスト（一〇六六年）にあること」はよく知られている。しかし、この征服によりイングランドに新たな王朝、ノルマン朝（アングロ・ノルマン王朝）を開いたのはフランスの諸侯であるノルマンディ公ギョームであり、同家の女子相続人マティルダと、これもフランスの諸侯であるアンジュー伯ジョフロワとの結婚により生まれたアンリがヘンリ二世として、プランタジネット朝（アンジュー・プランタジネット王朝）を開いた（一一五四年）こと、つまり一〇六六年以降一三九九年までほぼ三三〇年にわたりフランスの諸侯家系がイングランド王として君臨したことは、一般にはあまり銘記されていない。

いいかえれば、イングランドはフランスの諸侯（ノルマンディ公、次いでアンジュー伯）家の家領として位置付けられていたということである。したがって、正確には〝ノルマンディ公、次いでアンジュー伯がイングランド王を兼ねていた〟というべきである。この点は、ジョン王の時代、一三世紀初頭に大陸側の本来の家領を失ったにもかかわらず、後継王ヘンリ三世が〝イングランドの王、アイルランドの領主、ノルマンディとアキテーヌの公、アンジューの伯〟という称号を用いていることが示している。

次に〝イギリス〟、〝フランス〟という用語法が問題となるが、中世の実態を示す上ではこれらの用語は不正確である。〝イギリス〟という日本語は English (Inglez) に由来するが、後者はあくまでもイングランドであってウェールズ、スコットランド、アイルランドは含まない。現にこれにフランスが加わり、ラグビーでは〝五ヵ国〟対抗戦が行われてきた。また、日本では北アイルランド問題はよく知られているが、ウェールズやスコットランドの自治問題はほとんどマスコミでも報道されない。ヨーロッパで生活していると〝イギリス〟＝イングランドではないことが実感される。われわれのいう〝イギリス〟は the United Kingdom（連合王国）と訳すのが正しいことになる。

同様のことは〝イギリス〟ほど複雑ではないが〝フランス〟についてもいえる。現代日本語のフランスは France をそのまま音訳したもので、国名を正確に示す場合には〝フランス共和国〟と記すべきである。これは République Française の直訳である。しかし、現地でも国家を示す場合に日常的には強いてそのようには言わず、単に France と言っており、現代日本語の〝フランス〟は表記法においては基本的に齟齬がない。

しかし、問題は中世の実態を示す上で〝フランス〟＝France は妥当かという点である。この語の語源はフランク族（Franci）にある。西フランク（フランス）の王は“Rex Francorum”（フランク人たちの王）と呼ばれていた。証書などで、カペー朝の王が“Rex Francie”と称するようになるのは一三世紀以降である。他方で『ローランの歌』や『ルイの戴冠』などの一二世紀前半に成立した武勲詩（Chanson de Geste）にはすでに“France”という表記が見られる。しかし、ここでの“France”はカペー王の支配領域を指しており、当時それはほとんどイル・ド・フランス地域に限定されていた。その後カペー王の支配領域は拡大していくが、中世末期においても王国の版図は現在のフランス共和国の領土とはかなり異なっている。

以上のような意味で中世には〝イギリス〟も〝フランス〟も存在しないのであり、したがって、論理的には〝イギリス中世史〟も〝フランス中世史〟も存在し得ないのである。われわれがこれらの語で示す実態は〝中世〟という時代に「現在のイギリス、フランスと呼ばれる地域で展開した歴史」である。

もうひとつ重要な点は、中世におけるこの地域の歴史はフランス王国とイングランド王国の歴史の単なる総和ではないということである。両王国は基本的に諸ランクの貴族や各種の教会組織の所領のモザイク状の寄せ集めに過ぎず、彼らのあいだの激しい離合集散により、また変動きわまりない彼らと王権との関係に規定されて王国の領域はきわめて流動的であった。これらの離合集散と流動性の根底には王家を含む貴族家系・家門間の姻縁関係があり、それはきわめて広域的に展開していたのである。この次元において観察することにより、王国の枠組みを前提とする観察に比して、はるかに具体的かつダイナミックにこの地域で展開した政治史全体を捉えることができるのである。

ところで、最後のカペー王シャルル四世が一三二八年に没すると、イングランド王エドワード三世がフランス王位を要求したのも、彼の母でシャルル四世の姉妹イザベルの相続権を根拠としており、この問題は英仏百年戦争の主要な要因の一つであった。また、約一世紀後、一四二〇年にヴァロワ朝のシャルル六世とイングランド王ヘンリ五世とのあいだで結ばれたトロワ条約では、王太子シャルル（七世）を排して、ヘンリ五世がフランス王位を継承することが取り決められた。この背景にはブルゴーニュ派とアルマニャック派の対立があるが、ここでもシャルル六世の娘カトリーヌとヘンリ五世の結婚が前提とされている。

これらの事例は単に姻縁関係が政治史の具体的な展開の上で重要な役割を果たしていることのみならず、一五世紀に至ってなお、イングランド王はフランスをその家系的な故地として意識しており、依然として両王国の分離が完成していなかったことを示している。

このような英仏関係の一体性はさらに広くスペイン、イタリア、神聖ローマ帝国にも波及している。スペインとの関係では、たとえばヘンリ二世の娘イリナーはカスティリア王アルフォンソ八世と結婚し（一一六二年）、その娘ブランカはのちにフランス王となるルイ（八世）と結婚し、ルイ九世治世には摂政として政治的に大きな影響力を発揮している。また、ルイ（八世）のイングランド遠征（一二一六〜一七年）は彼が王ジョンの義理の甥に当たり、その王位継承権と係わっているのである。また、フランス王ルイ九世の末弟シャルルは親王領としてアンジュー伯領を得たのち、結婚によりプロヴァンス伯となり、神聖ローマ皇帝フリードリヒ二世の庶子マンフレートを破り、教皇から封与されて、ナポリ・シチリア王となった（一二六八年）。シャルルはシチリアの晩鐘事件（一二八二年）でシチリアの支配権を失うが、その背後にはアラゴン王ペドロ三世とマンフレートの娘コンスタンツァとの結婚（一二六二年）がある。

他方、プロヴァンス・サヴォワ伯レモン＝ベランジェ四世の娘たちは、一方でイングランド王ヘンリ三世およびその兄弟リチャードと、他方でフランス王ルイ九世およびその兄弟シャルルと結婚している。とりわけヘンリ三世とエレアノールの結婚は彼女の親族のイングランド政界への進出の重要な契機ともなっている。プロヴァンス伯領は神聖ローマ帝国内に位置しており、同伯が教皇、神聖ローマ皇帝と密接な関係を有しており、英仏両王権のローヌ渓谷地帯への進出にとってきわめて重要な位置を占めていたのである。

以上のように見ることによって、王家を含む貴族諸家系の連関の中から、各地に権力の核としての王権が徐々に強化され、王国の領域が明確となっていくプロセスが認識されるであろう。これは旧来のように各王国を単位として相互の構造比較を行い、最大公約数的に西欧の権力構造の一般的な特質を捉える方法と大きく異なるものである。

本書の執筆においては若手研究者が半数以上を占めており、今後各自の個別研究において本書の視点が十分に反映されることを期待する次第である。また、研究会としては、対象領域を地理的にさらに拡大して、文字通り西欧全域を包括する関係史をより精緻に検討することが今後の課題となるであろう。

二〇一二年三月　　　　渡辺節夫

# 索　引

## 事項索引

### あ　行

## さ 行

## た　行



## な　行

## は　行

## ま 行



## や・ら・わ 行

# 人名索引

## あ 行

## か　行



## さ　行

## た行

## な 行



## は 行

## ま 行



## や 行

## ら・わ 行

# 地名索引

## あ　行



## か　行

## さ 行



## た 行



## な 行

## は 行



## ま 行

## や・ら 行

# 参考文献

## 和文文献

青谷秀紀『記憶のなかのベルギー中世――歴史叙述にみる領邦アイデンティティの生成』京都大学学術出版会、2011年。

青山吉信編『世界歴史大系　イギリス史1　先史～中世』山川出版社、1991年。

朝治啓三『シモン・ド・モンフォールの乱』京都大学学術出版会、2003年。

―――「シモン・ド・モンフォールのガスコーニュ統治」『史林』第92巻第5号、2009年、830～861頁。

伊藤毅編『バスティード――フランス中世都市と建築』中央公論美術出版、2009年。

大宅明美『中世盛期西フランスにおける都市と王権』九州大学出版会、2010年。

尾野比左夫『バラ戦争の研究』近代文藝社、1992年。

加藤玄「中世後期南西フランスにおけるバスティドの創設――13世紀後半から14世紀初頭のアジュネ地方を中心に」『地中海学研究』第24号、2001年、29～46頁。

―――「エドワード一世のアキテーヌ巡幸」『創文』第513号、2008年、18～22頁。

―――「バスティドをめぐる紛争――中世南フランス史へのアプローチ」『歴史と地理』第609号、2007年、53～56頁。

樺山紘一『パリとアヴィニョン――西洋中世の知と政治』人文書院、1990年。

カルメット、J.（田辺保訳）『ブルゴーニュ公国の大公たち』国書刊行会、2000年。

河井田研朗「中世教会史」上智学院新カトリック大事典編纂委員会編『新カトリック大事典』第3巻、2002年。

川北稔編『新版世界各国史11　イギリス史』山川出版社、1998年。

河原温「ブルゴーニュ公国における地域統合と都市――シャルル・ル・テメレール期における政治文化を中心に」『歴史学研究』第872号、2010年、172～181頁。

城戸毅『マグナ・カルタの世紀――中世イギリスの政治と国制　1199－1307年』東京大学出版会、1980年。

―――「中世イングランドの国制と都市――Boroughとは何か」『西洋史学』第118号、1980年、125～133頁。

―――「百年戦争とは何だったのか」『白山史学』第44号、2008年、1～29頁。

―――『百年戦争――中世末期の英仏関係』刀水書房、2010年。

木村尚三郎編『中世と騎士の戦争――ジャンヌ・ダルクと百年戦争』講談社、1985年。

グネ、B.（佐藤彰一、畑奈保美訳）『オルレアン大公の暗殺――中世フランスの政治文化』岩波書店、2010年。

グリフィス、R. 編（北野かほる監訳）『オックスフォードブリテン諸島の歴史5　14・15世紀』慶応義塾大学出版会、2009年。

小山啓子『フランス・ルネサンス王政と都市社会――リヨンを中心として』九州大学出版

会、2006年。

コリンソン、P. 編（井内太郎監訳）『オックスフォードブリテン諸島の歴史 6　16世紀 1485年〜1603年』慶応義塾大学出版会、2010年。

コンタミーヌ、Ph.（坂巻昭二訳）『百年戦争』白水社（文庫クセジュ）、2003年。

近藤和彦編『イギリス史研究入門』山川出版社、2010年。

今野國雄『西洋中世世界の発展』岩波書店、1979年。

斎藤絅子「中世フランドル伯領」『岩波講座世界歴史 8　ヨーロッパの成長』岩波書店、1998年、101〜123頁。

酒田利夫『イギリス中世都市研究』有斐閣、1991年。

佐藤伊久男「13世紀イングランドにおける教会と国家」佐藤伊久男編『ヨーロッパにおける統合的諸権力の構造と展開』創文社、1994年、477〜551頁。

佐藤賢一『英仏百年戦争』集英社（集英社新書）、2003年。

佐藤猛「14・15世紀フランスにおける国王代行官と諸侯権――1380年ベリー公ジャンの親任を中心に」『西洋史学』第217号、2005年、1〜21頁。

―――「百年戦争期フランスにおける諸侯権と王権――親王領の変質を焦点に」『史学雑誌』第115編第 9 号、2006年、1545〜1570頁。

―――「シャルル 6 世期フランスにおける白ユリ諸侯の王国統治――諸侯抗争の国制史的意義をめぐる一考察」『西洋史研究』新輯35号、2006年、53〜85頁。

柴田三千雄、樺山紘一、福井憲彦編『世界歴史大系　フランス史 1　先史〜15世紀』山川出版社、1995年。

シャルマソン、T.（福本直之訳）『フランス中世史年表　481〜1515年』白水社（文庫クセジュ）、1998（2007）年。

関哲行、立石博高、中塚次郎編『世界歴史大系　スペイン史 1　古代〜近世』山川出版社、2008年。

関口武彦「『1130年のシスマ』と枢機卿団」佐藤伊久男・松本宣郎編著『歴史における宗教と国家』南窓社、1990年、243〜290頁。

ダヴー、J.（橋口倫介、大嶋誠、藤川徹訳）『エチエンヌ・マルセルのパリ革命』白水社、1988年。

高橋陽子「フランドル都市の『ブーヴィーヌの戦い』」関西中世史研究会編『西洋中世の秩序と多元性』法律文化社、1994年、251〜268頁。

田中正義『イングランド中世都市の展開』刀水書房、1987年。

轟木広太郎『戦うことと裁くこと――中世フランスの紛争・権力・真理』昭和堂、2011年。

富沢霊岸『イギリス中世史――大陸国家から島国国家へ』ミネルヴァ書房、1988年。

西村由美子「一二世紀フランドルの政治的転換期――暗殺・復讐・そして反乱へ」『史学雑誌』第106編第 1 号、1997年、64〜82頁。

野口洋二『グレゴリウス改革の研究』創文社、1978年。

波多野祐造『物語アイルランドの歴史――欧州連合に賭ける“妖精の国”』中央公論社（中公新書）、1994年。

花田洋一郎『フランス中世都市制度と都市住民――シャンパーニュの都市プロヴァンを中心にして』九州大学出版会、2002年。

バラクロウ、G.（藤崎衛訳）『中世教皇史』八坂書房、2012年。

ヒルトン、R. H.（瀬原義生訳）『中世封建都市——英仏比較論』刀水書房、2000年。

フェルテン、F.（甚野尚志編訳、小山寛之訳）『中世ヨーロッパの教会と俗世』山川出版社、2010年。

福井憲彦編『新版世界各国史12　フランス史』山川出版社、2001年。

藤井美男『中世後期南ネーデルラント毛織物工業史の研究——工業構造の転換をめぐる理論と実証』九州大学出版会、1998年。

———『ブルゴーニュ国家とブリュッセル——財政をめぐる形成期近代国家と中世都市』ミネルヴァ書房、2007年。

プティ=デュタイイ、Ch.（高橋清徳訳）『西洋中世のコミューン』東洋書林、1998年。

ペルヌー、R.（高山一彦訳）『オルレアンの解放』白水社、1986年。

———（福本秀子訳）『王妃アリエノール・ダキテーヌ』パピルス、1996年。

———（福本秀子訳）『リチャード獅子心王』白水社、2005年。

堀越孝一『ブルゴーニュ家——中世の秋の歴史』講談社（講談社現代新書）、1996年。

堀米庸三『西洋中世世界の崩壊』岩波書店、1958年。

山瀬善一「百年戦争の初期におけるフランスの軍隊」『神戸大學經濟學研究年報』第24号、1977年、1〜26頁。

———『百年戦争——国家財政と軍隊』教育社、1981年。

水野絅子「中世フランスのコミューヌとカペー王権——中世都市の『封建』的性格に関する一試論」『西洋史学』第89号、1973年、50〜67頁。

ミチスン、R.編（富田理恵、家入葉子訳）『スコットランド——その意義と可能性』未来社、1998年。

ムーディ、T. W.、マーチン、F. X. 編著（堀越智監訳）『アイルランドの歴史と風土』論創社、1982 年。

百瀬宏他編『新版世界各国史21　北欧史』山川出版社、1998年。

渡辺節夫『フランスの中世社会——王と貴族たちの軌跡』吉川弘文館、2006（2008）年。

渡邉浩「列聖手続きの歴史的展開——起源から教皇による列聖まで」『藤女子大学キリスト教文化研究所紀要』第 2 号、2001年、33〜58頁。

## 欧文文献

"The Anglo-Flemish Treaty of 1101", Van Houts, E., trans., *Anglo-Norman Studies*, XXI (1999), pp.169-174.
Abadal, R. d', "A propos de la domination de la maison comtale de Barcelona sur le Midi francais", *Annales du Midi*, lxxvi (1964), pp. 315-345.
Abrams, L., "England, Normandy and Scandinavia", in Harper-Bill, C. and Van Houts, E., eds., *A Companion to the Anglo-Norman World*, Woodbridge, 2003, pp. 43-62.
Abulafia, D. S. H., *A Mediterranean emporium: the Catalan kingdom of Majorca*, Cambridge, 1994.
———, "The rise of Aragon-Catalonia", in Abulafia, D., ed., *The new Cambridge medieval history. vol. V (c. 1198-c. 1300)*, Cambridge, 1999, pp. 644-667.
Aird, W., *Robert Curthose duke of Normandy (c.1050-1134)*, Woodbridge, 2008.

Albé, E., "Les suites du traité de Paris de 1259 pour Quercy", *Annales du Midi*, xxii (1911), pp. 472-491; xxiv (1912), pp. 54-78, 218-223, 396-410.

Allmand, C. T., "Local reaction to the French reconquest of Normandy: the case of Rouen", in Highfield, J. R. L., and Jeffs, R., ed., *The Crown and Local Communities in England and France in Fifteenth Century*, Gloucester, 1981.

———, *Lancastrian Normandy 1415-1450, The hitory of a Medieval Occupation*, Oxford, 1983.

———, *The Hundred Years War: England and France at war c. 1300-1450*, Cambridge, 1988.

Armstrong, C. A. J., *England, France and Burgundy in the Fifteenth Century*, London, 1983.

Aurell, M., "Le personnel politique catalan et aragonais en Provence sous Alphonse I$^{er}$ (1162-1196)", *Annales du Midi*, xciii (1981), pp. 121-139.

———, *Les noces du comte. Mariage et pouvoir en Catalogne (785-1213)*, Paris, 1995.

———, *L'Empire des Plantagenêt 1154-1224*, Paris, 2003.

Aurell, M. et Tonnerre, N.Y., éd., *Plantagênets et Capétiens:confrontations et héritages*, Paris, 2006.

Autrand, F., *Charles V: le Sage*, Paris, 1994.

———, "France under Charles V and Charles VI", in Jones, M. C. E., ed., *The new Cambridge medieval history, vol. VI (c. 1300-c. 1415)*, Cambridge, 2000, pp. 422-441.

Ayton, A., "The English Army and the Normandy Campaign of 1346", in Bates, D. and Curry, A., ed., *England and Normandy in the Middle Ages*, London, Rio Grande, 1994.

Baldwin, J. W., *The Governemnt of Philip Augustus: Foundations of French Royal Power in the Middle Ages*, California, 1986.

———, *Philippe Auguste et son gouvernement*, Paris, 1991.

Barratt, N., "The Revenues of John and Philip Augustus Revisited", in Church S. D. ed., *King John: New Interpretations*, Woodbridge, pp. 75-99.

Barrow, G. W. S., *Kingship and Unity: Scotland 1000-1306*, Edinburgh, 1981.

Bartlett, R., *England under the Norman and Angevin Kings 1075-1225*, Oxford, 2000.

Barton, S., "Spain in the eleventh century", in Luscombe, D. E. and Riley-Smith, J. S. C., eds., *The new Cambridge medieval history, vol. IV, pt. II (c. 1024-1198)*, Cambridge, 2004, pp. 154-190.

Bates, D., "The Rise and Fall of Normandy, c.911-1204", in Bates, D. and Curry, A., eds., *England and Normandy in the Middle Ages,* London, 1994, pp. 19-35.

Bates, D. and Curry, A., eds., *England and Normandy in the Middle Ages*, London, 1994.

Baudry, M-P., *Les fortifications des Plantagenêts 1154-1242*, Paris, 2001.

Beaucourt, G., *Histoire de Charles VII*, t. I, Paris, 1881.

Bémont, Ch., éd., *Rôles gascons (1290-1307)*, t. III, Paris, 1906.

Bémont, Ch., "Les factions et les troubles à Bordeaux de 1300 à 1330 environ. Documents inédits", *Bulletin philologique et historique du Comité des travaux historiques et scientifiques* (1916), pp. 121-180.

Bernard, J., "Le népotisme de Clément V et ses complaisances pour la Gascogne", *Annales du Midi*, lxi (1968-69), pp. 369-413.

Bertrand, P., Dumézil, B., Hélary, X., Joye, S., Mériaux, C. et Rose, I., *Pouvoirs, Église et Société dans les royaumes de France, Bourgogne et Germanie aux X$^{e}$ et XI$^{e}$ siècles (888-v. 1110)*, Paris, 2008.

Bisson, T. N., *The Medieval Crown of Aragon. A Short History*, Oxford, 1986.

Black, J. G., "Edward I and Gascony in 1300", *English Historical Review*, xvii (1902), pp. 518-527.

Blockmans, W. and Prevenier, W., *The Promised Lands. The Low Countries under Burgundian Rule, 1369-1530*, Fackelman, E., trans. and Peters, E., ed., Philadelphia, 1999.

Bonnassie, P., *La Catalogne du milieu du X^e^ à la fin du XI^e^ siècle: Croissance et mutations d'une société*, 2 tomes, Toulouse, 1975-1976.

Boone, M., "Une société urbanisée sous tension", dans Van Caenegem, R. C., éd., *Le désastre de Courtrai. Mythe et réalité de la bataille des Eperons d'or*, Antwerpen, 2002, pp. 27-78.

Bouet, P. and Gazeau, V., eds., *La Normandie et l'Angleterre au Moyen Âge*, Caen, 2003.

Boussard, J., *Le comté d'Anjou sous Henri Plantagenêt et ses fils (1151-1204)*, Paris, 1938.

———, *Le gouvernement de Henri II Plantagenêt*, Paris, 1956.

Bove, B., *Le temps de la guerre de cent ans 1328-1453*, Paris, 2009.

Bradbury, J., *Philip Augustus: King of France 1180-1223*, London, 1998.

———, "Augustus and King John: Personality and History", in Church S. D. ed., *King John: New Interpretations*, Woodbridge, 1999, pp. 347-361.

Brown, M., *The Wars of Scotland, 1214-1371*, Edinburgh, 2004.

Brown, R. A., *The Normans and the Norman Conquest*, Woodbridge, 2nd edn., 1985.

Bruges, G. de, *De Multro, Traditione, et Occisione Gloriosi Karoli comitis Flandriarum (Corpus Christianorum Continuatio Medieualis)*, Rider, J., ed., Tongeren, 1994.

Bull, M., *Knightly Piety and the Lay Response to the First Crusade: The Limousin and Gascony, c. 970-1130*, Oxford, 1993.

Carpenter, D. A., *The Minority of Henry III*, California, 1990.

———, *The Reign of Henry III*, London, 1996.

———, *The Struggle for Mastery: Britain, 1066-1284*, Oxford, 2003.

Cassard, J.-C., *La guerre de succession de Bretagne*, Spézet, 2006.

Cazelles, R., *La société politique et la crise de la royauté sous Philippe de Valois*, Paris, 1958.

———, *Société politique, noblesse et couronne sous Jean le Bon et Charles V*, Paris_et_ Genève, 1982.

Chaplais, P., ed. *The War of St Sardos (1323-25). Gascon Correspondence and Diplomatic Documents*, Camden Society, 3rd ser., vol. lxxxvii, London, 1954.

———, ed., *Diplomatic Documents Preserved in the Public Record office*, London, 1964.

———, "The Making of the Treaty of Paris (1259) and the Royal Style", in *Essays in Medieval Diplomacy and Administration*, London, 1981, ch. I, pp. 235-253.

———, "Le duché-pairie de Guyenne: l'homage et les services féodaux de 1259 à 1303", in *Essays in Medieval Diplomacy and Administration*, London, 1981, ch. III, pp. 5-38.

———, "Le duché-pairie de Guyenne : l'homage et les services féodaux de 1303 à 1337", in *Essays in Medieval Diplomacy and Administration*, London, 1981, ch. IV, pp. 135-160.

———, "Les appels gascons au roi d'Angleterre sous le règne d'Edouard I^er^ (1272-1307)", in *Essays in Medieval Diplomacy and Administration*, London, 1981, ch. VI, pp. 382-399.

———, "The Chancery of Guyenne, 1289-1453", in *Essays in Medieval Diplomacy and Administration*, London, 1981, ch. VIII, pp. 61-96.

———, "Réglement des conflits internationaux franco-anglais au XIV^e^ siècle (1293-1377)", in *Essays in Medieval Diplomacy and Administration*, London, 1981, ch. IX, pp. 269-302.

Chevalier, B., *Les bonnes villes de France du XIV^e au XVI^e siècle*, Paris, 1982.

Chibnall, M., ed., *The Ecclesiastical History of Orderic Vitalis*, 6 vols, Oxford, 1969-1981.

———, ed., England and Normandy, 1042-1137, in Luscombe, D., and Riley-Smith, J., eds., *The New Cambridge Medieval History, vol. IV, c. 1024-1198*, Cambridge, 2004.

Church, S. D. ed., *King John: New Interpretations*, Woodbridge, 1999(2003).

Clanchy, M. T., *England and its Rulers 1066-1307*, Oxford, 1983.

Commynes, Ph. de, *Mémoires*, Blanchard, J., ed., Paris, 2001.

Contamine, Ph., *Guerre, État et société à la fin du Moyen âge: études sur les armées des rois de France, 1337-1494*, Paris, 1972.

———, *Des pouvoirs en France, 1300-1500*, Paris, 1992.

Corvisier, A., *Histoire militaire de France, t. 1, des origines à 1715*, Paris, 1992.

Cosgrove, A., *Late medieval Ireland, 1370-1541*, Dublin, 1981.

———, A., ed., *A New History of Ireland, vol. 2, Medieval Ireland 1169-1534*, Oxford, 1987.

Crooks, P., ed., *Government, war and society in medieval Ireland: Essays by Edmund Curtis, A. J. Otway-Ruthven and James Lydon*, Dublin, 2008.

Curry, A. E., "The Impact of War and Occupation on Urban Life in Normandy, 1417-1450", *French History*, 1 (1987), pp. 263-287.

———, *The Hundred Years War*, Basingstoke, 1993.

———, "Les villes normandes et l'occupation Anglaise: l'importance du siège de Rouen (1418-1419)", dans Bouet, P. et Neveux, F., éds., *Les villes normandes au Moyen Âge, renaissance, essor, crise. Actes du colloque international de Cerisy-la-Salle (8-12 octobre 2003)*, Caen, 2006.

Cuttino, G. P., "Historical revision: the causes of the Hundred Years War", *Speculum*, xxxi (1956), pp. 463-477.

Davies, W., ed., *From the Vikings to the Normans*, Oxford, 2003.

Delachenal, R., *Histoire de Charles V*, 5 tomes, Paris, 1909-1931.

Demurger, A., *Temps de crises, temps d'espoirs XIV^e-XV^e siècle*, Paris, 1990.

Déprez, E., Les préliminaires de la guerre de cent ans (1328-42), Paris, 1902.

Dept, G., *Les influences anglaises et francaises dans le comté de Flandre au début du XIII^e siècle*, Gent, 1928.

Desportes, P., *Histore de Reims*, Toulouse, 1983.

Duncan, A. A. M., *Scotland: The Making of the Kingdom*, Edinburgh, 1975.

Favier, J., *La guerre de Cent ans*, Paris, 1980.

———, *Louis XI*, Paris, 2001.

Fliche, A., *La Réforme Grégorienne*, I. La Formation des Idées Gregoriennes; II. Grégoire VII; III. L'Opposition Antigrégorienne, 3 tomes, Louvain-Paris, 1924-1937.

———, *La réforme grégorienne et la reconquête chrétienne*, (Fliche, A. et Martin, V., dir., L'Histoire de L'Eglise depuis les origines jusqu'à nos jours,), t. VIII, Paris, 1940.

———, *Querelle des Investitures*, Paris, 1946. フリッシュ、A.（野口洋二訳）『叙任権闘争』創文社、1972年。

Forey, A. J., "The Crown of Aragon", in Jones, M. C. E., ed., *The new Cambridge medieval history, vol. VI (c. 1300-c. 1415)*, Cambridge, 2000, pp. 595-618.

Fowler, K. A., *Le siècle des Plantagenêts et des Valois: La lutte pour la suprématie (1328-1494)*, Paris, 1968.

Fryde, E. B., "The Financial Policies of the Royal governments and Popular Resistance to them in France and England, c.1270-c.1420", in *Studies in Medieval Trade and Finance*, London, 1983, vol. I, pp. 824-860.

Fryde, N., *The Tyranny and Fall of Edward II, 1321-1326*, Cambridge, 1979.

Gauvard, C., *La France au Moyen Âge du V$^{e}$ au XV$^{e}$ siècle*, Paris, 1996.

Gavrilovitch, M., *Étude sur le traité de Paris entre Louis IX, roi de France et Henri III, roi d'Angleterre*, Paris, 1899.

George, R. H., "The Contribution of Flanders to the Conquest of England, 1065-1086", *Revue belge de philologie et d'histoire*, 5 (1926), pp. 81-99.

Gillingham, J., *The Angevin Empire*, London, 2001.

Golding, B., *Conquest and Colonisation The Normans in Britain, 1066-1100*, Basingstoke, revised edition, 2001.

Goodman, A. E., "England and Iberia in the Middle Ages", in Jones, M. E. and Vale, M. G. A., eds., *England and Her Neighbours, 1066-1453. Essays in Honour of Pierre Chaplais*, London, 1989, pp. 73-96.

———, *John of Gaunt: the exercise of princely power in fourteenth-century Europe*, Burnt Mill, Harlow, Essex, 1992.

Grant, A., *Independence and Nationhood: Scotland 1306-1469*, Edinburgh, 1984.

Green, D., *Edward the Black Prince*, Harlow, 2007.

Green, J., *Henry I King of England and Duke of Normandy*, Cambridge, 2006.

Grierson, Ph., "The Relations between England and Flanders before the Norman Conquest", *Transactions of the Royal Historical Society*. 4$^{th}$ ser., 23 (1941), pp. 71-112.

Haegeman, M., *De anglofilie in het graafschap Vlaanderen tussen 1379-1435*, Kortrijk-Heule, 1988.

Hallam, E. M. and Everard, J., *Capetian France 987-1328*, Harlow, 2$^{nd}$ edn., 2001.

Hamilton, J. S., *Piers Gaveston, Earl of Cornwall 1307-1312: Politics and Patronage in the Reign of Edward II*, London, 1988.

Hamon, Ph., *Les renaissances 1453-1559*, Paris, 2009.

Harper-Bill, C. and Van Houts, E., eds., *A Companion to the Anglo-Norman World*, Woodbridge, 2003.

Harris, R., *Valois Guyenne: a Study of Politics, Government and Society in late medieval France*, London, 1994.

Harvey, B., *The Twelfth and Thirteenth Centuries*, Oxford, 2001.

Helvetius, A.-M. et Matz, J.-M., *Église et société au Moyen Âge, V$^{e}$-XV$^{e}$ siècle*, Paris, 2008.

Higounet, Ch., "Un grand chapitre de l'histoire du XII$^{e}$ siècle : la rivalité des maisons de Toulouse et de Barcelone pour la prépondérance méridionale," dans *Mélanges d'histoire du moyen âge : dédiés á la mémoire de Louis Halphen*, Paris, 1951, pp. 313-322.

———, "Le groupe aristocratique en Aquitaine et en Gascogne (fin X$^{e}$-début XII$^{e}$ siècle)", dans *Les structures sociales de l'Aquitaine, du Languedoc et de l'Espagne au premier âge féodal*, Toulouse et Paris, 1969, pp. 221-237.

———, "En Bordelais: '*principes castella tenantes*'", dans *La noblesse au moyen âge, XI*[e]*-XV*[e] *siècles, essais à la mémoire de Robert Boutruche*, Paris, 1976, pp. 97-104.

———, "La société nobiliaire en Bordelais à la fin du XIII[e] siècle", dans *Société et groupes sociaux en Aquitaine et Angleterre*, Bordeaux, 1979, pp. 9-17.

Holt, J. C., *Magna Carta and Medieval Government*, London, 1985.

Howell, M., "Royal women of England and France in the Mid-Thirteenth Century", in Weiler, B. K. and Rowlands, I. W., eds., *England and Europe in the Reign of Henry III (1216-1272)*, Aldershot, pp. 163-181.

James, M. K., "The Fluctuations of the Anglo-Gascon Wine Trade during the Fourteenth Century", *Economic History Review*, 2nd ser., 4 (1951), pp. 170-196.

Johnstone, H., "The county of Ponthieu, 1279-1307", *English Historical Review*, xxvi (1914), pp. 435-452.

Jones, M. C. E., "The last Capetians and early Valois kings, 1314-1364", in Jones, M. C. E., ed., *The new Cambridge medieval history, vol. VI (c. 1300-c. 1415)*, Cambridge, 2000, pp. 388-421.

Kerhervé, J., *Histoire de la France: la naissance de l'État moderene 1180-1492*, Paris, 1998.

Kicklighter, J. A., "French jurisdictional supremacy in Gascony: one aspect of the ducal government's response", *Journal of Medieval History*, v (1979), pp. 127-134.

———, "Les monastères de Gascogne et le conflit franco-anglais (1270-1327)", *Annales du Midi*, xci (1979), pp. 121-133.

——— , "The nobility of English Gascony: the case of Jourdain de L'Isle", *Journal of Medieval History*, xiii (1987), pp. 327-342.

Labande-Mailfert, Yv., *Charles VIII: Le vouloir et la destinée*, Paris, 1986.

Laliena Corbera, C., "Larga stipendia et optima praedia: les nobles *francos* en Aragon au service d'Alphonse le Batailleur", *Annales du Midi*, cxii (2000), pp. 149-170.

Langlois, Ch.-V., *Le règne de Philippe III le Hardi*, Paris, 1887.

Lapidge, M., Blair, J., Keynes, S. and Scragg, D., eds., *The Blackwell Encyclopaedia of Anglo-Saxon England*, Oxford, 1999, pbk., 2001.

Lawson, M. K., *Cnut. England's Viking King*, Stroud, 2004.

Le Patourel, J., "The Origins of the War", in Fowler, K. A., ed., *The Hundred Years War*, London, 1971.

———, *Feudal Empires. Norman and Plantagenet*, Jones, M., ed., London, 1984.

———, "The Plantagenet Dominions", in Le Patourel, J., *Feudal Empires. Norman and Plantagenet*, Jones, M., ed., London, 1984, ch. VI, orig., *History*, 1 (1965), pp. 289-308.

———, "The Origins of the Hundred Years War", in Le Patourel, J., *Feudal Empires. Norman and Plantagenet*, Jones, M., ed., London, 1984, ch. XI, pp. 29-50.

———, "Edward III and the Kingdom of France", in Le Patourel, J., *Feudal Empires. Norman and Plantagenet*, Jones, M., ed., London, 1984, ch. XII, pp. 173-189.

———, *The Norman Empire*, Oxford, 1976 (1997).

Lemarignier, J.-F., Gaudemet, J. et Mollat, M.-G., éds., *Histoire des institutions fançaises au moyen âge, tome III: Institutions ecclésiastiques*, Paris, 1962.

Lemarignier, J.-F., *La France médiévale, Institution et société*, Paris, 1970.

Lemercier, F.-X. "Falaise pendant l'occupation anglaise", dans Bouet, P. et Neveux, F., éds., *Les villes normandes au Moyen Âge, renaissance, essor, crise. Actes du colloque international de Cerisy-la-Salle (8-12 octobre 2003)*, Caen, 2006.

Lewis, A., *Medieval Society in Southern France and Catalonia*, London, 1984.

Linehan, P. A., "Castille, Navarre and Portugal", in Jones, M. C. E., ed., *The new Cambridge medieval history, vol. VI (c. 1300-c. 1415)*, Cambridge, 2000, pp. 619-650.

———, "Spain in the twelfth century", in Luscombe, D. E. and Riley-Smith, J. S. C., eds., *The new Cambridge medieval history, vol. IV, pt. II (c. 1024-1198)*, Cambridge, 2004, pp. 475-509.

———, *Spain, 1157-1300*, Oxford, 2008.

Lloyd, T. H., *The English Wool Trade in the Middle Ages*, Cambridge, 1977.

———, *Alien Merchants in England in the High Middle Ages*, Sussex, 1982.

Macdougall, N., *An Antidote to the English: The Auld Alliance, 1295-1560*, East Linton, 2001.

Marquette, J.-B., *Les Albret: l'ascension d'un lignage gascon (XI^e siècle-1360)*, Pessac, 2011.

Matthew, D., *Britain and the Continent 1000-1300: The Impact of the Norman Conquest*, London, 2005.

McKisack, M., *The fourteenth century 1307-1399*, Paris, 1959.

McNeill, P. G. B. and MacQueen, H. L. eds., *Atlas of Scottish History to 1707*, Edinburgh, 1996.

Menant, F., Martin, H., Merdrignac, B. et Chauvin, M., *Les captéiens: histoire et dictionnaire 987-1328*, Paris, 1999.

Meyer, E., *Charles II, roi de Navarre, comte d'Évreux, et la Normandie au XIV siècle*, Genève, 1898, reprints, 1975.

Minois, G., *Du Guesclin*, Paris, 1993.

Mollat, M., *Histoire de Rouen*, Toulouse, 1979.

Moss, V., "Normandy and England in 1180: The Pipe Roll Evidence", in Bates, D. and Curry, A. eds., *England and Normandy in the Middle Ages*, London ,1994, pp. 185-195.

Munro, J. H., "Spanish Merino Wools and the Nouvelles Draperies: an Industrial Transformation in the Late-Medieval Low Countries", *The Economic History Review*, LVIII (2004), pp. 431-484.

Neveux, Fr., *La Normandie des ducs aux rois X^e-XII^e siècle*, Rennes, 1998.

———, *La Normandie royale: des Capétiens aux Valois, XIII^e-XIV^e siècle*, Renne, 2005.

———, *La Normandie pendant la guerre de Cent ans: XIV^e-XV^e siècle*, Renne, 2008.

Nicholas, D., *The van Arteveldes of Ghent: the Varieties of Vendetta and the Hero in History*, Ithaca, 1988.

———, *Medieval Flanders*, London and New York, 1992.

Nicholson, R., *Scotland: The Later Middle Ages*, Edinburgh, 1974.

Nip, R., "The Political Relations between England and Flanders", *Anglo-Norman Studies*, XXI (1999), pp. 145-168.

O'Callaghan, J. F., *A History of Medieval Spain*, Ithaca, 1975.

Oksanen, E., "The Anglo-Flemish Treaties and Flemish Soldiers in England", in France, J., ed., *Mercenaries and Paid Men. The Mercenary Identity in the Middle Ages*, Leiden, 2008, pp. 260-274,

Oram, R., *Domination and Lordship: Scotland, 1070-1230*, Edinburgh, 2011.

Ormrod, W. M., "England, Normandy, and the Beginnings of the Hundred Years War, 1259-1360", in Bates, D. and Curry, A., eds., *England and Normandy in the Middle Ages*, London, Rio Grande, 1994.

Palmer, J. J. M., "England, France, the Papacy, and the Flemish Succession, 1361-1369", *Journal of Medieval History*, II (1976), pp. 339-364.

Petit, J., *Charles de Valois*, Paris, 1900.

Petit-Dutaillis, Ch., *Charles VII, Louis XI et les premières années de Charles VIII (1422-1492)*, Paris, 1981.

Phillips, J. R. S., *Aymer de Valence, Earl of Pembroke 1307-1324: Baronial Politics in the Reign of Edward II*, Oxford, 1972.

Plaisse, A., *Charles, dit Mauvais: comte d'Évreux, roi de Navarre, capitaine de Paris*, Évreux, 1972.

———, *La vie municipale à Évreux pendant la guerre de Cent Ans*, Évreux, 1978.

Potter, J. M., "The development and significance of the Salic law of the French", *The English Historical Review*, lii (1937), pp. 235-253.

Power, D., "King John and Norman Aristocracy", in Church, S. D. ed., *King John: New Interpretations*, Woodbridge, pp. 117-136.

Powicke, M., *The Thirteenth Century, 1216-1307*, Oxford, 2nd edn., 1962.

Prestwich, M., *Edward I*, London, 1988.

———, *Plantagenet England 1225-1360*, Oxford, 2005.

Reilly, B. F., *The Kingdom of León-Castilla under Queen Urraca 1109-1126*, Princeton, 1982.

———, *The context of Christian and Muslim Spain 1031-1157*, Oxford, 1992.

———, *The medieval Spain*, Cambridge, 1993.

Renouard, Y., "Conjectures sur la population du duché d'Aquitaine en 1316", *Le Moyen Age*, lxix (1963), pp. 471-478.

Richard, J., *Saint Louis: Roi d'une France féodale, soutien de la Terre Sainte*, Paris, 1983.

Rogers, C. J., ed., *The wars of Edward III: sources and interpretations*, Woodbridge, 1999.

Ruiz, T. F., *Spain's Century of Crisis: 1300-1474*, Oxford, 2007.

Russell, P. E., *English intervention in Spain and Portugal in the time of Edward III and Richard II*, Oxford, 1955.

Sabbe, J., *Vlaanderen in opstand 1323-1328*, Brugge, 1992.

Sanders, I. J., "The Texts of the Peace of Paris, 1259", *English Historical Review*, lxvi (1951), pp. 81-92.

Sassier, Y., *Louis VII*, Paris, 1991.

Saul, N., ed., *England in Europe 1066-1453*, London, 1994.

Sawyer, P. H., *Kings and Vikings. Scandinavia and Europe AD 700-1100*, London, 1982.

Schnerb, B., *L'État bourguignon 1363-1477*, Paris, 1999.

Sivéry, G., *Saint Louis et son Siècle*, Paris, 1983.

———, *Louis VIII, le Lion*, Paris, 1995.

Smith, B., ed., *Britain and Ireland 900-1300: insular responses to medieval European change*, Cambridge, 1999.

Soria-Audebert, M. et Treffort, C., *Pouvoirs, Eglise, société: Conflits d'intérêts et convergence sacrée*

*(IX$^{e}$-XI$^{e}$ siècle)*, Rennes, 2009.

Stacey, R. C., *Politics, Policy and Finance under Henry III, 1216-1245*, Oxford, 1987.

Strayer, J. R., "The Crusades of Louis IX", in Wolff, R. L. and Hazard, H. W., eds., *The later crusades 1189-1311 (A History of the Crusades, v. 2)*, London, 1969, pp. 487-521.

———, "The costs and profits of war: the Anglo-French conflict of 1294-1303", in Miskimin, H. A., Herlihy, D. and Udovitch, A. L., eds., *The Medieval City*, Yale, 1977, pp. 269-291.

———, *The Reign of Philip the Fair*, Princeton, 1980.

Stringer, K. J., *Earl David of Huntingdon, 1152-1219: A Study in Anglo-Scottish History*, Edinburgh, 1985.

Studd, R., "The '*Privilegiati*' and the Treaty of Paris, 1259", dans *La 'France Anglaise' au Moyen Age*, Paris, 1988, pp. 175-189.

———, "Reconfiguring the Angevin Empire, 1224-1259", in Weiler, B. K. and Rowlands, I. W., eds., *England and Europe in the Reign of Henry III* (*1216-1272*), 2002, pp. 31-41.

Tabri, E., *Political Culture in the Early Northern Renaissance: The Court of Charles the Bold, Duke of Burgundy (1467-1477)*, Lewiston, Queenston, Lampeter, 2005.

TeBrake, W. H., *A Plague of Insurrection. Popular Politics and Peasant Revolt in Flanders, 1323-1328*, Philadelphia, 1993.

Templeman, G., "Edward III and the beginings of the Hundred Years War", *Transactions of the Royal Historical Society*, ii (1952), pp. 69-88.

Thielemans, M.-R., *Bourgogne et Angleterre. Relations politiques et economiques entre les Pays-Bas Bourguignons et l'Angleterre 1435-1467*, Bruxelles, 1966.

Thompson, G. L., *Paris and its People under English Rule: The Anglo-Burgundian Regime, 1420-1436*, Oxford, 1991.

Tout, T. F., *The Place of Edward II in English History*, Westport, Connecticut, 3$^{rd}$ edn., 1976.

Trabut-Cussac, J.-P., "Les coutumes ou droits de douane perçus à Bordeaux", *Annales du Midi*, lxii (1950), pp. 135-150.

———, *L'administration anglaise en Gascogne sous Henry III et Edouard I$^{er}$ de 1254 à 1307*, Paris et Genève, 1972.

Tucoo-Chala, P., *Gaston Fébus et la vicomté de Béarn (1343-1391)*, Bordeaux, 1959.

Turner, R. V., *King John*, London and New York, 1994.

Ugé, K., *Creating the Monastic Past in Medieval Flanders*, York, 2005.

Vale, M. G. A., *English Gascony, 1399-1453*, London, 1970.

———, "The Gascon nobility and the Anglo-French war, 1294-98", in Gillingham, J. and Holt, J. C., eds., *War and Government in the Middle Ages*, Cambridge, 1984, pp. 134-146.

———, "Nobility, bureaucracy and the "state" in English Gascony, 1250-1340: a prosopographical approach", dans Autrand, F., éd., *Genèse de l'Etat moderne: prosopographie et histoire*, Paris, 1985, pp. 305-312.

———, "Seigneurial fortification and private war in later medieval Gascony", in Jones, M., ed., *Gentry and Lesser Nobility in Late Medieval Europe*, Gloucester, 1986, pp. 133-158.

———, "The Gascon nobility and crises of loyalty, 1294-1337", dans *La 'France Anglaise' au Moyen Age*, Paris, 1988, pp. 207-216.

———, "England, France and the Origind of the Hundred Years War", in Jones, M. E. and Vale, M. G. A., eds., *England and Her Neighbours, 1066-1453. Essays in Honour of Pierre Chaplais*, London, 1989, pp. 199-216.

———, *The Angevin Legacy and the Hundred Years War, 1250-1340*, Oxford, 1990.

Van Bruaene, A.-L., "Habsburg Theatre State. Court, City and the Performance of Identity in the Early Southern Low Countries", in Stein, R. and Pollmann, J., eds., *Networks, Regions and Nations. Shaping Identities in the Low Countries, 1300-1650*, Leiden, 2010, pp. 131-150.

Van Werveke, H., "<Hansa> in Vlaanderen en aangrenzende gebieden", *Annales de la Société d'Emulation te Brugge*, 90(1953), pp. 5-42.

Varenbergh, E., *Histoire des relations diplomatiques entre le comté de Flandre et l'Angleterre*, Bruxelles, 1874.

Vauchez, A., dir., "Apogée de la papauté et expansion de la chrétienté (1054-1274)", *Histoire du christianisme des origines à nos jours*, sous la direction de Jean-Marie Mayeur, Charles et Luce Pieyri, André Vauchez, Marc Verard, t. V, Paris, 1993.

Vaughan, R., *Philip the Bold*, Woodbridge, 2002 (originally published in 1962).

———, *John the Fearless*, Woodbridge, 2002 (originally published in 1966).

———, *Philip the Good*, Woodbridge, 2002 (originally published in 1970).

Verberckmoes, J., "Flemish Tenants-in-Chief in Domesday England", *Revue belge de philologie et d'histoire*, 66 (1988), pp. 725-756.

Villalon, L. J. A., "Spanish Involvement in the Hundred Years War and the Battle of Nájera", in Villalon, L. J. A., and Kagay, D. J., eds., *The Hundred Years War: A Wider Focus*, Leiden and Boston, 2005.

Vincent, C., *Eglise et Société en Occident XIII$^{e}$-XV$^{e}$ siècle*, Paris, 2009.

Vincent, N., "England and the Albigensian Crusade", in Weiler, B. K. and Rowlands, I. W., eds., *England and Europe in the Reign of Henry III (1216-1272)*, Surrey, 2002, pp. 67-97.

Weiler, B. K. and Rowlands, I. W., ed., *England and Europe in the Reign of Henry III (1216-1272)*, Surrey, 2002.

Wild, B. J., "Emblems and enigmas: Revisiting the 'sword' belt of Fernando de la Cerda", *Journal of Medieval History*, xxxvii (2011), pp. 378-396.

William of Malmesbury, *Gesta Regum Anglorum*, Mynors, R. A. B., Thomson, R. M. and Winterbottom, M., eds. and trans., Oxford, 1998.

Williams, A., *Kingship and Government in Pre-Conquest England, c.500-1066*, Basingstoke, 1999.

Wolff, Ph., "Un problème d'origines: la Guerre de Cent Ans", dans *Eventail de l'histoire vivante: Hommage à Lucien Fèvre*, Paris, 1953, t. II, pp. 141-148.

Wyffels, C., "De Vlaamse Hanze van Londen op het einde van de XIII$^{e}$ eeuw", *Annales de la Société d'Emulation te Brugge*, 97 (1960), pp. 5-30.

# 英仏関係史年表

〔凡例〕

(1) 各項の【　】は当該項目の関連地域を示す。地域略称はつぎのとおり。
英：イングランド、仏：フランス、フ：フランドル、蘇：スコットランド、ウ：ウェールズ、ア：アラゴン、カ：カスティーリャ、ナ：ナバラ王国、アイ：アイルランド

(2) 月日が判明している場合、当該項目の末尾に［　］を付して示した。
例：[12.2] →12月2日　[3.-] →3月（日付は不特定）

(3) 各年における項目の順番は、便宜上、月日が判明しているものを前にした。ただし、月日が特定できないまでも出来事の前後関係からおよその時期が推定できる場合はこのかぎりではない。

(4) 当該年以降に続く項目については、項目末尾に（〜○○年）と付した。

| 年 | 英王 | 仏王 | 出来事 |
|---|---|---|---|
| 911 | | | 【仏】ノルマン人ロロが西フランク王シャルル3世からセーヌ川下流地域を受封(ノルマンディ公領の成立)。 |
| 987 | | ユーグ・カペー | 【仏】ユーグ・カペー即位［7.3］。カペー朝の開始。 |
| 996 | | | 【仏】ユーグ・カペー死去［10.24?］。 |
| | | ロベール2世 | 【仏】ロベール2世即位。 |
| 1002 | | | 【英】ノルマンディのエマとイングランドのエセルレッド王との結婚。 |
| 1031 | | | 【仏】ロベール2世死去［7.20］。 |
| | | アンリ1世 | 【仏】アンリ1世即位。 |
| 1047 | | | 【英】ノルマンディ公ギョーム2世がヴァル・エス・デュヌの戦いで反乱側に勝利［1.-］。 |
| 1054 | | | 【英】ノルマンディ公ギョーム2世がモートマの戦いで勝利［2.-］。 |
| 1060 | | | 【英】アンリ1世死去［8.4］。 |
| | | フィリップ1世 | 【仏】フィリップ1世即位。 |
| | | | 【仏】アンジュー伯ジョフロワ・マルテル死去［11.14］。 |
| 1061 | | | 【英】ノルマン人によるシチリア征服開始。 |
| 1066 | ウィリアム1世 | | 【英】ノルマン征服。ヘイスティングズの戦い［10.14］。ノルマンディ公ギョーム2世がイングランド王（ウィリアム1世）となる［12.25］。 |
| 1070 | | | 【英】ランフランクがカンタベリ大司教に就任［8.15］。 |
| 1076 | | | 【英・仏】ウィリアム1世がフランス王フィリップ1世にドルで敗北［9.-〜11.-］。 |
| 1085 | | | 【英】全国の土地調査開始。のちに『ドゥームズデイ・ブック』としてまとめられる［12.-］。 |
| 1087 | | | 【英】ウィリアム1世死去［9.9］。 |
| | ウィリアム2世 | | 【英】ウィリアム2世即位［9.26］。 |
| 1088 | | | 【英】ウィリアム2世に対するバイユー司教オドとロベール・クルトゥーズの反乱［4.-］。 |

| 年 | 英王 | 仏王 | 出　来　事 |
|---|---|---|---|
| 1095 | ウィリアム2世 | フィリップ1世 | クレルモン公会議［11.1］。十字軍開始。 |
| 1096 | | | 【英】ノルマンディ公ロベール・クルトゥーズが十字軍に出発［9.-］。ウィリアム2世がノルマンディを支配。 |
| 1100 | | | 【英】ウィリアム2世死去［8.2］。 |
| | ヘンリ1世 | | 【英】ヘンリ1世即位［8.5］。 |
| | | | 【英・蘇】ヘンリ1世とスコットランド王メイル・コルム3世の娘イーディス（マティルダ）との結婚［11.11］。 |
| 1101 | | | 【英・仏・フ】ドーヴァー条約。 |
| 1106 | | | 【英・仏】タンシュブレーでヘンリ1世がノルマンディ公ロベール・クルトゥーズを撃破［9.28］。ノルマンディの支配を確立。 |
| 1108 | | | 【仏】フィリップ1世死去［7.31］。 |
| | | ルイ6世 | 【仏】ルイ6世即位。 |
| 1109 | | | 【英・仏】ルイ6世とヘンリ1世との戦争（第一次）。 |
| 1110 | | | 【英・仏】ルイ6世がジゾールでヘンリ1世に勝利。 |
| 1112 | | | 【英・仏】ルイ6世がヘンリ1世との戦闘によりムランを占拠。 |
| 1113 | | | 【英・仏】ルイ6世とヘンリ1世がジゾールで休戦合意［3.-］。ルイ6世がヘンリ1世のメーヌおよびブルターニュへの宗主権認知。 |
| 1114 | | | 【英・独】ヘンリ1世の娘マティルダとドイツ皇帝ハインリヒ5世の結婚。 |
| 1116 | | | 【英・仏】ルイ6世とヘンリ1世との戦争（第二次）。 |
| 1118 | | | 【英・仏】ヘンリ1世との戦闘によりルイ6世がヴェクサン全土奪取［3.-］。 |
| | | | 【英・仏】アランソンでヘンリ1世がアンジュー伯フルクに敗北。 |
| 1119 | | | 【英・仏】ブレミュルの戦いでルイ6世がヘンリ1世に敗北［8.20］。 |
| 1120 | | | 【英・仏】ルイ6世とヘンリ1世との休戦合意。 |
| | | | 【英】ヘンリ1世の息子ウィリアムが白船号の難破で死去［11.25］。 |
| 1123 | | | 【英・仏】ルイ6世とヘンリ1世との戦争（第三次）。 |
| | | | 【英・独】ヘンリ1世がドイツ皇帝ハインリヒ5世と同盟。 |
| | | | 【英・仏】皇帝軍が撤退し30年間の休戦を締結［7.8］。 |
| | | | 【英・仏】ヘンリ1世がノルマンディの反乱とアンジュー伯フルク5世、アモーリ・ド・モンフォール、ルイ6世との連合に対応（～1124年）。 |
| 1125 | | | 【英・仏】ヘンリ1世の甥スティーヴンとブーローニュ伯の娘マティルダと結婚。 |
| | | | 【英・独】ドイツ皇帝ハインリヒ5世死去。ヘンリ1世の娘帝妃マティルダが未亡人となる［5.-］。 |
| 1127 | | | 【英】ヘンリ1世が有力者たちに、帝妃マティルダを後継者として認めさせ忠誠を誓わせる［1.-］。 |
| | | | 【英】ヘンリ1世がイングランド王の称号に加え、「ノルマンディ公」の称号も用いはじめる。 |
| | | | 【仏・フ】フランドル伯シャルル・ル・ボンの暗殺。フランドル内乱［3.-］。 |
| 1128 | | | 【英・仏・フ】帝妃マティルダがアンジュー伯ジョフロワと結婚［6.17］。 |
| | | | 【英・仏・フ】ギョーム・クリト死去。ティエリ・ダルザスがフランス王及びイングランド王から承認され受封される［8.-］。 |

| 年 | 英王 | 仏王 | 出来事 |
|---|---|---|---|
| 1135 | | ルイ6世 | 【英】ヘンリ 1 世死去［12.1］。 |
| | スティーヴン | | 【英】スティーヴンがイングランド王位継承［12.22］。 |
| 1137 | | | 【仏】ルイ 6 世死去［8.1］。 |
| | | ルイ7世 | 【仏】ルイ 7 世即位。 |
| | | | 【仏】アキテーヌ公ギョーム 10 世死去［4.9］。相続人アリエノール・ダキテーヌがルイ 7 世と結婚［7.25］。 |
| 1138 | | | 【英・仏】スティーヴンの息子ユスタスとルイ 7 世の姉妹コンスタンスの婚約。 |
| 1139 | | | 【英】帝妃マティルダがアランデルに上陸［9.-］。イングランドで内戦始まる。 |
| 1141 | | | 【英】リンカンの戦いでスティーヴンが捕らわれる［2.2］。 |
| 1144 | | | 【英・仏】アンジュー伯ジョフロワがノルマンディ公となる。スティーヴンはノルマンディの支配権を完全に失う［1.-］。 |
| 1150 | | | 【英・仏】アンジュー伯ジョフロワが息子アンリ（のちのアンリ 2 世）にノルマンディを付与。 |
| 1151 | | | 【英・仏】アンジュー伯ジョフロワ死去。アンリがアンジュー伯領を継承［9.7］。 |
| 1152 | | | 【英・仏】アリエノール・ダキテーヌとアンジュー伯アンリとの結婚［5.18］。 |
| 1153 | | | 【英】スティーヴンの息子ユスタス死去［8.-］。 |
| | | | 【英】ウィンチェスター条約（スティーヴンとアンジュー伯アンリとの講和）。アンジュー伯アンリのイングランド王位継承が決定［11.6］。 |
| 1154 | | | 【英】スティーヴン死去［10.25］。 |
| | ヘンリ2世 | | 【英】ヘンリ 2 世イングランド王即位［12.2］。 |
| 1156 | | | 【英】ヘンリ 2 世から兄弟のジェフリーにナント伯位を付与。 |
| | | | 【英・仏】ヘンリ 2 世からルイ 7 世への臣従礼。 |
| 1158 | | | 【英・仏】若ヘンリとマルグリット・ド・フランスとの婚約。 |
| 1159 | | | 【英・仏・蘇】ヘンリ 2 世がトゥールーズを攻撃するもルイ 7 世の介入で頓挫。ヘンリ 2 世側にはスコットランド王メイル・コルム 4 世も従軍。 |
| | | | 【英・仏】ヘンリ 2 世によるトゥールーズ包囲が失敗するもケルシーの一部は併合。 |
| 1160 | | | 【英・仏】シノン協約（ルイ 7 世とアデル・ド・シャンパーニュとの結婚）［5.-］。 |
| | | | 【英・仏】ヘンリ 2 世がヴェクサンを奪取。英仏戦闘の再開［10.-］。 |
| 1161 | | | 【英・仏】英仏休戦（～ 1166 年）。 |
| 1164 | | | 【英】クラレンドン法。 |
| | | | 【英・仏】トマス・ベケットがフランスへ亡命（～ 1170 年）。 |
| 1166 | | | 【英・仏】英仏衝突再燃（～ 1169 年）。ヘンリ 2 世によるブルターニュ征服。 |
| 1167 | | | 【英・仏】トゥールーズ伯レモン 5 世からヘンリ 2 世への臣従礼。 |
| 1169 | | | 【英・仏】ルイ 7 世とヘンリ 2 世とによるモンミライユの会談［1.6］。 |
| 1170 | | | 【英】トマス・ベケット暗殺［12.29］。 |
| 1172 | | | 【英・仏】ヘンリ 2 世によるノルマンディでの封建調査。 |
| 1173 | | | 【英・仏】ヘンリ 2 世に対するアリエノール・ダキテーヌと息子たちの反乱。 |
| | | | 【英・仏】ノルマンディで英仏戦闘（～ 1174 年）。 |
| 1174 | | | 【英・仏】ルイ 7 世ルーアン包囲を解く。 |
| | | | 【英】ヘンリ 2 世が息子たちと和解。アリエノール・ダキテーヌ幽閉開始。 |

| 年 | 英王 | 仏王 | 出　来　事 |
|---|---|---|---|
| 1174 | ヘンリ2世 | ルイ7世 | 【英・蘇】ファレーズ条約。スコットランド王ウィリアム１世がヘンリ２世に臣従［12.8］。 |
| 1176 | | | 【英・仏】王太子リチャードによるアキテーヌ貴族たちに対する討伐遠征。 |
| 1179 | | | 【英・仏】ルイ７世とヘンリ２世とのノナンクールの和約［9.21］。<br>【仏】ルイ７世麻痺症状［9.-］。 |
| 1180 | | | 【仏】のちのフィリップ２世とイザベル・ド・エノーとの結婚［4.23］。<br>【仏】ルイ７世死去［9.18］。 |
| | | フィリップ2世 | 【仏】フィリップ２世（フィリップ・オーギュスト）即位。 |
| 1183 | | | 【英】若ヘンリ死去。 |
| 1186 | | | 【英】ジェフリー（ジョフロワ）死去。<br>【英・仏】ヘンリ２世とフィリップ２世との戦争（～ 1189年）。 |
| 1188 | | | 【英・仏】フィリップ２世と王太子リチャードとのボンムラン同盟。 |
| 1189 | | | 【英・仏】第三回十字軍（～ 1192年）。<br>【英・仏】フィリップ２世とヘンリ２世とのアゼイの協約［7.4］。<br>【英】ヘンリ２世死去［7.6］。 |
| | リチャード1世 | | 【英】リチャード１世即位。<br>【英・仏】フィリップ２世とリチャード１世とによるジゾールの協約。<br>【英・蘇】リチャード１世がスコットランド王ウィリアム１世を臣従状態から解放［12.5］。 |
| 1190 | | | 【英・仏】フィリップ２世とリチャード１世が十字軍に出発［7.-］。 |
| 1191 | | | 【仏】フィリップ２世が十字軍から帰還［12.-］。<br>【英】リチャード１世がベランジェール・ド・ナヴァールと結婚。 |
| 1192 | | | 【英・独】リチャード１世がドイツで拘束される（～ 1194年５月）［12.-］。<br>【英・仏】フィリップ２世と王弟ジョンとがリチャード１世の財産分割で合意。 |
| 1193 | | | 【仏】フィリップ２世がインゲボルクと結婚［8.1］。<br>【仏】結婚無効のための手続き開始（～ 1213年）［11.-］。 |
| 1194 | | | 【英・仏】フィリップ２世と王弟ジョンとの協約［1.-］。<br>【英・仏】エヴルーの戦い（フィリップ２世対リチャード１世）。<br>【英・仏】アリエノール・ダキテーヌがリチャード１世の身代金を支払う。<br>【英】リチャード１世と王弟ジョンの和解。 |
| 1195 | | | 【英・仏】リチャード１世がイスーダンでフィリップ２世に勝利。 |
| 1196 | | | 【仏】フィリップ２世とアニェ・ド・メランとの結婚。<br>【英・仏】ガイヨン・リシャール協定（フィリップ２世のヴェクサン領有とオーヴェルニュの総主権を確認）［1.-］。<br>【仏】ヘンリ２世の娘ジャンヌがトゥールーズ伯レモン６世と再婚。<br>【仏】アーサー・オブ・ブルターニュ（アルテュール・ド・ブルターニュ）パリへ。ルーヴィエの協約。 |
| 1197 | | | 【英・仏・フ】フランドル伯ボードワン９世がリチャード１世と同盟。 |
| 1198 | | | 【英・仏】フィリップ２世がヴェクサン地方クールセルで敗北。<br>【英・仏】ブルゴーニュ公ウードがリチャード１世との同盟を行わないことをフィリップ２世に約束する。 |

| 年 | 英王 | 仏王 | 出来事 |
|---|---|---|---|
| 1199 | リチャード1世 | フィリップ2世 | 【仏】フィリップ2世がアーサー・オブ・ブルターニュとともにブルターニュ遠征。 |
| | | | 【英・仏】フィリップ2世とリチャード1世による5年間の休戦協約。 |
| | | | 【英】リチャード1世死去［4.6］。 |
| | ジョン | | 【英】ジョン（欠地王）即位。 |
| 1200 | | | 【英・仏】フィリップ2世とジョン欠地王とによるグーレの和約［5.22］。 |
| | | | 【英・仏】ジョン欠地王がラ・マルシュ伯ユーグ・ド・リュジニャンの婚約者イザベル・ダングレームを奪い結婚。 |
| 1202 | | | 【英】ジョン欠地王に対する奪封判決［4.28］。 |
| | | | 【英・仏】フィリップ2世によるノルマンディとアンジュー攻撃。 |
| | | | 【英】アーサー・オブ・ブルターニュがミルボーで捕縛［8.1］。 |
| 1203 | | | 【英】アーサー・オブ・ブルターニュ死去。 |
| | | | 【英・仏】フィリップ2世によるシャトー＝ガイヤール包囲。 |
| 1204 | | | 【英・仏】フィリップ2世がシャトー＝ガイヤールを奪取［3.6］。 |
| | | | 【英・仏】宮廷におけるジョンの封建臣従拒否。 |
| | | | 【英・仏】フィリップ2世がノルマンディ、メーヌ、アンジュー、ポワトゥを征服しブルターニュも掌握。 |
| 1208 | | | 【仏】アルビジョワ十字軍開始。 |
| 1213 | | | 【ア】ペドロ2世がミュレの戦いで戦死。南仏におけるアラゴン支配の弱体化［9.12］。 |
| 1214 | | | 【英・仏】ブーヴィーヌの戦いでフィリップ2世が決定的勝利をおさめる［7.-］。 |
| | | | 【英・仏】シノンで5年間の休戦協定締結［9.-］。 |
| 1215 | | | 【英】ジョン欠地王がマグナ・カルタ承認［6.-］。 |
| 1216 | | | 【英・仏】ムラン議会（教皇特使がフィリップ2世のジョン欠地王に対する攻撃禁止を要請）［4.-］。 |
| | | | 【英・仏】王太子ルイのイングランド進攻（～1217年8月）［5.-］。 |
| | | | 【英】ジョン欠地王死去［10.-］。 |
| | ヘンリ3世 | | 【英】ヘンリ3世即位。 |
| | | | 【英・仏】トゥールーズ伯レモンがフランス王から授封されていた土地に関して、フィリップ2世がシモン・ド・モンフォールから臣従礼を受ける。 |
| 1217 | | | 【英・仏】ロンドン条約（ジョンの所有していた封土の回復）。 |
| 1218 | | | 【仏】王太子ルイに対するホノリウス3世の破門勅書［1.-］。 |
| 1220 | | | 【英・仏】フィリップ2世がホノリウス3世からイングランドとの4年間の休戦を得る。 |
| 1223 | | | 【仏】フィリップ2世死去。 |
| | | ルイ8世 | 【仏】ルイ8世即位。 |
| 1224 | | | 【英・仏】ルイ8世によるラ・ロシェル奪取［8.-］。 |
| | | | 【英・仏】判決前にフィリップ2世から授封されていたジョンの土地における権利をリモージュの市民に認める。 |
| | | | 【英・仏】対イングランド遠征に関するラ・マルシュ伯とルイ8世との協定［5.-］。 |
| 1225 | | | 【英・仏】同輩裁判の判決によってジョンに奪われていたポワトゥの奪還に関して、ルイ8世が行ったホノリウス3世への提言［4.-］。 |

| 年 | 英王 | 仏王 | 出来事 |
|---|---|---|---|
| 1226 | ヘンリ3世 | ルイ8世 | 【英・仏】ホノリウス3世がヘンリ3世に対してレモン7世を助けることと、ルイ8世を攻撃することを禁止する［4.-］。<br>【仏】ルイ8世死去。 |
| | | ルイ9世 | 【仏】ルイ9世即位。 |
| 1234 | | | 【ナ】シャンパーニュ朝ナバラ王国成立。 |
| 1235 | | | 【英・仏】ヘンリ3世がルイ9世と5年間の休戦協定を結ぶ［8.-］。 |
| 1237 | | | 【英・蘇】ヨーク条約。スコットランド王がイングランド北部3州への権利要求を最終的に放棄［9.25］。 |
| 1242 | | | 【英・仏】タイユブール、サントでルイ9世がヘンリ3世に勝利［7.-］。 |
| 1248 | | | 【仏】ルイ9世の十字軍［6.-］。（～1254年） |
| 1254 | | | 【仏】ルイ9世のパリ帰還［9.-］。 |
| 1258 | | | 【ア・仏】アラゴン王とのコルベイユ条約［5.12］。<br>【英】オクスフォード条款成立［6.-］。 |
| 1259 | | | 【英・仏】イングランド王とのパリ条約［5.-］。<br>【英】ウェストミンスター条款成立［10.-］。<br>【英・仏】パリ条約発効（ヘンリ3世、アンジュー・ノルマンディ・トゥーレーヌ・メーヌ・ポワトゥ放棄。ルイ9世、リモージュ・カオール・ペリグー司教区の所領をヘンリ3世に譲渡）。パリでヘンリ3世がルイ9世に臣従礼［12.4］。 |
| 1264 | | | 【英・仏】アミアン裁定（ルイ9世がオクスフォード調停案の無効を宣言）。シモン・ド・モンフォールら挙兵［1.23］。<br>【英】リュイスの戦い。ヘンリ3世と王太子エドワードが捕虜となる［5.14］。 |
| 1265 | | | 【英・仏】イヴシャムの戦いでエドワードが勝利。シモン・ド・モンフォール戦死［8.4］。 |
| 1270 | | | 【仏】ルイ9世がエグ・モルトから十字軍に出発［7.2］。<br>【仏】ルイ9世がチュニスで死去［8.25］。 |
| | | フィリップ3世 | 【仏】フィリップ3世即位。 |
| 1271 | | | 【仏】アルフォンス・ド・ポワティエ死去［8.21］。 |
| 1272 | | | 【仏】アルフォンス・ド・ポワティエの財産が王領地へ回収［1.-］。<br>【英】ヘンリ3世死去［11.16］。 |
| | エドワード1世 | | 【英】エドワード1世即位。 |
| 1273 | | | 【英・仏】エドワード1世によるフィリップ3世への臣従礼［8.6］。<br>【英・仏】エドワード1世のガスコーニュ滞在（～1273年4月）。ベアルン副伯ガストンと対立［9.-］。<br>【英・仏】エドワード1世がガスコーニュで封建的諸権利（所領・義務）調査（～1275年）［9.-］。 |
| 1279 | | | 【英・仏】フィリップ3世とエドワード1世とによるアミアン和約締結。アジュネをアキテーヌ公に返還［4.23］。<br>【英】エドワード1世がポンテュ伯となる［5.-］。 |
| 1280 | | | 【仏・カ】フランスとカスティーリャの休戦協定（～1282年冬）［6.-］。 |

| 年 | 英王 | 仏王 | 出来事 |
|---|---|---|---|
| 1282 | エドワード1世 | フィリップ3世 | 【仏・ア】シチリアの晩鐘事件［3.30］。 |
| 1285 | | | 【仏・ア】アラゴン十字軍［5.-］。<br>【仏】フィリップ3世死去［10.5］。 |
| | | フィリップ4世 | 【仏】フィリップ4世即位。 |
| 1286 | | | 【英・仏】エドワード1世によるフィリップ4世への臣従礼［6.5］。<br>【英・仏】フィリップ4世がケルシーとサントンジュをアキテーヌ公（エドワード1世）に返還［8.-］。 |
| 1289 | | | 【英】エドワード1世がリブルヌ（ガスコーニュ）議会で公領統治機構の改革令を発布［5.19］。 |
| 1293 | | | 【英・仏】五港・バイヨンヌ連合船団とノルマンディ船団の敵対。ラ・ロシェル襲撃［5.15］。<br>【英・仏】フィリップ4世がエドワード1世にアキテーヌ公としてパリの高等法院（パルルマン）への出頭を要求［10.3］。 |
| 1294 | | | 【英・仏】フィリップ4世とエドマンド・オブ・ランカスターとによる秘密協定［1.2］。<br>【英・仏】エドワード1世の高等法院への出頭拒否［3.-］。<br>【英・仏】フィリップ4世が再びエドワード1世にアキテーヌ公として高等法院への出頭を要求［4.21］。<br>【英・仏】フィリップ4世がガスコーニュをはじめイングランド王の大陸所領の没収を宣言［5.19］。<br>【英・仏】エドワード1世が議会でフランスとの国交断絶を宣言、フランス王に対する忠誠宣誓を解消。ガスコーニュ戦争開戦［6.-］。<br>【英・フ】イングランドとフランドルとによるリエール条約［8.31］。<br>【英・ウ】第4次ウェールズ戦争始まる［9.30］。<br>【英・フ】リール条約（フランドル伯家とイングランド王家の婚約）。 |
| 1295 | | | 【仏・ア】アナーニ条約（フィリップ4世とアラゴンとの和平）［6.20］。<br>【仏・蘇】パリ条約。フランスとスコットランドの「古き同盟」の開始［10.23］。<br>【英】エドワード1世が模範議会を召集［11.27］。<br>【英・仏】シャルル・ド・ヴァロワによるガスコーニュ占領。 |
| 1296 | | | 【英・蘇】イングランド・スコットランド戦争始まる［3.-］。<br>【英・蘇】エドワード1世がスコットランド王ジョン・ベイリオルを廃位し、直接統治を開始［7.10］。 |
| 1297 | | | 【英・仏・フ】フランドル伯ギィ・ド・ダンピエールがフランス王フィリップ4世への封建誓約を破棄しイングランド王エドワード1世と同盟締結。<br>【英・仏・フ】英仏間でヴィヴ・サン・バヴォンの休戦協定が成立［10.9］。フランドルが孤立。<br>【英・アイ】アイルランドで議会開催。 |
| 1298 | | | 【英・仏】ローマ教皇ボニファティウス8世が英仏の調停を宣言［6.3］。<br>【英・蘇】エドワード1世がフォールカークの戦いでウィリアム・ウォレス率いるスコットランド軍を破る［7.22］。 |
| 1299 | | | 【英・仏】モントルイユ協定締結（フィリップ4世妹マルグリットとエドワード1世の結婚〈9月〉、およびフィリップ4世娘イザベルと王太子エドワードの結婚〈1308年1月〉）［6.19］。 |

| 年 | 英王 | 仏王 | 出来事 |
|---|---|---|---|
| 1302 | エドワード1世 | フィリップ4世 | 【仏】フィリップ4世が最初の全国三部会をパリに召集［4.10］。<br>【英・仏】ウェストミンスターで議会開催。フランスとの和平案を検討［7.1］。<br>【仏】仏軍がブルッヘ民兵にコルトレイクで敗北［7.11］。<br>【仏・ア】カルタベロッタ条約（シチリア領有戦争の終結）［8.19］。<br>【仏】フィリップ4世がローマに使者派遣するもローマ教皇は調停を拒否［11.8］。 |
| 1303 | | | 【仏】ボニファティウス8世がフィリップ4世を破門し、聖務停止［4.13］。<br>【英・仏】パリ条約（1294～97年にフィリップ4世が得た領地をエドワード1世に返還。王太子エドワードとイザベル・ド・フランスの婚約）［5.2］。<br>アナーニ事件［9.7］。 |
| 1304 | | | 【仏・フ】モン・サン・ペヴェールの戦い（フランスがフランドルに勝利）［8.18］。 |
| 1305 | | | ボルドー大司教ベルトラン・ド・ゴが教皇クレメンス5世として即位（～1314年）［6.5］。<br>【仏・フ】アティス・シュル・オルジュ条約（フィリップ4世がフランドル伯と和平）［6.23］。 |
| 1306 | | | 【英・仏】モントルイユ交渉。<br>【英・蘇】ロバート・ブルースがスコットランド王を宣言（ロバート1世）。 |
| 1307 | | | 【英】エドワード1世がスコットランド遠征中に陣没［7.7］。 |
| | エドワード2世 | | 【英】エドワード2世即位。 |
| 1308 | | | 【英・仏】エドワード2世がフランス王フィリップ4世へ臣従礼。エドワード2世がフィリップ4世の娘イザベルと婚姻［1.25］。 |
| 1309 | | | 【仏】クレメンス5世以降、教皇がアヴィニョンに定住するようになる。<br>【仏・フ】アティス・シュル・オルジュ条約批准。 |
| 1311 | | | 【英・仏】ペリグー交渉。 |
| 1313 | | | 【仏・フ】フランドル問題。アラスの会談で交渉決裂。1314年11月29日に和平［11.3］。 |
| 1314 | | | 【英・蘇】バノックバーンの戦い。エドワード2世がスコットランド王ロバート・ブルース1世に大敗北を喫する［6.23-24］。<br>【仏】各地でフランドル戦費負担に抵抗する「封建同盟」結成（～1315年）。<br>【仏】フィリップ4世死去［11.3］。 |
| | | ルイ10世 | 【仏】ルイ10世即位［11.3］。 |
| 1315 | | | 【仏・フ】フランス、フランドルへ侵攻するも失敗。 |
| 1316 | | | 【仏】ルイ10世死去［6.5］。<br>【仏】アヴィニョン教皇にヨハンネス22世が即位［8.7］。 |
| | | ジャン1世 | 【仏】ジャン1世が即位するもすぐに死去［11.14］。 |
| | | フィリップ5世 | 【仏】フィリップ5世即位［11.20］。 |
| 1320 | | | 【仏・フ】フランスとフランドルの講和。<br>【英・仏】エドワード2世がフィリップ5世に臣従礼［6.30］。<br>【英】エドワード2世がヒュー・ディスペンサー父子を重用。 |
| 1322 | | | 【仏】フィリップ5世死去［1.3］。 |

| 年 | 英王 | 仏王 | 出来事 |
|---|---|---|---|
| 1322 | エドワード2世 | シャルル4世 | 【仏】シャルル4世即位。<br>【英・蘇】エドワード2世のスコットランド遠征。 |
| 1323 | | | 【英・蘇】イングランドとスコットランドの休戦。<br>【英・仏・フ】フランドル全域での反乱に際し、ブルッヘ市長ウィレム・デ・デーケンがイングランドと結ぶ（～1328年）。<br>【英・仏】サン・サルドスのバスティード焼き討ち事件［10.15］。 |
| 1324 | | | 【英・仏】サン・サルドス事件で、ガスコーニュをカペー家が没収。サン・サルドス戦争開戦。 |
| 1325 | | | 【英・仏】エドワード2世妃イザベルによるパリでの和平交渉。王太子エドワードがアキテーヌ公としてシャルル4世に臣従礼［9.24］。 |
| 1326 | | | 【仏・蘇】コルベイユ条約（フランスとスコットランドの攻守同盟）［4.-］。<br>【仏・フ】アルクの和約成立［4.19］。<br>【英・フ】イザベラとモーティマーがフランドル傭兵を伴いイングランド上陸［9.27］。 |
| 1327 | エドワード3世 | | 【英】エドワード2世廃位［1.20］。<br>【英】エドワード3世即位［1.25］。 |
| 1328 | | | 【仏】シャルル4世死去［2.1］。 |
| | | フィリップ6世 | 【仏】フィリップ6世即位。ヴァロワ朝の開始［4.1］。<br>【英・蘇】エディンバラ・ノーサンプトン条約批准。スコットランドの独立確定［5.4］。<br>【仏・フ】フランスがカッセルの戦いでフランドルに勝利［8.23］。<br>【仏・ナ】エヴルー朝ナバラ王国成立。 |
| 1329 | | | 【英・仏】エドワード3世がフィリップ6世に臣従礼［6.6］。 |
| 1330 | | | 【英】エドワード3世による親政開始［10.20］。<br>【英・仏】ボワ・ド・ヴァンセンヌの交渉［5.-］。<br>【英・仏】エドワード3世が先にフィリップ6世へ行った臣従礼を優先的臣従礼と承認。 |
| 1333 | | | 【英・蘇】ハリドン・ヒルの戦い。エドワード3世がエドワード・ベイリオル（1332年よりスコットランド王位を僭称）を擁護してスコットランド軍に大勝［7.19］。 |
| 1334 | | | 【仏・蘇】フィリップ6世がスコットランド王デイヴィッド2世の亡命を受け入れ［5.-］。<br>【英・蘇】エドワード・ベイリオルがエドワード3世にスコットランド南部地域を割譲し、スコットランド王として忠誠を誓約［6.19］。<br>【英・仏】エドワード3世がロベール・ダルトワの亡命を受け入れ。 |
| 1336 | | | 【英・仏】エドワード3世がロベール・ダルトワのフランスへの引き渡しを拒否。<br>【仏・カ】フランス・カスティーリャ同盟成立。<br>【英・フ】羊毛の取引停止によるイングランド・フランドル間の経済紛争。 |
| 1337 | | | 【英・仏】フィリップ6世がアキテーヌ公領の没収を宣告［5.24］。エドワード3世が議会でフィリップ6世との封建関係解消［10.-］。 |

| 年 | 英王 | 仏王 | 出来事 |
|---|---|---|---|
| 1337 | エドワード3世 | フィリップ6世 | 【英・仏・フ】フランドル伯ルイ・ド・ヌヴェールがフランスへ逃亡後、ヘントのヤーコプ・ファン・アルテフェルデがイングランドと同盟。<br>【英・仏】エドワード3世がピカルディ地方を蹂躙するも決戦に至らず撤退[9.-]。<br>【英・仏・フ】羊毛の取引停止が解消され、ヘントに入ったエドワード3世がフランス王を宣言。 |
| 1340 | | | 【英・仏】スロイス海戦でフランス軍が敗戦。制海権がイングランドへ移る[6.24]。<br>【英・仏】サントンジュに英軍が集まる（～1345年）。 |
| 1341 | | | 【仏・蘇】スコットランド王デイヴィッド2世が亡命先のフランスから帰国[6.2]。 |
| 1343 | | | 【英】ノルマンディの貴族ジョフロワ・ダルクールの反乱。イングランドに逃亡。 |
| 1345 | | | 【英】ジョフロワ・ダルクールのエドワード3世への臣従礼。 |
| 1346 | | | 【英・仏】英軍がコタンタン半島に上陸[7.12]。<br>【英・仏】英軍によるカーン占領[7.31]。<br>【英・仏・フ】クレシーの戦い。英軍勝利。ボヘミア王、フランドル伯、アランソン伯戦死[8.26]。フランドル伯ルイ・ド・ヌヴェールも戦死。<br>【英・仏】英軍がポワトゥ地方に侵入しリュジニャンを攻囲[9.3]。<br>【英・仏】イングランド国王代理のダービー伯率いる英軍がアングモワのオブテールとシャトーヌフを占領[9.12-21]。<br>【英・仏】英軍がサントンジュのサン＝ジャン＝ダンジェリを占拠[9.29]。<br>【英・仏】英軍がポワティエに侵入し略奪する[10.4]。<br>【英・蘇】ネヴィルズ・クロスの戦い。スコットランド王デイヴィッド2世がイングランドの捕虜となる[10.17]。<br>【英・仏】カレー開城。<br>黒死病がイタリアに上陸。翌年フランスに伝播、翌々年イングランドに広まり、全欧に大流行。休戦（～1355年）。 |
| 1348 | | | 【英・仏・フ】フランドル伯ルイ・ド・マルが、イングランド王とダンケルクの和を結び、内乱状態のフランドルを鎮圧（～1349年）。 |
| 1349 | | | 【仏・ナ】ナバラ女王フアナ（ジャンヌ）死去。ナバラ王エブルー伯カルロス（シャルル）2世即位[12.6]。 |
| 1350 | | | 【仏】フィリップ6世死去[8.22]。 |
| | | ジャン2世 | 【仏】ジャン2世即位。 |
| 1351 | | | 【英･仏】ジャン2世によるリュジニャンとサン＝ジャン＝ダンジェリ奪還[5.-]。 |
| 1354 | | | 【英・仏】ギーヌで和平交渉が行われるも決裂[4.-]。 |
| 1355 | | | 【英・仏】ランカスター伯がシェルブールに上陸[8.-]。<br>【英・仏】エドワード黒太子がボルドーに上陸[9.-]。<br>【仏・フ】ジャン2世がフランドル伯家との縁組を求め、帝国領フランドルの伯支配下への編入を認める。 |
| 1356 | | | 【英・仏】ポワティエの戦い。英軍が大勝しジャン2世が捕虜となる[9.19]。<br>【仏】パリでラングドイル三部会開催[1.-]。 |

| 年 | 英王 | 仏王 | 出　来　事 |
|---|---|---|---|
| 1356 | エドワード3世 | ジャン2世 | 【仏】ジョフロワ・ダルクール死去［11］。<br>【仏・フ】フランドル伯家の娘マルグリットが、ブルゴーニュ公フィリップ・ド・ルーヴルと結婚。 |
| 1357 | | | 【仏】パリ暴動。<br>【英・仏】英仏間で休戦協定締結［3.23］。<br>【英・蘇】スコットランド王デイヴィッド2世がイングランドでの捕囚状態から解放［10.-］。 |
| 1358 | | | 【仏】ジャクリーの乱勃発［5.-］。<br>【仏】エティエンヌ＝マルセルの乱勃発［2.22］。<br>【英・仏】第一ロンドン条約［5.8］。 |
| 1359 | | | 【英・仏】第二ロンドン条約［3.29］。 |
| 1360 | | | 【英・仏】ブレティニ・カレー条約。ジャン2世が解放される［5.8］。 |
| 1361 | | | 【仏】マルグリットの夫、ブルゴーニュ公フィリップ・ド・ルーヴルが死去。<br>【英・仏】英委任官のジョン・チャンドスとフランス王委任官たちとの会合［7.7］。 |
| 1364 | | | 【英・仏・フ】ドーヴァー条約（フランドル伯の娘マルグリットとイングランド王の息子の婚約がなされるも、フランス王家が教皇庁を巻き込んでこれを阻止）。<br>【仏】ジャン2世死去。 |
| | | シャルル5世 | 【仏】シャルル5世即位。<br>【英・仏】エドワード黒太子がポワティエのコミューンにあらゆる諸特権を認める［2.-］。 |
| 1366 | | | 【アイ】キルケニー法制定。 |
| 1367 | | | 【英・カ】ナヘラの戦い（ペドロ1世とエドワード黒太子がエンリケに勝利）［4.3］。 |
| 1369 | | | 【英・仏】シャルル5世がエドワード3世に対して再び戦端を開く。<br>【仏・フ】フランドル伯の娘マルグリットがブルゴーニュ公フィリップ・ル・アルディと結婚。 |
| 1370 | | | 【仏】ポワティエでジャン・ボシェ主導の暴動が起こる［8.-］。 |
| 1371 | | | 【英・フ】イングランドによる経済的報復とフランドルによる再報復。 |
| 1372 | | | 【英・カ】エンリケ2世がラ・ロシェルに艦隊を派遣しイングランド艦隊を破る。<br>【英・仏】ポワティエのイングランド守備部隊が仏兵及び都市住民に襲撃され降伏［8.8］。<br>【英・仏】シュルジェール協定［9.18］。<br>【英・仏】仏軍がトゥアール解放［11.3］。 |
| 1377 | | | 【英】エドワード3世死去。 |
| | リチャード2世 | | 【英】リチャード2世即位。 |
| 1378 | | | 【英・仏・フ】ヘントがフランドル伯に反乱を起こす。 |
| 1380 | | | 【仏】シャルル5世死去。 |

| 年 | 英王 | 仏王 | 出来事 |
|---|---|---|---|
| 1380 | リチャード2世 | シャルル6世 | 【仏】シャルル6世即位。 |
| 1381 | | | 【英】ワット・タイラーの乱［6.7］。 |
| 1383 | | | 【英・フ】英軍がイープルを包囲するも失敗。 |
| 1385 | | | 【英・仏・フ】トゥルネ条約でヘントの反乱終結。イングランドとフランドル都市の同盟が放棄される。 |
| 1388 | | | 【英・カ】フアン1世がランカスター公ジョンとバイヨンヌ条約締結［2.-］。<br>【英・仏】英仏間で部分的休戦協定締結［8.-］。 |
| 1389 | | | 【英・仏】英仏間で全面的休戦協定締結［6.-］。 |
| 1396 | | | 【英・仏】パリで1426年までの全面的休戦協定締結［3.9］。<br>【英・仏・フ】英仏間で休戦協定が成立。<br>【英・仏】リチャード2世とシャルル6世の娘イザベルとの婚姻［3.12］。 |
| 1399 | | | 【英】リチャード2世が王位を追われる。 |
| | ヘンリ4世 | | 【英】ヘンリ4世即位。 |
| 1406 | | | 【英・蘇】スコットランド王ジェイムズ1世がフランスへ渡る途中でイングランドの捕虜となる［3.-］。 |
| 1407 | | | 【英・仏・フ】イングランドとフランドル双方における商業的権利を保障する協定成立。 |
| 1411 | | | 【英・仏】ブルゴーニュ公ジャン・サン・プールがイングランド王ヘンリ4世に軍事的援助を要求［7.-］。 |
| 1413 | | | 【英】ヘンリ4世死去。 |
| | ヘンリ5世 | | 【英】ヘンリ5世即位。 |
| 1414 | | | コンスタンツ公会議。 |
| 1415 | | | 【英・仏】ヘンリ5世がノルマンディに上陸［8.14］。<br>【英・仏】アルフルール陥落［9.22］。<br>【英・仏】アザンクールの戦い［10.3］。 |
| 1417 | | | 【英・仏】ヘンリ5世がノルマンディに再上陸。カーン、アランソン、シェルブール、エヴルーが陥落［8.-］。 |
| 1419 | | | 【英・仏】ルーアンが英軍により陥落［1.19］。<br>【英・仏】ヴェルノン、マント、ムーランが英軍に服従［2.1］。<br>【英・仏】ポントワーズで英軍に降伏［7.31］。<br>【英・仏・フ】ブルゴーニュ公ジャン・サン・プールの暗殺［9.1］。ブルゴーニュ家とイングランド王家との同盟。 |
| 1420 | | | 【英・仏】トロワの和約［5.21］。カトリーヌとヘンリ5世の結婚［6.2］。 |
| 1421 | | | 【英・仏・蘇】ボージェの戦い。仏王太子軍とスコットランド軍が英軍を破る。クラレンス公死去［3.22］。 |
| 1422 | | | 【英】ヘンリ5世死去［8.31］。 |
| | ヘンリ6世 | | 【仏】シャルル6世死去。ヘンリ6世即位［10.2］。 |
| | | シャルル7世 | 【仏】王太子シャルル（シャルル7世）がフランス王位継承を宣言［10.3］。 |
| 1424 | | | 【英・蘇】スコットランド王ジェイムズ1世がイングランドによる捕囚状態から解放、帰国［4.-］。 |

| 年 | 英王 | 仏王 | 出来事 |
|---|---|---|---|
| 1424 | ヘンリ6世 | シャルル7世 | 【英・仏・蘇】ヴェルヌイユの戦い。イングランド、ブルゴーニュ軍が王太子シャルル軍とスコットランド軍を破る［8.17］。<br>【仏】シャンベリの協定（王太子シャルルとブルゴーニュ公の和睦）［9.24］。 |
| 1425 | | | 【英・仏】ル・マンが英軍に降伏［8.1］。<br>【英・フ】ブルゴーニュ公フィリップ・ル・ボンと、ジャクリーヌ・ド・バヴィエールとの間でネーデルラント継承戦争が勃発。その夫グロスター公ハンフリーも参戦（～1428年）。 |
| 1428 | | | 【仏・フ】ブルゴーニュ公フィリップ・ル・ボンがホラント、ゼーラント、エノーを獲得［7.3］。<br>【英・仏】英軍によるオルレアン包囲［10.7］。<br>【英】ボーフォート枢機卿がボヘミアのフス派への攻撃を計画［11.-］。 |
| 1429 | | | 【英・仏】ジャンヌ・ダルクによるオルレアン解放。英軍の退避［5.8］。<br>【英・仏】ジャンヌ・ダルクがパテーの戦いでトールボット率いる英軍を破る［6.18］。<br>【英・仏】ボーフォート枢機卿の十字軍を対仏戦へ移す計画をたてる［7.1］。<br>【仏】王太子シャルル（シャルル7世）がランスで戴冠［7.17］。 |
| 1430 | | | 【英・仏】ジャンヌ・ダルクがコンピエーニュでブルゴーニュ軍に捕えられる［5.23］。<br>【英・仏】ボーフォート枢機卿がヘンリ6世とともにカレーに到着［4.-］。 |
| 1431 | | | 【仏】ジャンヌ・ダルクがルーアンで火刑に処される［5.3］。<br>【英】ヘンリ6世がノートル・ダムでフランス王として戴冠［12.2］。 |
| 1434 | | | 【英・仏】英軍がノルマンディ反乱を鎮圧［2.9］。 |
| 1435 | | | 【仏】アラスの和約（シャルル7世とブルゴーニュ公フィリップ・ル・ボンの和解）［9.21］。 |
| 1436 | | | 【英・仏】シャルル7世がパリを奪還［4.13］。<br>【英・仏・フ】カレーの包囲戦の失敗。<br>【フ】ブルッヘの反乱（～1438年）。 |
| 1438 | | | 【仏】ブールジュの告示勅書。教会監督権宣言［7.7］。 |
| 1439 | | | 【仏】オルレアンで全国三部会開催［11.-］。<br>【英・フ】カレーの和約によりイングランドとの商業関係の回復。 |
| 1440 | | | 【仏】プラグリーの乱（王太子ルイの反抗）［2.-］。 |
| 1443 | | | 【仏】ジャック・クールが顧問会議に入る。 |
| 1444 | | | 【英・仏】トゥールの和約（英仏2年間休戦）［5.28］。 |
| 1445 | | | 【仏】勅令部隊設置［5.2］。 |
| 1448 | | | 【英・仏】ラヴァルダン条約（メーヌをフランス王に返還）［3.11］。<br>【英・仏】英仏和平交渉を行うも失敗［3.16］。<br>【仏】自由弓兵部隊創設［4.28］。 |
| 1449 | | | 【英・仏】英仏戦争再開。ブルターニュ占領［3.-］。<br>【英・仏】仏軍によるルーアン奪還［10.3］。 |
| 1450 | | | 【英・仏】仏軍のノルマンディ侵入。フォルミニの戦い［4.15］。 |

| 年 | 英王 | 仏王 | 出　来　事 |
|---|---|---|---|
| 1451 | ヘンリ6世 | シャルル7世 | 【仏】ジャック・クールが公金横領の廉で逮捕される［7.31］。 |
| 1452 | | | 【英・仏】トールボットが対ガスコーニュ遠征を行いガスコーニュの大半を回復［10.2］。 |
| 1453 | | | 【英・仏】仏軍がカスティヨンの戦いでギュイエンヌ奪回。トールボット戦死［7.17］。 |
| | | | 【英】ヘンリ6世が精神疾患に見舞われる［8.-］。 |
| | | | 【英・仏】ボルドー市がフランス軍に降伏。百年戦争の終結［10.2］。 |
| 1455 | | | 【英】セント・オールバンズの戦い［5.21］。バラ戦争開始（～1485年）。 |
| 1456 | | | 【仏】ジャンヌ・ダルクの復権裁判［7.7］。 |
| | | | 【仏】王太子ルイと父王シャルル7世との対立［8.3］。 |
| 1460 | | | 【英】ウェイクフィールドの戦い［12.30］。 |
| 1461 | エドワード4世 | | 【英】エドワード4世即位［3.4］。ヨーク朝の開始。 |
| | | | 【仏】シャルル7世死去［7.22］。 |
| | | ルイ11世 | 【仏】ルイ11世即位。 |
| 1462 | | | 【英・仏】ルイ11世のもとをマーガレット・オブ・アンジューが訪問［4.-］。 |
| 1463 | | | 【英】マーガレット・オブ・アンジューがブリテン島を離れエクリューズへ避難［8.-］。 |
| | | | 【仏】ルイ11世がブルゴーニュ公フィリップ・ル・ボンからソンム川流域を購入。 |
| 1465 | | | 【仏】公益同盟戦争［3.-］。 |
| | | | 【英】ヘンリ6世のロンドン塔収監。 |
| | | | 【仏】コンフランの和約［10.5］。 |
| 1467 | | | 【仏】ブルゴーニュ公フィリップ・ル・ボン死去。シャルル・ル・テメレールが公位継承［7.15］。 |
| 1468 | | | 【仏】トゥール全国三部会開催［4.6］。 |
| | | | 【英・仏・フ】ブルゴーニュ公シャルル・ル・テメレールとヨーク家のマーガレットの結婚［7.3］。 |
| | | | 【英・仏・フ】アンスニ条約（国王とブルターニュ公との相互扶助条約）［9.10］。ブルターニュ公はイングランド国王とブルゴーニュ公との同盟を破棄。 |
| | | | 【仏】ペロンヌ条約（国王とブルゴーニュ公との相互扶助条約）［10.14］。 |
| 1469 | | | 【英】エッジコトの戦い［7.26］。 |
| | | | 【仏】サン＝ミシェル騎士団創設［8.1］。 |
| | | | 【英・仏】ルイ11世、ウォリック伯、マーガレット・オブ・アンジューとの同盟［7.25］。 |
| | | | 【英・仏】エドワード4世とブルゴーニュ公シャルル・ル・テメレールとの同盟。 |
| 1470 | | | 【英】エドワード4世亡命。 |
| | ヘンリ6世 | | 【英】ヘンリ6世復位［10.6］。 |
| 1471 | | | 【英】バーネットの戦い［4.14］。テュークスベリーの戦い［5.4］。 |
| | | | 【英】ヘンリ6世死去。 |

| 年 | 英王 | 仏王 | 出来事 |
|---|---|---|---|
| 1471 | エドワード4世 | ルイ11世 | 【英】エドワード4世復位［4.11］。 |
| 1472 | | | 【仏】王弟シャルル死去［5.24］。<br>【仏】ルイ11世がブルゴーニュ公シャルル・ル・テメレールと和解［11.3］。 |
| 1474 | | | 【仏】スイス諸都市によるコンスタンツ同盟［4.4］。ブルゴーニュ戦争開始。<br>【英・仏】ブルゴーニュ公シャルル・ル・テメレールとエドワード4世との協定。 |
| 1475 | | | 【仏】ルイ11世がアルトワ・エノーに進攻［5.-］。<br>【英・仏】エドワード4世がカレーに上陸［7.6］。<br>【英・仏】ピキニー条約（エドワード4世とルイ11世との休戦協定）［8.29］。 |
| 1476 | | | 【仏】グランソンの戦い［3.2］。ブルゴーニュ公軍がスイス同盟に敗北。 |
| 1477 | | | 【仏】ブルゴーニュ公シャルルがナンシーで戦死［1.5］。ルイ11世がブルゴーニュ公領、ピカルディを併合。 |
| 1480 | | | 【仏】アンジュー公ルネ死去［7.10］。ルイ11世がアンジュー公領を併合。 |
| 1481 | | | 【仏】メーヌ公シャルル死去［12.11］。ルイ11世がメーヌ伯領とプロヴァンス伯領を併合。 |
| 1482 | | | 【仏】アラス条約（オーストリア大公マクシミリアンがフランス王のピカルディ領有を承認）［12.23］。<br>【英】エドワード4世死去［4.9］。 |
| | エドワード5世 | | 【英】エドワード5世即位。その後、すぐに王位喪失。 |
| | リチャード3世 | | 【英】リチャード3世即位［6.26］。 |
| 1483 | | | 【仏】ルイ11世死去［8.30］。 |
| | | シャルル8世 | 【仏】シャルル8世即位。 |
| 1484 | | | 【仏】トゥールで全国三部会開催［1.5］。<br>【仏】摂政アンヌ・ド・ボージューによる国政開始。 |
| 1485 | | | 【仏】道化戦争［1.-］。<br>【英】ボズワースの戦い［8.22］。リチャード3世死去。 |
| | ヘンリ7世 | | 【英】ヘンリ7世即位。テューダー朝の開始。 |
| 1486 | | | 【英】ヘンリ7世がヨーク家のエリザベスと結婚［1.18］。 |
| 1488 | | | 【仏】フランス国王軍がオルレアン公ルイ軍を破撃［7.27］。 |
| 1488 | | | 【仏】ブルターニュ公フランソワ2世死去［9.9］。 |
| 1491 | | | 【仏】シャルル8世がブルターニュ公女アンヌと結婚［12.13］。 |
| 1492 | | | 【英・仏】エタープル条約（シャルル8世とヘンリ7世との和解）［11.3］。 |
| 1494 | | | 【アイ】ポイニングス法のはじまり。 |

# 英仏王朝系図

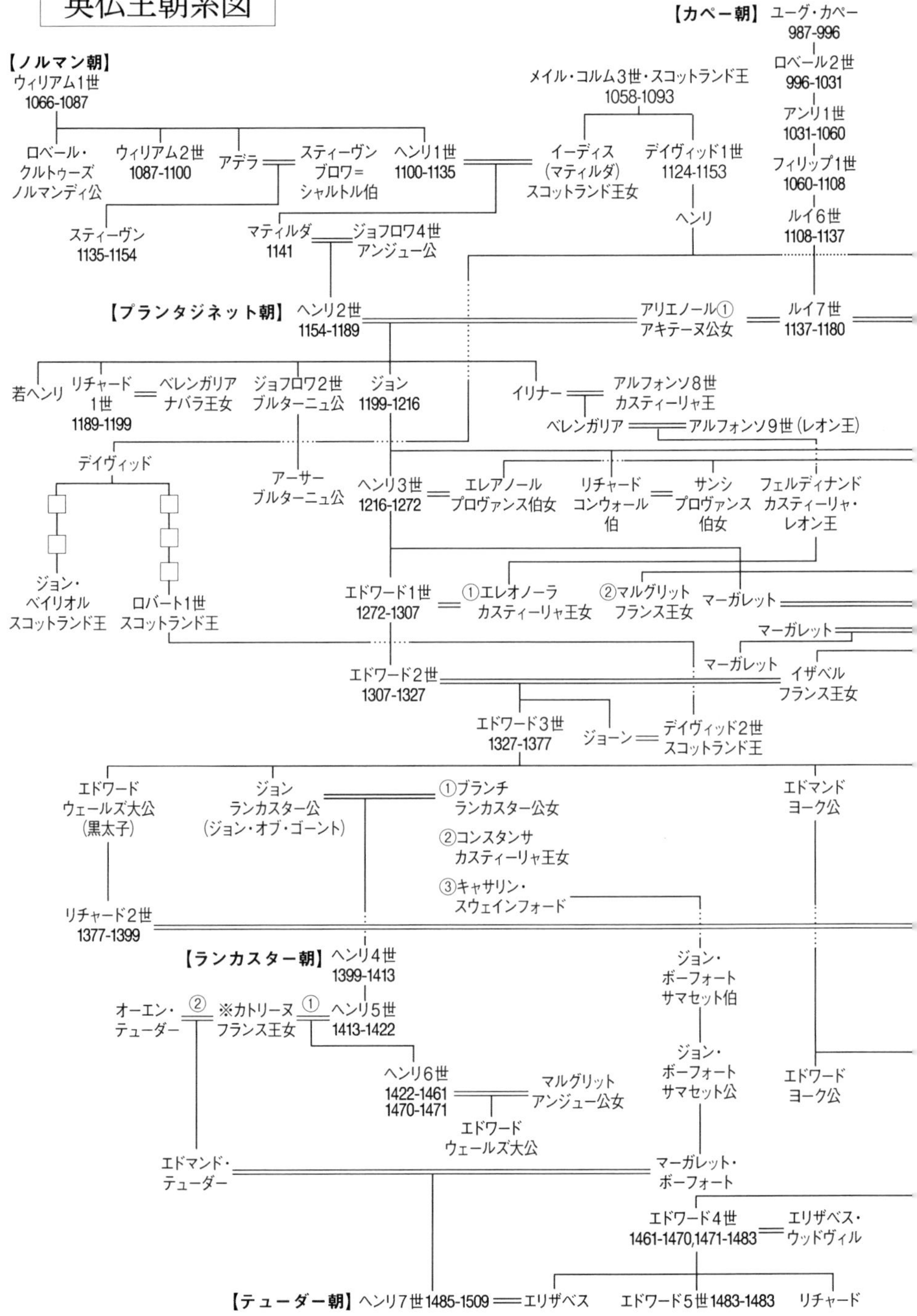
【ノルマン朝】
ウィリアム1世
1066-1087
ロベール・
クルトゥーズ
ノルマンディ公
ウィリアム2世
1087-1100
アデラ
スティーヴン
ブロワ=
シャルトル伯
ヘンリ1世
1100-1135
スティーヴン
1135-1154
マティルダ
1141
ジョフロワ4世
アンジュー公
メイル・コルム3世・スコットランド王
1058-1093
イーディス
(マティルダ)
スコットランド王女
デイヴィッド1世
1124-1153
ヘンリ
【カペー朝】
ユーグ・カペー
987-996
ロベール2世
996-1031
アンリ1世
1031-1060
フィリップ1世
1060-1108
ルイ6世
1108-1137
【プランタジネット朝】
ヘンリ2世
1154-1189
アリエノール①
アキテーヌ公女
ルイ7世
1137-1180
若ヘンリ
リチャード
1世
1189-1199
ベレンガリア
ナバラ王女
ジョフロワ2世
ブルターニュ公
ジョン
1199-1216
イリナー
アルフォンソ8世
カスティーリャ王
ベレンガリア
アルフォンソ9世(レオン王)
デイヴィッド
ジョン・
ベイリオル
スコットランド王
ロバート1世
スコットランド王
アーサー
ブルターニュ公
ヘンリ3世
1216-1272
エレアノール
プロヴァンス伯女
リチャード
コンウォール
伯
サンシ
プロヴァンス
伯女
フェルディナンド
カスティーリャ・
レオン王
エドワード1世
1272-1307
①エレオノーラ
カスティーリャ王女
②マルグリット
フランス王女
マーガレット
マーガレット
マーガレット
イザベル
フランス王女
エドワード2世
1307-1327
エドワード3世
1327-1377
ジョーン
デイヴィッド2世
スコットランド王
エドワード
ウェールズ大公
(黒太子)
ジョン
ランカスター公
(ジョン・オブ・ゴーント)
①ブランチ
ランカスター公女
②コンスタンサ
カスティーリャ王女
③キャサリン・
スウェインフォード
エドマンド
ヨーク公
リチャード2世
1377-1399
【ランカスター朝】
ヘンリ4世
1399-1413
ジョン・
ボーフォート
サマセット伯
オーエン・
テューダー
②
※カトリーヌ
フランス王女
①
ヘンリ5世
1413-1422
ヘンリ6世
1422-1461
1470-1471
マルグリット
アンジュー公女
エドワード
ウェールズ大公
ジョン・
ボーフォート
サマセット公
エドワード
ヨーク公
エドマンド・
テューダー
マーガレット・
ボーフォート
エドワード4世
1461-1470,1471-1483
エリザベス・
ウッドヴィル
【テューダー朝】
ヘンリ7世 1485-1509
エリザベス
エドワード5世 1483-1483
リチャード

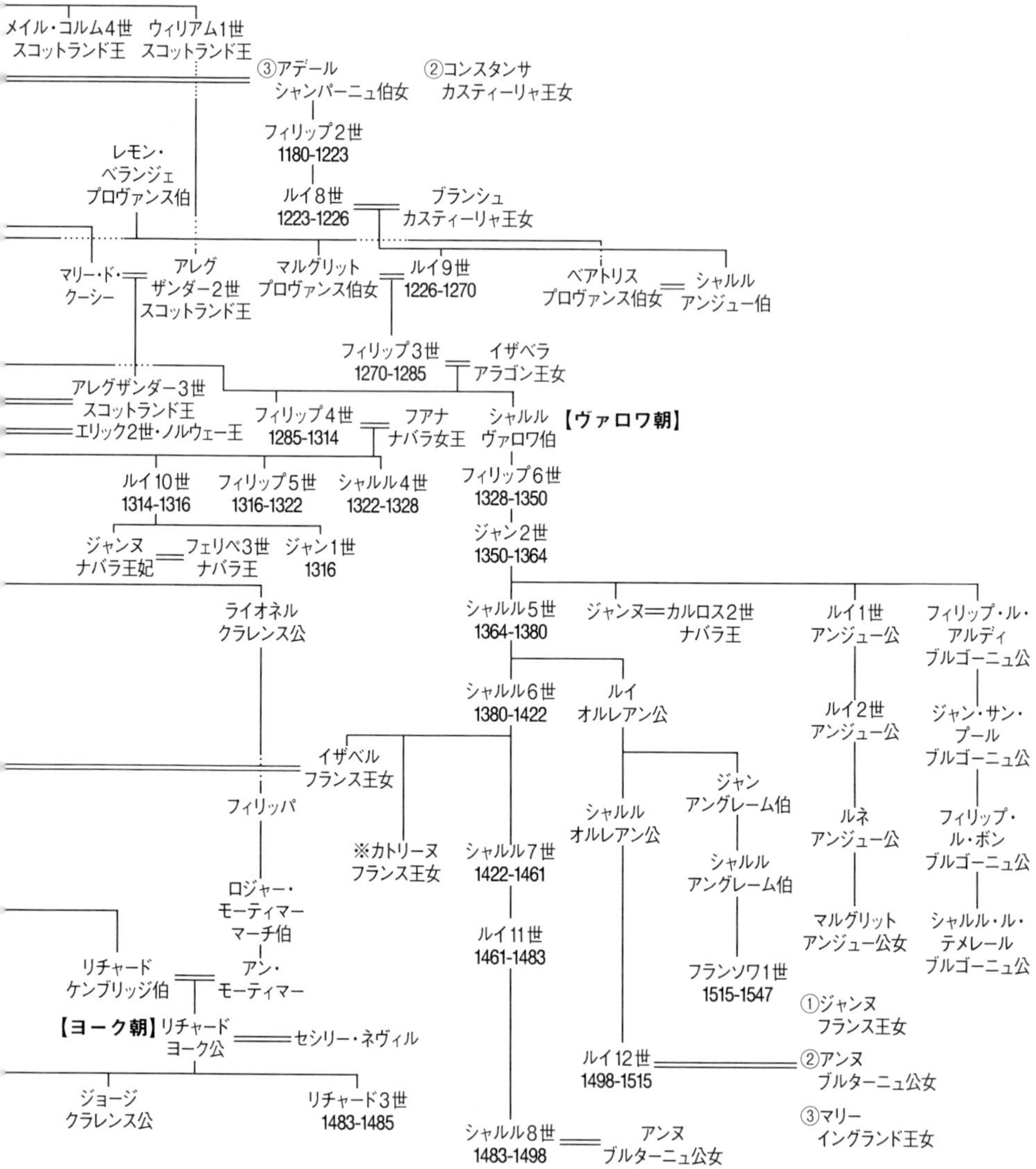
メイル・コルム4世
スコットランド王
ウィリアム1世
スコットランド王
③アデール
シャンパーニュ伯女
②コンスタンサ
カスティーリャ王女
フィリップ2世
1180-1223
レモン・
ベランジェ
プロヴァンス伯
ルイ8世
1223-1226
ブランシュ
カスティーリャ王女
マリー・ド・
クーシー
アレグ
ザンダー2世
スコットランド王
マルグリット
プロヴァンス伯女
ルイ9世
1226-1270
ベアトリス
プロヴァンス伯女
シャルル
アンジュー伯
フィリップ3世
1270-1285
イザベラ
アラゴン王女
アレグザンダー3世
スコットランド王
エリック2世・ノルウェー王
フィリップ4世
1285-1314
フアナ
ナバラ女王
シャルル
ヴァロワ伯
【ヴァロワ朝】
ルイ10世
1314-1316
フィリップ5世
1316-1322
シャルル4世
1322-1328
フィリップ6世
1328-1350
ジャンヌ
ナバラ王妃
フェリペ3世
ナバラ王
ジャン1世
1316
ジャン2世
1350-1364
ライオネル
クラレンス公
シャルル5世
1364-1380
ジャンヌ
カルロス2世
ナバラ王
ルイ1世
アンジュー公
フィリップ・ル・
アルディ
ブルゴーニュ公
シャルル6世
1380-1422
ルイ
オルレアン公
ルイ2世
アンジュー公
ジャン・サン・
プール
ブルゴーニュ公
イザベル
フランス王女
ジャン
アングレーム伯
フィリッパ
シャルル
オルレアン公
ルネ
アンジュー公
フィリップ・
ル・ボン
ブルゴーニュ公
※カトリーヌ
フランス王女
シャルル7世
1422-1461
シャルル
アングレーム伯
ロジャー・
モーティマー
マーチ伯
ルイ11世
1461-1483
マルグリット
アンジュー公女
シャルル・ル・
テメレール
ブルゴーニュ公
リチャード
ケンブリッジ伯
アン・
モーティマー
フランソワ1世
1515-1547
①ジャンヌ
フランス王女
【ヨーク朝】
リチャード
ヨーク公
セシリー・ネヴィル
ルイ12世
1498-1515
②アンヌ
ブルターニュ公女
ジョージ
クラレンス公
リチャード3世
1483-1485
③マリー
イングランド王女
シャルル8世
1483-1498
アンヌ
ブルターニュ公女

## 〈編著者紹介〉

**朝治啓三**（あさじ・けいぞう）　はしがき、総説、終章執筆
関西大学名誉教授。京都大学大学院文学研究科博士課程単位取得退学。博士（文学）。著書：『シモン・ド・モンフォールの乱』（単著。京都大学学術出版会、二〇〇三年）、『西洋の歴史基本用語集 古代・中世編』（編著。ミネルヴァ書房、二〇〇八年）、『西欧中世史（下）』（編著。ミネルヴァ書房、一九九五年）ほか。

**渡辺節夫**（わたなべ・せつお）　第三章、あとがき執筆
青山学院大学名誉教授。東京大学大学院人文科学研究科修士課程修了。第三期博士（パリ第一大学）。著書：『フランス中世政治権力構造の研究』（単著。東京大学出版会、一九九二年）、『フランスの中世――王と貴族たちの軌跡』（単著。吉川弘文館、二〇〇六年）、『ヨーロッパ中世社会における統合と調整』（編著。創文社、二〇一一年）ほか。

**加藤　玄**（かとう・まこと）　第四章、第五章、第一四章執筆
日本女子大学文学部史学科教授。東京大学大学院人文社会系研究科博士課程満期退学。博士（文学）。著書：『〈帝国〉で読み解く中世ヨーロッパ――英独仏関係史から考える』（共編著。ミネルヴァ書房、二〇一七年）、『移動者の中世――史料の機能、日本とヨーロッパ』（共著。東京大学出版会、二〇一七年）ほか。

## 〈執筆者紹介〉（執筆順）

**中村敦子**（なかむら・あつこ）　第一章執筆
愛知学院大学文学部教授。京都大学大学院文学研究科博士後期課程西洋史学専攻修了。博士（文学）。論文：「11世紀前半のノルマンディー公と副伯ゴツ家」『西洋史学』第190号（一九九八年）、「バトル修道院年代記にみられる証書の利用」『史林』第86巻第3号（二〇〇三年）、「チェスター伯レナルフ2世の修道院建立と寄進」『豊田工業高等専門学校研究紀要』第42号（二〇〇九年）ほか。

**轟木広太郎**（とどろき・こうたろう）　第二章執筆
ノートルダム清心女子大学文学部教授。京都大学大学院文学研究科博士後期課程西洋史学専攻研究指導認定退学。著書・論文：『戦うことと裁くこと――中世フランスの紛争・権力・真理』（昭和堂、二〇一一年）、「紛争のなかの教会――中世フランドルの聖人伝から」『史林』第82巻第2号（一九九九年）ほか。

**横井川雄介**（よこいがわ・ゆうすけ）　第五章執筆
関西大学大学院文学研究科史学専攻西洋史専修博士課程後期課程修了。著書・論文：朝治啓三、渡辺節夫、加藤玄編著『〈帝国〉で読み解く中世ヨーロッパ――英独仏関係史から考える』（共著。ミネルヴァ書房、二〇一七年）、「13世紀後半のガスコーニュにおける上訴問題と現地領主の上級領主観――パリ高等法院への上訴の考察を中心に」『史泉』第107号（二〇〇八年）、「14世紀初頭のガスコーニュにおける上訴と請願――上訴人となりうる現地勢力の動向からの考察」『歴史家協会年報』第4号（二〇〇八年）ほか。

**花房秀一**（はなふさ・しゅういち）　第六章執筆
中央学院大学法学部准教授。青山学院大学大学院文学研究科史学専攻博士後期課程満期退学。博士（歴史学）。論文：「カペー朝末期のノルマンディにおける王権と都市――都市ルーアンの商業特権と紛争解決をめぐって」『史学雑誌』第119篇第8号（二〇一〇年）、「エシキエ

（Échiquier）における人的構成の変遷と国王裁判権」『西洋史学』第231号（二〇〇八年）、「カペー期ノルマンディにおける国王裁判権の発展——エシキエとパリ高等法院の関係を中心として」『西洋史研究』新輯第36号（二〇〇七年）ほか。

**亀原勝宏**（かめはら・かつひろ）第七章、第九章執筆
聖セシリア女子中学校・高等学校教諭。青山学院大学大学院文学研究科史学専攻博士後期課程満期退学。論文：「15世紀フランスにおける王権と都市の軍事的諸関係——優良都市（bonnes villes）を中心として」『紀要』第48号（青山学院大学文学部、二〇〇六年）。

**上田耕造**（うえだ・こうぞう）第八章執筆
明星大学教育学部教授。関西大学大学院文学研究科史学専攻西洋史専修博士課程後期課程修了。博士（文学）。論文：『図説　ジャンヌ・ダルク——フランスに生涯をささげた少女』（単著。河出書房新社、二〇一六年）、『ブルボン公とフランス国王——中世後期フランスにおける諸侯と王権』（単著。晃洋書房、二〇一四年）、「シャルル7世の顧問官——フランス王国の転換を導くものたち」『西洋史学』第238号（二〇一〇年）ほか。

**小野賢一**（おの・けんいち）第一〇章執筆
愛知大学文学部教授。青山学院大学大学院文学研究科博士後期課程満期退学。博士（歴史学）。論文：「聖レオナール崇敬の創出と奇蹟（11～12世紀）」『歴史評論』730号（二〇一一年）、「12世紀初頭のサン・レオナール参事会教会に於ける律修化・巡礼・教会制度」『史林』第93巻第3号（二〇一〇年）、「中世末期リモージュ司教座に於ける electio 概念の変遷」『西洋史学』第215号（二〇〇四年）ほか。

**青谷秀紀**（あおたに・ひでき）第一一章執筆
明治大学文学部教授。京都大学大学院文学研究科博士後期課程西洋史学専攻修了。博士（文学）。著書・論文：『記憶のなかのベルギー中世——歴史叙述にみる領邦アイデンティティの生成』（京都大学学術出版会、二〇一一年）、藤巻和弘編『聖地と聖人の東西——起源はいかに語られるか』（共著。勉誠出版、二〇一一年）、「プロセッションと市民的信仰の世界——南ネーデルラントを中心に」『西洋中世研究』第2号（二〇一〇年）ほか。

**大谷祥一**（おおたに・しょういち）第一二章執筆
関西大学非常勤講師。関西大学大学院文学研究科史学専攻西洋史専修博士課程後期課程修了。論文：「中世初期アイルランドにおける王国の諸相——『アダムナーン法』の王のリストから」『史泉』第111号（二〇一〇年）、「中世初期アイルランドにおける王位継承と『王家』共同体——イー・ネール王家の例から」『歴史家協会年報』創刊号（二〇〇五年）、「中世初期アイルランドにおけるアイルランド修道院と大陸との関係——ポワティエとの関係を中心に」『関西大学西洋史論叢』第5号（二〇〇二年）。

**西岡健司**（にしおか・けんじ）第一三章執筆
大手前大学総合文化学部准教授。京都大学大学院文学研究科博士後期課程研究指導認定退学。著書・論文：'Scots and Galwegians in the "peoples address" of Scottish royal charters', *Scottish Historical Review*, 87 (2008)、日本カレドニア学会編『スコットランドの歴史と文化』（共著。明石書店、二〇〇八年）、服部良久編『コミュニケーションから読む中近世ヨーロッパ史——紛争と秩序のタペストリー』（共著。ミネルヴァ書房、二〇一五年）ほか。

# 中世《ちゅうせい》英仏《えいふつ》関係史《かんけいし》 1066-1500

## ――ノルマン征服《せいふく》から百年戦争《ひゃくねんせんそう》終結《しゅうけつ》まで

二〇一二年 四 月二〇日 第一版第一刷発行
二〇二四年 一 月三〇日 第一版第七刷発行
編著者 朝治啓三、渡辺節夫、加藤玄
発行者 矢部敬一
発行所 株式会社 創元社
〈本 社〉〒五四一-〇〇四七
大阪市中央区淡路町四-三-六
電話（〇六）六二三一-九〇一〇㈹
〈東京支店〉〒一〇一-〇〇五一
東京都千代田区神田神保町一-二 田辺ビル
電話（〇三）六八一一-〇六六二㈹
〈ホームページ〉http://www.sogensha.co.jp/
印 刷 不二印刷

ISBN978-4-422-20289-1 C3022